Deborah Bichlmeier

MAMA BRENNT!

Verlag Angelika Gontadse

Verstehenschaffen: Ratgeber 1

© 2023 Verlag Angelika Gontadse
www.angelika-gontadse.de

ISBN: 978-3-910325-08-1 (DIN A6)
ISBN: 978-3-910325-09-8 (DIN A5)
ISBN: 978-3-910325-10-4 (Kindle)
ISBN: 978-3-910325-11-1 (Epub)

Buchumschlaggestaltung:
Annette Haug
(Pola Polanski)
unter Verwendung eines Bühnenfotos der
Autorin (aus deren Privatbesitz).

Illustrationen:
Annette Haug
(Pola Polanski)
unter Verwendung von Fotos der Autorin und deren
Kooperationspartnern mit deren freundlicher
Abdruckgenehmigung in diesem Band.

Bindung und Druck:
© Augustin print-medien-verlag
Marco Augustin e. K., Oer-Erkenschwick
www.augustin-print-medien.de

Satz:
Daniel Brabec
© contactdesign, Coburg
www.contactdesign.de

Deborah Bichlmeier

MAMA BRENNT!

Heldinnenreise

KINDHEIT UND JUGEND · 7
KINDHEIT IN TEHERAN · 11
WILLKOMMEN IN DEUTSCHLAND · 43

MAMA BRENNT! · 99
GESELLSCHAFT: WIR UND DIE ANDEREN · 101
MATERIE: KÖRPER UND SEELE · 155
ENERGIE: GUT UND BÖSE · 213

Mit fünf Jahren kam ich aus Persien nach Deutschland. Ich konnte kein Deutsch, kam zu meinen deutschen Großeltern, die ich kaum kannte. Meine Eltern gingen zurück nach Teheran, um ihre Flucht vor der bevorstehenden Revolution vorzubereiten. Ich war eine Fremde in einem fremden Land mit fremden Menschen, habe Migrationshintergrund, aber das merkt man nicht. Ich lebe seit 44 Jahren in Deutschland und habe mit Freude Deutsch gelernt, Farsi bedauerlicherweise vergessen, weil niemand mit mir Farsi sprach.

In meiner Kindheit erlebte ich mit und in meiner Familie Höhen und viele Tiefen von Armut bis zum Mittelstand. Mein persischer Stiefvater konnte nicht Fuß fassen und litt an Depressionen. Er ertränkte sie in Alkohol und wurde zum Monster meiner Kindheit. Meine Mutter ging Vollzeit arbeiten, damit wir ein Dach über dem Kopf und zu essen hatten. Dafür war sie nur abends und an den Wochenenden zu Hause für uns Kinder da. In den siebziger Jahren war das etwas Selteneres. Oft wünschte ich mir ein Leben, wie es meine deutschen Mitschüler hatten.

Mit 18 schwor ich, einen Mann zu heiraten, der keinen Alkohol trank und einen bayerischen Namen besaß. Ich war es leid, dass die Menschen entweder meinen Mädchennamen nicht aussprechen konnten oder mit mir so sprachen, als ob ich kein Deutsch verstünde. (Mit Mitte dreißig heiratete ich meinen Mann mit Nachnamen Bichlmeier. Den Namen behielt ich auch nach meiner Scheidung.)

Mit Anfang zwanzig begann ich eine Ausbildung zur Bankkauffrau, obwohl mein Herz der Literatur und der Biologie gehörte. Aber damals schien das der ‹sichere Weg› für ein regelmäßiges Einkommen und eine sichere Rente. Ich machte eine Bilderbuchkarriere, studierte im Abendstudium Betriebswirtschaftslehre und wurde sogar Teamleiterin im Credit Controlling bei der ESCADA AG.

Mein Sohn, den ich mit Mitte dreißig bekam, war mein Wunschkind. Ich ließ mich allerdings mit Anfang vierzig scheiden, weil ich mich in meiner Ehe eingeengt fühlte und eine Veränderung in meinem Leben herbeiführen wollte. Zwei Jahre später hatte ich Burnout, ließ mich nach einem besonderen Traum taufen und erlitt nach meiner Wiedereingliederung bei meinem damaligen Arbeitgeber den zweiten Zusammenbruch mit Panikattacken und Depressionen.

Wie ein Phönix aus der Asche habe ich mich wieder erhoben und mein Leben neu organisiert, diesmal selbst Regie geführt und begonnen, nach meinen eigenen Spielregeln zu spielen. Mentoren wie Hermann Scherer, Tobias Beck, Sabina Kocherhans, Tony Robbins, René Borbonus, Frank Asmus und Andreas Enrico Brell haben mich auf meinem Weg begleitet und tun es immer noch.

KINDHEIT UND JUGEND

Das Leben beginnt mit der Befruchtung und entwickelt sich von da an stetig. Mit der Geburt verändert sich unser Raum- und Zeitbewusstsein dann zwar schlagartig, doch bereits im Mutterleib bekommen wir – auch als kleiner Zellhaufen – alle emotionalen Höhen und Tiefen unserer Mütter, Väter und der Umgebung, in der sie sich befinden, mit, und zwar als Individuum mit einem eigenen Bezugssystem, nicht nur als Körperteil der Mutter.

Ich bin einigen Frauen begegnet, die aufgrund eines missglückten Schwangerschaftsabbruchs ihrer Mütter von Kindheit an eine tiefe Traurigkeit verspürten, ohne je zu wissen, woher sie rührte; sie hatten ja in ihrer Kindheit nichts Schlimmes erlebt. Unter Hypnose oder mithilfe des Bioresonanzgerätes *TimeWaver* kamen die Ursachen Jahrzehnte später zum Vorschein. Als die Frauen und Männer bei ihren Müttern nachfragten, wurden die Geschichten aufgedeckt, die über Jahrzehnte verschwiegen worden waren.

Auch was uns später als Säuglingen, Kindern und Jugendlichen passiert, hat maßgeblichen Einfluss auf uns als Erwachsene wie dann schließlich im Erwachsenenalter erlebte Traumata. Wir stecken das nicht alles einfach so weg, als wäre es nur ein blauer Fleck. Das Nichtgewollt-Sein, gar der Versuch der Zerstörung bleiben.

Um das zu erfahren und zu lernen, brauchte es bei mir viele Erlebnisse, Therapien und Coachings. Heute begleite ich Frauen und Männer dabei, den Schlüssel zum Glück und zum Gleichgewicht zu finden. Meine persönlichen Erfahrungen in Verbindung mit meiner Coaching-Ausbildung befähigen mich heute dazu und machen mich zur Expertin meines Fachs.

Ich war als Kind still und nachdenklich, wurde zu Unrecht für introvertiert gehalten. (Heute stehe ich gerne auf der Bühne, bin nicht nur Autorin, sondern auch Keynote-Speakerin, Inhaberin einer Speaker- und Experten-Vermittlungsagentur und Bloggerin.)

Als mir meine Großmutter als Teenager erzählte, meine Mutter habe in der Schwangerschaft geraucht und Alkohol getrunken, ihre Ehe sei unglücklich und zerrüttet gewesen, maß ich dieser Aussage zunächst kein Gewicht bei, spürte nur einen stechenden Schmerz in der Bauchgegend. Als ich während meiner Ausbildung zur Hypnotiseurin mehr über das ungeborene Leben, die Auswirkungen externer Einflüsse erfuhr, wurde mir klar, wie die Gemütsverfassungen und die Umstände meiner Mutter mich nicht nur körperlich (ich kam abgemagert und mit Ausschlag auf die Welt), sondern auch psychisch geprägt hatten. Mein Immunsystem lag im Argen; seit ich denken kann, fühlte ich mich ungewollt und nicht richtig, wie ich war und bin.

Rückblickend sind meine prägenden Erlebnisse als Kind und Teenager ein Geschenk für mich. Sie machten mich zu dem Menschen, der ich heute bin, mit all meinen Facetten, Werten und der notwendigen Portion an Intuition und Empathie, die mich befähigt, Klienten und Kunden besser zu verstehen, ihre Bedürfnisse zu erkennen und ihnen das passende Rezept in Form von Coaching, Potenzialentfaltungskursen und anderen Möglichkeiten zu bieten. Aber dafür musste ich meine Vergangenheit erst verstehen und auf meiner späteren Heldinnenreise als Erwachsene verarbeiten, annehmen und integrieren.

Kindheit in Teheran

Ich stamme aus Teheran und habe dort die ersten fünf Jahre meines Lebens verbracht. Die frühen Erinnerungen sind punktuell; wer hat schon eine genaue und vollständige Erinnerung an die ersten Lebensjahre? Doch was mich damals prägte, blieb für immer in meinen Erinnerungen und beeinflusste meine Reaktionen und Handlungen einige Jahrzehnte lang.

Mein Streifzug durch meine Kindheit vom zweiten bis zum fünften Lebensjahr ist eine Geschichte der Hilflosigkeit, des Schmerzes und der Zurückweisung.

Erstmals erlebte ich absolute Hilflosigkeit, als meine große Schwester mir meinen Teddybären wegnahm. Ich war in meinem Laufstall gefangen, und meine Schwester hatte von oben hineingegriffen und mein Kuscheltier herausgenommen.

Durch die Gitter streckte ich die kleinen Ärmchen hinaus, versuchte, meinen Teddy zurückzubekommen, während mich meine Schwester direkt vor meinem Gesicht – nur eben auf der anderen Seite der Gitterstäbe – ärgerte, lachte und ihren Spaß hatte. Da uns die Holzgitter trennten, konnte ich mich nicht wehren. Doch ich schrie und weinte so laut, bis ein Erwachsener kam und mir mein Spielzeug wiedergab.

Ähnlich ausgeliefert fühlte ich mich bald, als mich meine Mutter beim Bügeln in eine Türschaukel setzte, um mich gut aufzubewahren. Sie hörte laut Musik und sang mit, und anfangs schaukelte auch ich vergnügt quiekend wie wild. Je mehr ich meine Füße nach unten streckte und wieder nach oben beugte, desto höher und wilder schaukelte ich. Was für ein Spaß!

Irgendwann war ich erschöpft. Die Windel zwickte, und der Sitz schnitt ein. Ich wollte raus. Ich war müde und hatte keine Lust mehr. Doch meine Mutter bügelte weiter und kümmerte sich nicht darum, ob ich weinte, schrie oder rief. Hilflos hing ich im Türrahmen und war gefangen. Es gab keinen Ausweg. Nur ein Erwachsener hätte mir helfen können. Aber meine Mutter tat es nicht; ich fühlte mich verloren und im Stich gelassen.

In den 1970er-Jahren ließ man Babies und Kleinkinder weinen und reagierte nicht. Das galt als moderne Erziehungsmethode. Manche Eltern hielten sich daran, andere nicht. Auch erfuhr ich Jahre später, dass meine Mutter mich mit einem Seil ans Tischbein band, wenn ich nicht aufs Töpfchen wollte und immer wieder wegkrabbelte. Diese Erlebnisse mögen den Samen für mein Bedürfnis nach Freiheit und Individualität gelegt haben.

Meine Eltern trennten sich, als ich noch im Windelalter war – ungefähr eineinhalb Jahre alt –, Knall auf Fall. Erst als Erwachsene habe ich die Hintergründe erfahren. Meine Mutter – Sonja, eine Deutsche – hatte meinen Vater – Majid, einen Perser mittleren Alters – sehr jung im Alter von etwa 17 Jahren in Deutschland kennengelernt, war mit ihm nach Teheran geflogen und hatte ihn mit 18 geheiratet, um bei ihm bleiben zu können.

Doch während der Schwangerschaft mit mir, ihrer zweiten Tochter, möglicherweise sogar früher (Genaueres weiß nur sie selbst) verliebte sie sich in Dariusch (meinen späteren Stiefvater) – den Bruder des besten Freundes meines Vaters, meines ‹Lieblings-Onkels› Manujer.

Sie begann eine Affäre mit Dariusch. In Teheran war das auch vor der Islamischen Revolution nicht ungefährlich, so liberal sich das Land damals vor allem in der Hauptstadt auch gab. In gewisser Weise habe ich heute noch Respekt vor dem Mut meiner Mutter (oder war es Naivität?). Ihre mutige und exzentrische Art blieb ihr auch im Alter erhalten. Ich habe wohl ein wenig davon geerbt, denn sonst würde ich heute nicht dieses Buch schreiben.

Als mein Vater Majid die Affäre meiner Mutter mit Dariusch entdeckte, griff er rigoros durch (tat ihr aber immerhin kein Leid an). Er setzte meine Mutter ins Flugzeug nach München zu ihren deutschen Eltern, schrieb ihnen einen Brief und trennte zugleich uns Kinder von der Mutter. Wir blieben bei ihm und unseren iranischen Großeltern, die im selben Haus in einer eigenen Wohnung lebten.

Mein Vater fand schnell eine neue Frau. Sie kümmerte sich anfangs noch etwas um uns – na ja, mehr oder minder –, aber dann bekam sie selbst Kinder von meinem Vater und beachtete uns, also seine Kinder aus erster Ehe, nicht mehr, bzw. behandelte uns stiefmütterlich. Ich bekam davon noch wenig mit, meine knapp zwei Jahre ältere Schwester hingegen litt unter ihr.

Meine Mutter ließ sich ihre Abschiebung nicht gefallen, doch die Trennung kam ihr zupass. Gegen den Willen ihres Vaters Josef – der die Ehe retten wollte – entschied sie sich für den erfolgreichen Künstler Dariusch, der ihr ein Leben voller Glamour und Partys bieten konnte. Sonja war jung, liebte Partys und wollte mehr von der Welt sehen. Wer mag ihr das verdenken? Ihre narzisstischen Züge machten sie auch zur unterhaltsamen Party-Queen, und mit ihrer Schönheit und den naturroten Haaren, um die sie jede Iranerin beneidete, zog sie immer alle Blicke auf sich.

Sie nahm das nächste Flugzeug zurück nach Teheran und ging zu ihrem Geliebten, der bald darauf ihr zweiter Mann wurde und ihr das Leben bieten konnte, das sie sich schon immer gewünscht hatte. Doch wir Kinder durften auch nach ihrer Rückkehr nach Teheran nicht dauerhaft zu ihr zurückkehren. Wir sahen sie nur an manchen Wochenenden. (Manujer hatte diesen Kompromiss zwischen unseren Eltern ausgehandelt, uns Kinder fragte niemand.)

Dariusch hatte in den USA Kunst studiert und war offen für die westlichen Gepflogenheiten. Er kannte uns seit unserer Geburt und war immer sehr freundlich zu uns Kindern. Ich nannte ihn ‹Uncle Dany› und fuhr gerne in seinem Sportflitzer mit – *Alfa Romeo*, glaube ich –, wenn er uns von unserem Vater abholte.

Im Gegensatz zu meiner Schwester litt ich nicht unter der Trennung unserer Eltern. Meine Beziehung zu meiner Mutter hatte unter ihrer frühen Ablehnung gelitten. Die Trennung der Eltern nahm ich nicht bewusst als tragischen Fall wahr, denn mein leiblicher Vater Majid war von Beginn an meine Bezugsperson, mein Held.

Ich liebte ihn abgöttisch. Wenn meine Schwester und ich an den Wochenenden zu unserer Mutter durften, mochte ich eigentlich gar nicht hin, liebte vielmehr die Stunden, die ich mit meinem Vater verbringen durfte. Wenn er von der Arbeit nach Hause kam, nahm er sich immer ein wenig Zeit, mit mir ‹Flieger› zu spielen: Er legte sich auf den Rücken auf den Boden, nahm die Beine hoch, platzierte mich auf seinen Fußsohlen und hielt mich am Körper fest. Während ich meine Arme weit ausbreitete und so tat, als sei ich ein Flugzeug, dabei brummte und jauchzte, wackelte er mit den Beinen und schwang mich hin und her, wie bei einem Sturm. Ich hatte Spaß und fühlte mich frei wie ein Vogel.

Einmal stritt ich mich mit ihm, weil er am Wochenende ans Kaspische Meer (50 km von Teheran entfernt und ein beliebtes Ausflugsziel) zum Angeln fuhr und mich nicht mitnehmen wollte. Mir ging es als kleines Mädchen natürlich nicht ums Angeln, sondern um die verlorene Zeit mit Papa, der aufgrund seiner Arbeit bei *Iran Air* oft und viel unterwegs war. (Ob er Pilot oder Steward war oder gar einer ganz anderen Arbeit nachging, weiß ich nicht.)

Majid und sein Vater verbrachten oft Zeit miteinander, wenn er zu Hause war. Da wir alle in einem Gebäude wohnten, war es einfach. Mein Vater brauchte nur von seiner Erdgeschosswohnung in den ersten Stock zu gehen, wenn er das Gespräch mit Vater oder Mutter suchte. Die beiden Männer rauchten Opiumpfeife und philosophierten. Ich saß daneben, himmelte ihn von unten an, wollte später, wenn ich erst erwachsen sein würde, nur ihn heiraten.

Für einen Iraner war Majid sehr groß, über 1,80 m, und sah ausgesprochen gut aus, obwohl er eine typische iranische ‹Zinkennase› hatte. Er hatte volles schwarzes Haar mit graumelierten Schläfen. Noch heute finde ich große Männer, die so aussehen, sehr attraktiv. Vor allem die Nase hat es mir angetan und ist immer noch ein Highlight bei meiner Partnersuche.

Mitte vierzig lernte ich einmal einen Mann mit einer schönen geraden Nase kennen und fand ihn sehr anziehend, obwohl er nur 1,70 m maß und eine kleine Nase hatte. Ich wunderte mich. Das war doch gar nicht mein Typ! Doch dann beichtete er mir eines Abends, dass er eine Nasen-OP hatte machen lassen. Er zeigte mir ein altes Foto, das mich verblüffte. Seine ursprüngliche Nase glich fast eins zu eins der meines Vaters.

Als die zweite Frau meines Vaters eigene Kinder bekam, wurden wir aus der Wohnung im Erdgeschoss zu unseren Großeltern in die Wohnung im ersten Stock ‹abgeschoben›. Mein Vater wohnte mit seiner neuen Frau und ihren kleinen Töchtern im Erdgeschoss mit einem kleinen Garten, seine Eltern – und nun auch wir – im zweiten Stock mit einer großen Dachterrasse. Überall lagen bunte dicke Perserteppiche; man saß im Schneidersitz auf dem Boden, ohne sich eine Blasenentzündung oder blaue Flecken zu holen.

Die älteren Herrschaften waren konservativer als mein Vater. Es gab bei ihnen einen eigenen Männerraum und einen Raum, in dem das Familienleben stattfand. Dort stand der große Samowar. Der dickflüssige schwarze Tee, der aus dem Gerät kam, wurde mit heißem Wasser aus einem großen Tank verdünnt und mit einem Würfel Zucker genossen.

Wenn mein Großvater sich einen Tee einschenkte, brachte er meine Großmutter regelmäßig zur Verzweiflung, indem er einen Würfel Zucker in die Untertasse legte und ihn immer wieder mit Tee übergoss, den er dann laut schlürfend trank.

Als ich es eines Tages nachmachte, explodierte meine Oma geradezu und schimpfte, welche schlechten Manieren sie jetzt noch dem armen Kinde aberziehen müsse. Den schwarzen Tee durfte ich trotzdem genießen, nur eben nicht schlürfen. Dabei machte doch gerade das so viel Spaß.

Als meine deutsche Großmutter Else ein einziges Mal zu Besuch in Teheran war, fiel sie beinahe vom Glauben ab, denn Kinder in meinem Alter durften in Deutschland weder schwarzen Tee noch Kaffee trinken. Das verstand ich nicht. Seltsame Regeln hatten diese Deutschen, dachte ich nur.

Wenn Vater und Großvater Opium rauchten, achteten sie darauf, dass meine Großmutter außer Haus war. Sie war aus irgendeinem mir (damals) nicht erfindlichen Grunde dagegen. Dabei waren die Männer währenddessen immer sehr entspannt und besonders lustig, fand ich.

Und so saß ich besonders gerne bei ihnen, denn sie mussten ja auf mich aufpassen. Ich hörte zu, was sie erzählten, wurde geneckt und lachte viel. Meine Schwester war in der Vorschule, und die Stiefmutter mochte uns Kinder aus erster Ehe nicht einmal ein paar Stunden hüten.

Ich mochte den Opiumgeruch und fand ihn entspannend.

Als Kind war für mich alles normal, was ich erlebte, nichts anrüchig. Auch das Essen von Schafsaugen, die beim Hineinbeißen besonders knackten, war ein Genuss. Das Leben war ein Abenteuerland, und ich wollte es entdecken. Erst als ich 7 oder 8 war – also in den 1970er-Jahren –, kam mein Großvater wegen Opium-Genusses ins Gefängnis. Ayatollah Chomeini war an die Macht gekommen und vom Opiumbesitz ganz und gar nicht begeistert. Aber das ist eine andere Geschichte. Kein Opium mehr rauchen zu dürfen, war bei weitem nicht die schlimmste Auswirkung seiner Revolution.

Natürlich war Opium zu rauchen auch vorher anrüchig gewesen – noch dazu in Gegenwart eines kleinen Mädchens. Eines Tages kam meine Großmutter früher als erwartet nach Hause und ertappte uns im Kreis an der Pfeife sitzend. Das allein hätte schon für einen Tobsuchtsanfall meiner Großmutter gereicht. Aber just in dem Augenblick, als sie ins Männerzimmer stürmte, weil sie mich im Gemeinschaftsraum vermisste, hatte mich mein Vater an der Pfeife ziehen lassen. Ich war ca. drei Jahre alt. Meine Großmutter schimpfte wie eine Furie, packte mich am Arm und zerrte mich aus dem Raum. Ich schrie und weinte.

Sie verbot den Männern, mich jemals wieder in den Männerraum zu lassen, wenn sie beisammensaßen. Für mich war das eine Katastrophe, denn nun wurde mir noch mehr Zeit mit meinem Vater entzogen, den ich ohnehin zu wenig sah und erlebte. Mir war das in diesem Moment mehr als bewusst. Es brach mir das Herz, das erste Mal in meinem Leben – leider nicht das einzige Mal.

Da die Männer großen Respekt vor der Wut und den temperamentvollen Ausbrüchen meiner Großmutter hatten, hielten sie sich an ihre Anweisungen. Und somit sah ich meinen Vater unter der Woche manchmal gar nicht mehr oder nur für eine Stunde ‹Flieger-Spielen›.

Mein Vater unterhielt auf dem Dach eine Taubenzucht. Während er seine Brieftauben betreute, spielte ich bei ihm mit meinen imaginären Freunden. Richtige Freunde hatte ich nicht; meine Schwester war in der Vorschule, zu anderen Kindern hatte ich keinen Kontakt, da meine Großmutter andere Interessen und Aufgaben hatte, als mit Müttern auf Spielplätzen oder Basaren herumzuhängen.

Während wir (meine imaginären Freunde und ich) fantastische Geschichten erlebten, von einem Abenteuer zum nächsten stolperten und nach den Sternen griffen, kam eines Tages mein Vater mit einem kleinen flauschigen gelben Küken zu mir. Es war ein kleines Hühnchen, und mein Vater übergab es mir feierlich. Er fragte, ob ich darauf aufpassen und es großziehen wolle.

Er hatte wohl gespürt, wie einsam ich war, und das Hühnerei, das wie auch immer von einer Taube ausgebrütet worden war, passte nicht in seine Taubenzucht. (Oder er hatte sich diese Geschichte ausgedacht und das Küken woanders besorgt.)

Ich war begeistert, und gemeinsam mit meiner Großmutter, die anfänglich nicht sonderlich angetan war, sich aber nach vielem Betteln auf das Experiment einließ, besorgte ich Futter und hatte mein eigenes erstes Haustier. Mein Hühnchen wuchs heran und legte regelmäßig Eier, die ich morgens, direkt nach dem Aufstehen, im selbstgebauten kleinen Hühnerstall fand.

Ich teilte die Eier mit der Familie. Jeden Tag bekam jemand anderes ein Ei. Nur meine Großmutter gab mir ihr Ei immer wieder zurück, da ich ja die meiste Arbeit mit dem Huhn hatte. Ich fütterte und pflegte es, spielte mit ihm, räumte den Stall auf und machte alles sauber. Ich nahm meine Verantwortung, die mir übertragen worden war, sehr ernst. Auch die Eier waren köstlich.

An den Namen, den ich meinem Huhn gab, kann ich mich nicht erinnern. Allerdings ist mir der letzte Lebenstag von – nennen wir sie mal: Henne – in Erinnerung geblieben, als sei es erst gestern gewesen.

Henne war groß und fett geworden, obwohl wir auf dem Dach immer wieder mal um die Wette rannten. Ich war spindeldürr, denn es gab nur spärlich zu essen. Wir aßen selten Fleisch. Es gab oft Fisch, den mein Vater angelte, oder Gemüse und Gerichte aus Hülsenfrüchten. Nur an Feiertagen wurde richtig aufgetragen.

Schokolade oder Chips kannte ich nicht. Mein Highlight waren die herrlich süßen Rote-Bete-Wurzeln, die ich einmal in der Woche bei einem Verkäufer in unserer Straße kaufen durfte. Wir hatten wohl nicht so viel Geld wie mein Stiefvater, der für den Schah als Künstler arbeitete. Aber ich vermisste nichts. Während wir bei meiner Mutter und ihrem neuen Mann an den Wochenenden reichlich persischen Kaviar, Garnelen und Nachtisch zu essen bekamen, naschten wir Kinder bei meiner Großmutter selbstgemachtes Lavashak (Früchteplatten aus reinem Fruchtmus, das in der Sonne getrocknet wird), frisches Obst der Saison und selbst eingelegten Knoblauch (je länger er eingelegt war, desto süßer schmeckte er), wenn wir außerhalb der Essenszeiten Hunger verspürten.

Nun stand das persische Neujahrsfest (Nouruz) bevor, und zu diesem Feiertag gab es immer reichlich zu essen. Meine Großmutter fing bereits Tage zuvor mit den Vorbereitungen an. Es gab Plätzchen aus Kichererbsenmehl und viel Butter. Ebenso wurden süße Kringel, ausgebacken in heißem Öl und mit Sirup übergossen, zubereitet, und natürlich gab es den Kräuterkuchen (Kuku) und ein besonderes Reisgericht. An den Feiertagen gab es Lamm oder Huhn.

Einen Tag vor dem Neujahrsfest kam meine Großmutter also auf die große Dachterrasse, während ich mit Henne spielte. Sie hatte eine Axt und einen Holzblock dabei. Sie versuchte, Henne zu greifen, und ich lachte begeistert auf, denn Oma spielte mit Henne und mir – dachte ich. Ich rannte hinterher und spielte mit. Mit der Axt konnte ich nichts anfangen, denn so etwas kannte ich nicht und wusste auch nicht, wozu es gut sei.

Als ich Henne dann selbst erwischte – kannte sie mich doch gut genug und vertraute mir –, kam meine Großmutter und nahm sie mir ab. Als sie Henne an der Gurgel packte und nach der Axt griff, ahnte ich nichts Gutes. Ich versuchte noch, die Finger meiner Großmutter von der Gurgel meiner Freundin zu lösen, schrie und weinte, sie möge Henne bitte wieder freilassen. Ich verfluchte mich für meinen Verrat an meinem Haustier, wollte alles rückgängig machen, Henne retten.

Doch ich war zu klein; hilflos sah ich zu, wie die Axt den Hals vom Körper meiner gefiederten Freundin löste. Erschrocken ließ meine Großmutter den Körper los, denn es spritzte mehr Blut, als sie vorhergesehen hatte. Einen Augenblick dachte ich, ein Wunder sei geschehen, und Allah hätte Henne gerettet, denn Hennes Körper rannte los, zwar kopflos, aber wild im Zickzack, und ich freute mich und lachte. Henne hatte meine Großmutter also doch noch bezwungen.

Leider war Henne natürlich nicht lebendig. Rasch knallte ihr Körper auf dem Betonboden auf und wurde am Abend gerupft und in Joghurt mit Safran für das Gericht am kommenden Tag eingelegt. Ich aß an diesem Feiertag kaum etwas, obwohl es mein absolutes Leibgericht war. Aber meine Freundin wollte ich nicht essen.

Beim großen Feuerwerk am Abend bekam ich so große Angst, dass wir die Festivität alle früher als geplant verlassen mussten und nach Hause gingen. Mein erstes bewusstes traumatisches Erlebnis mit Henne hatte seine Spuren hinterlassen.

Wie feierten in Teheran nicht nur die persischen Feste in unserer Familie. Nach der Trennung meiner Eltern zelebrierte meine Mutter auch bei Dariusch – vermutlich aus Heimatverbundenheit – die christlichen Feiertage wie Weihnachten und Ostern mit uns, auch wenn sie nicht wirklich gläubig war und für die Heirat zum schiitischen Glauben hatte übertreten müssen.

An diesen Tagen durften wir zu meiner Mutter und ‹Uncle Dany›. Ihre verrückt bunt geschmückten Weihnachtsbäume, die wie aus kitschigen amerikanischen Spielfilmen aussahen, sind mir bis heute im Gedächtnis geblieben.

Dany war mit den westlichen Gepflogenheiten vertraut, hatte in den USA Erfahrungen mit bewusstseinsverändernden Drogen und Alkoholgenuss gemacht. (Später in Deutschland war er mit uns Kindern wahrscheinlich gerade deswegen besonders streng.) Er trank auch im Iran Alkohol, verreiste mit meiner Mutter und gemeinsamen Freunden über das Wochenende nach Las Vegas und feierte mit ihr ausschweifende Partys, auch in Teheran. Er konnte es sich leisten, denn er war Professor für Kunst an der Universität und der persönliche Künstler von Schah Reza Pahlavi.

Eines Tages nahm mich Dany mit ins Schloss zum Schah, und ich lernte ihn leibhaftig kennen. Wir fuhren mit dem Alfa Romeo eine lange Allee entlang. Der große Garten des Schah sah prächtig aus, die Gärtner waren unterwegs und schnitten die Rosenbüsche, deren süßlicher Duft mir in die Nase zog. Er war betörend.

Ich hob den Kopf aus dem Auto und atmete den Duft der Rosen ein. Es roch wie das Rosenwasser, das meine Großmutter zur Zubereitung von Milchreis mit Pistazien verwendete, den ich so liebte. Ich wollte diese Bilder und Düfte für immer bei mir behalten.

Als wir am Parkplatz ankamen, empfing uns ein Mann in Uniform, und wir wurden zum Schloss geführt. Ich fragte ‹Uncle Dany›, ob ich im Garten spielen könne. Es reizte mich doch sehr, die wunderschönen Blumen zu bewundern, an ihnen zu riechen und um sie herumzutanzen. Doch ich musste mit hinein, denn niemand konnte auf mich aufpassen.

Meine Enttäuschung hielt nicht lange an, denn sobald wir den Palast betraten, kam ich mir noch kleiner und unwichtiger vor als zuvor. Was mich erwartete, war so prächtig und luxuriös wie aus den Märchen entsprungen, die mir meine Großmutter manchmal erzählte.

Vorsichtig und sachte schritt ich auf dem glänzenden kostbaren Marmor, den ich mit meinen Schuhen nicht zerkratzen wollte. In den Gängen hingen Kristallleuchter; die Wände waren mit Mosaiken, Fotos und Gemälden verziert. Als wir das Empfangszimmer des Shahs betraten, hauchte ich leise: »Uncle Dany, hast du das alles gemacht?« und wies auf die vielen Bronze-Skulpturen, die den Raum schmückten. Er lächelte und sagte: »Nicht alle, aber einige.«

Der Schah, von dem man später Schauergeschichten hörte, war schmalgewachsen, groß und hatte grau meliertes Haar – wie Majid, dachte ich. Er lächelte freundlich, beugte sich zu mir hinunter und reichte mir die Hand. Bevor die Männer das Gespräch begannen, hatte der Schah meinen Blick erhascht, mit dem ich die Süßigkeiten auf dem Teetisch begutachtete und bot mir eine Schale voller herrlicher Süßigkeiten an, die es nur im Schloss zu naschen gab und die so wunderbar schmeckten, dass ich fast schon glaubte, im Paradies zu sein. Ich traute mich nur, eins der Zuckerstückchen zu nehmen, genoss es aber umso mehr.

Dany war ein hochgeachteter Bildhauer und bekam an diesem Tag einen der wichtigsten Aufträge seines Lebens. Er baute danach ein großes, noch heute berühmtes Monument (eine überlebensgroße Statue eines Bauern und einer Bäuerin) auf dem Platz eines der iranischen Ministerien in Teheran, für das er allerdings nie bezahlt werden sollte. Die Islamische Revolution machte alles zunichte.

Als wir nach Deutschland fliehen mussten, stand er im Exil mittellos da, und diese dramatische Veränderung seiner Lebensumstände ruinierte seine Psyche – und unsere Familie. Seine Persönlichkeitsveränderung sollte unser aller Leben verändern und bis heute prägen.

Ich habe Jahre meines Lebens gebraucht, um diese Hintergründe und ihre Auswirkungen zu verstehen. So etwas liegt ja nicht von vornherein klar auf der Hand; die Erinnerungen sind verschüttet. Umso mehr dominierten die Überlebensstrategien. Es kann keine Entschuldigung geben, aber sicher können nur Vergebung und Mitgefühl für seine Situation uns am Ende versöhnen – und auch die Beschädigten befreien.

In Teheran verkehrten meine Mutter und mein Stiefvater in Akademikerkreisen und hatten mit vielen wichtigen Persönlichkeiten Kontakt, erzählte mir meine Mutter später. Auch wir Kinder waren manchmal bei den Partys dabei, aßen persischen Kaviar und Garnelen und blieben so lange auf, bis wir vor Erschöpfung auf den Stühlen am Tisch einschliefen. Feste Bett- und Einschlafzeiten gab es bei solchen Veranstaltungen nie.

Später, als wir in Deutschland lebten, gab es nur noch selten ähnliche Feiern in Nizza oder Wien, bei Familienmitgliedern meines Stiefvaters, die Frankreich und Österreich als Exil gewählt hatten.

Manchmal wachten meine Schwester und ich nach solchen Feiern in der großen Teheraner Wohnung noch vor Dany und meiner Mutter auf und suchten nach Trinken und Essen, bedienten uns an den Resten, die wir fanden.

Einmal tranken wir vor lauter Durst auch die Reste aus allen Flaschen aus, die wir auf dem Boden und in Reichweite finden konnten. Ich war gerade mal drei Jahre alt. Meine Mutter, damals Anfang zwanzig, muss sich zu Tode erschrocken haben, als sie feststellte, dass wir auch an die harten Alkoholreste gekommen waren.

Dafür schliefen wir zwei danach selig, und ich kann mich nicht erinnern, dass wir später einen Kater gehabt hätten. Wir waren kleine Heldinnen mit Überlebenswillen. Uns bespielte niemand, wir waren einfach da. Wir beschäftigten uns mit uns selbst.

Das frühe Leben in Teheran ist mir meist nur in schwarz-weißen Facetten in Erinnerung geblieben, nicht wie eine kontinuierliche Lebensgeschichte. Ein besonderes Erlebnis habe ich jedoch in allen Farben in meiner Erinnerung und im Herzen behalten und auch später regelmäßig darauf zugegriffen, wenn ich traurig, verzweifelt oder ängstlich war (und das war ich später oft). Heute nennt man diese Selbstvergewisserung eine ‹Kohärenzübung›. Manche Erwachsene erlernen das nach traumatischen Zusammenbrüchen erst wieder unter Anleitung eines Therapeuten.

Mein Onkel väterlicherseits hatte eine Obstplantage, kam manchmal mit frischen Äpfeln, Wassermelonen oder Granatäpfeln in die Stadt, und ich liebte es, das frisch geerntete und süßlich duftende Obst zu naschen.

Als meine Großmutter und ich ihn einmal besuchten, übernachteten wir in einem Gästeraum in seinem Haus. Meine Großmutter schlief auf einer Couch, ich auf einer Matratze auf dem Boden. Auch zu Hause in der Hauptstadt schlief ich in den heißen Sommernächten auf einer Matratze auf dem Flachdach des Hauses unter einem Moskitonetz direkt unter dem Sternenhimmel. Ich war solche Schlafstellen auf dem Boden also gewöhnt.

Auf der Farm durfte ich wegen der Wölfe und wilden Hunde nicht draußen übernachten. Alles Bitten und Betteln half nichts – ich liebte die Natur, alle Pflanzen und den Duft der Blumen auf der Plantage. Ich musste widerwillig im Haus schlafen. Das Gästezimmer, in dem wir waren, hatte jedoch eine große Glasfront bis zum Boden mit Blick in den großen Garten. Und hier wählte ich dann auch meinen Schlafplatz, denn ich konnte direkt in die freie Natur hinausschauen. So schlief ich selig ein.

Ich wachte von einem Rascheln und Heulen wie von einem Hund draußen auf. Es dauerte einen kurzen Moment, bis sich meine Augen an die Dunkelheit gewöhnt hatten; ich nahm gerade noch wahr, dass ein Tier aus dem Gebüsch davonsauste, nicht einmal einen Meter von uns entfernt. Geschützt durch die Glastür versuchte ich schaudernd und doch neugierig herauszufinden, was das wohl gewesen sein mochte – ein Hund, ein Wolf, eine Hyäne?

Während ich noch nach dem unbekannten Wesen spähte, hatte ich ein bis heute unübertroffenes wunderbares Erlebnis. Am Horizont tauchte eine Erscheinung auf, durchschritt die Farbtöne Rot, Orange und Gelb, tauchte alles in eine warme und wunderschöne Atmosphäre. Mein Herz klopfte wild und laut. Ich wusste nicht, was da passierte, wollte auf der einen Seite meine Großmutter wecken und es ihr zeigen, auf der anderen Seite konnte ich den Blick nicht abwenden. Ich war von dieser Schönheit vollkommen gebannt.

Dann war die wunderbare Erscheinung genauso schnell vorbei, wie sie gekommen war; draußen war es nun ganz hell. Mir kam es so vor, als habe die Helligkeit sie verscheucht, und ich weckte aufgeregt meine Großmutter, die, kaum dass sie die Augen geöffnet hatte, von meinen Worten niedergesprudelt wurde, sie habe etwas ganz Seltsames und Wunderliches verpasst.

Als ich mit meinem Bericht fertig war, lachte sie lauthals. Ich fühlte mich nicht ernst genommen, doch das Gefühl verflog rasch wieder, als sie mir erklärte, dass ich gerade Zeugin eines Sonnenaufgangs am Rande zur Wüste geworden war. Und dass es ein Glück gewesen sei, dass ich das erfahren durfte. Sie sagte auch, ich solle diese Erinnerung ganz tief in meinem Herzen aufbewahren und nie wieder loslassen. Was für eine weise Frau meine Großmutter doch war!

Ich ging nach diesem Erlebnis mit einem Schatz im Herzen in die graue Hauptstadt Teheran zurück und bewahre ihn seitdem für immer in mir. Noch heute rufe ihn mir in jedem Jahr meines Lebens wieder ins Gedächtnis – vor allem auch das Gefühl, das ich damals dabei verspürte.

Glücksmomente wie diese waren in meinem Leben selten und gerade in meiner Kindheit ganz spärlich. Diese wurde immer wieder von traumatischen Erfahrungen durchzogen und unterbrochen. Mein Leben sollte einer Achterbahnfahrt ähneln, sowohl in meiner Kindheit als auch im Erwachsenenalter – bis ich begriff, wie ich selbst Einfluss darauf nehmen konnte. Doch Langeweile sollte es auch später nicht geben. Ich hatte mir wohl ein ganz besonderes backpack für dieses Leben ausgesucht.

Eines Tages nahm mich mein Vater mit zu seinen Freunden, die einen Swimmingpool besaßen. Er schwamm einige Runden, während ich brav am Rand spielte. Ich schaufelte Wasser aus dem Schwimmbecken, bespritzte damit auch meinen Vater und warf Majid hie und da einen Ball zu, den er mir wieder zurückwarf. Ich war glücklich und ausgelassen, denn solche Momente mit meinem Vater waren eine Seltenheit. An diesem Tag hatte er Zeit nur für mich, und ich hatte meine große Liebe ganz für mich allein.

Doch sogleich trübt sich die Erinnerung ein und wird dumpf. Mein Vater stieg aus dem Pool und trocknete sich ab. In meinem kindlichen Gemüt meinte ich, ich würde auch gerne schwimmen. Er meinte, das sei ganz einfach und ich könne es sicher auch. So schnell konnte ich gar nicht schauen, wie er mich packte und mit einem Schwung ins Becken warf.

War es ein Versehen, war es Absicht? Möglicherweise wollte er mich ein wenig erschrecken oder mit mir herumalbern, doch dann entglitt ich seinen feuchten Händen. Das Ergebnis war fatal: Ich platschte im hohen Bogen ins Wasser und sank mit geöffneten Augen und offenem Mund wie ein Stein zu Boden.

Für mich schien alles in Zeitlupe zu geschehen. Ich sah, wie langweilig und grau die Wände im Innern des Pools waren, im Gegensatz zum schön gepflegten Garten mit Blumen und grünem Rasen. Ich nahm wahr, wie dreckig und karg der Boden aussah, auf dem ich ankam, wohingegen das Wasser klar und rein war.

Nun stockte mir natürlich der Atem. Ich rang nach Luft und versuchte, durch den Mund zu atmen. Große Blasen erschienen vor meinem Gesicht, aber das Atmen funktionierte nicht. Stattdessen sprudelte Wasser in meinen Körper. Ich rang nach Luft – vergebens. Es fühlte sich schrecklich an, ich zappelte panisch mit den Armen und Händen, wollte hinaus aus dem Gefängnis, in dem ich mich nun befand, aus dem es aber kein Entkommen zu geben schien. Als Erwachsene sollte ich dieses Gefühl in besonders schwierigen Situationen immer wieder nacherleben. Ich wusste lange nicht, dass ich diesen Moment des Ertrinkens und Erstickens wiedererlebe, wenn ich in Panik gerate.

Mein Vater war mir hinterhergesprungen. Ich weiß nicht, wann genau. Ich weiß nur, dass ich danach an der Wasseroberfläche verzweifelt hustete und nach Luft schnappte und seit jenem Tag Angst vor tiefem Wasser habe, obwohl ich das Meer und den Ozean liebe. Was für ein Zwiespalt!

Viele Teheraner Familien machen Wochenendausflüge ans Kaspische Meer oder gehen zum Angeln. Mit dem Auto ist es nicht weit. Freunde meiner Mutter und meines Stiefvaters besaßen dort ein Ferienhaus. Eines Tages nahmen sie uns Kinder mit. Meine Schwester, die Kinder der Freunde und ich zogen tagsüber draußen umher wie kleine Streuner. Die großen Kinder hatten das Sagen und wir Kleinen, vor allem ich, wurden aufgezogen. Und doch war es ein großes Abenteuer, das ich genoss.

Geschichten über Monster aus den Müllbergen, auf denen wir sorglos herumkletterten und nach besonderen Schätzen suchten, sollten mich in Angst und Schrecken versetzen. Ich war nicht nur die Jüngste, sondern auch tatsächlich die Kleinste. Während alle anderen nur einen Schritt taten, musste ich mich anstrengen, um den Anschluss nicht zu verlieren.

Ich wollte nach einem ganz besonderen Schatz suchen, damit mich die Großen respektierten und ernst nahmen. Ich suchte das erste Mal in meinem Leben bewusst nach Anerkennung.

So kletterte ich vor mich hin und sah einen wunderschönen Hund. Zumindest dachte ich, es sei ein Hund. Ich rief die anderen Kinder, denn der Hund war groß, stand mit hoch erhobenem Haupt mir gegenüber und starrte mich an. Ich hörte sogar ein leises Knurren, das mir aber keine Angst machte. Er war noch weit weg und doch fast greifbar. Seine großen Augen faszinierten mich, denn sie schienen meine Gedanken zu lesen. Oder wollte der Hund mir etwas mitteilen?

Als die großen Kinder bei mir angekommen waren, bekamen sie ein ernstes Gesicht und zerrten mich weg. Ich spürte die Angst der anderen, auch wenn niemand etwas sagte. Unverzüglich machten wir uns auf den Weg zur Hütte, wo die Großen mit den Erwachsenen leise und ernst sprachen.

Niemand sagte mir etwas oder antwortete auf meine Fragen, was los sei, und so vergaß ich die Begegnung mit dem großen Hund gleich wieder, da ich sie auch nicht in Zusammenhang mit den ernsten Gesprächen zwischen den großen Kindern und den Erwachsenen brachte. Abends lag ich zeitig im Bett und schlief sofort ein. Die frische Meeresluft und das Herumtoben in der Natur hatten mich erschöpft.

Ich wachte auf, als ich einige Erwachsene in der Hütte sprechen hörte und ein lautes Knacken vernahm, das ich nicht zuordnen konnte. Türen wurden hektisch verschlossen, die Männer hatten Gewehre und verteilten sich an den Fenstern und Eingängen, manche waren draußen. Wir hörten das Heulen von Wölfen. Jemand gab einen Schuss ab. Ich spürte die Angst aller Anwesenden und bekam selbst Panik. Ich erbrach mich, weil es mir zu viel wurde.

Zum ersten Mal spürte ich die Angst bei den Männern und Frauen so intensiv, dass sie sich fast so anfühlte, als sei sie meine eigene. Auch Erwachsene konnten also Angst haben und waren unsicher, stellte ich fest. Ich verlor mein Sicherheitsgefühl.

Meine Mutter tröstete mich und wechselte das Bettzeug, während meine Schwester mürrisch etwas sagte. An mehr kann ich mich nicht erinnern. Aber wie es sich anfühlt, Todesangst zu haben, weiß ich gewiss, und diese Angst sollte mir später öfter begegnen, als mir lieb war.

Meine Schwester war eine meiner wichtigsten Bezugspersonen, zumindest bis ich fünf Jahre alt war. Sie war immer da und ich sah zu ihr auf. Unsere leiblichen Eltern waren getrennt, und obwohl Majid eine große Familie hatte, meine beiden Elternteile jeweils viele Freunde besaßen, blieb meine Schwester immer mein Anker. Auch wenn sie mich gerne ärgerte, liebte ich sie. Sie war nicht nur älter, sondern auch größer.

Wir Kinder wurden von einem Ort zum anderen geschoben. Keiner wollte oder konnte uns dauerhaft bei sich haben; wir waren klein und brauchten, obwohl wir recht pflegeleicht waren, immer wieder mal Aufmerksamkeit – vor allem, wenn meine Schwester etwas anstellte. Sie war frech, und ihr fielen verrückte Dinge ein. Ich bewunderte sie gerade wegen ihres Mutes und ihren verrückten Einfällen. Einmal verschluckte sie sogar eine Sicherheitsklammer, und meine Mutter packte sie an den Füßen, griff ihr mit dem Finger in den Rachen und brachte sie dazu, das gefährliche Fremdobjekt, das Gott sei Dank noch verschlossen war, zu erbrechen.

Sie war eine Rebellin durch und durch. Ich war die Stille, (scheinbar) Introvertierte und machte alles nach, was Doris tat. Es gab keinen Raum für mich, um mich auszutoben oder mein Potenzial an Kreativität und Abenteuerlust auszuschöpfen, denn Doris schlug alles und jeden in ihrem Bann.

Stahl sie mir die Show? So betrachte ich das weniger, aber durch ihr Rebellentum fühlte ich mich berufen, durch Stille und braves Wesen den Ausgleich zu schaffen. Das blieb viele Jahre so.

Meine Schwester liebte zum Beispiel Lavashak. Meine Großmutter verwendete Pflaumen oder saure Kirschen von der Plantage meines Onkels, die bekanntlich abführend wirken. Während meine Schwester diese Fruchtplatten essen konnte, ohne Probleme damit zu bekommen, flutschte die Leckerei bei mir nur einmal kurz durch: Oben in den Mund geschoben, brauchte sie nicht lange, bis sie fast unverdaut unten wieder rauskam. Durchfall schien mein ständiger Begleiter zu sein – neben den Mahnungen meiner Großmutter, endlich weniger davon zu naschen, wenn ich es nicht vertrage.

Meine Schwester kam aber auch öfter auf die Idee, in den Keller der Großmutter ‹einzubrechen› und ihre eingelegten Knoblauchzehen oder Torshi (sauer eingelegtes Gemüse) zu naschen. Wir liebten Gemüse und Obst. Da aber Torshi oder eingelegter Knoblauch nur besonders gut ist, wenn es mindestens drei Jahre oder länger eingelegt wird, war uns der Zorn unserer Großmutter immer wieder sicher. Doch die Rebellin Doris interessierte es selten, und ich machte ihr sowieso immer alles nach.

In Teheran gab es damals in manchen Geschäften Cola und Fanta. Diese Getränke waren rar und daher auch eine Besonderheit, insbesondere die Cola. Als mein Vater einmal einen Ausflug mit uns beiden machte – er hatte sich einen ganzen Tag für uns freigenommen – bekamen wir Kinder Durst, und er ging mit uns in einen Laden, wo wir uns an der Kühltheke etwas zu trinken aussuchen durften.

Es war ein besonders heißer Sommertag; ein Wasser hätte uns gereicht. Aber da war sie: Diese eine Flasche

Coca-Cola. Wir erlebten ein Wunder, aber es war nur eine da, und wir waren zwei Mädchen, die sie beide begehrten. Alles Nachfragen nach einer zweiten Flasche half nichts. Der Besitzer meinte, es sei definitiv seine letzte Flasche; er brauche nicht nachzusehen. Eine von uns könne ein Fanta nehmen, schlug er vor.

Unser Vater kaufte eine Flasche Cola und eine Flasche Fanta. Die Fanta bekam ich, und die Cola überreichte er meiner Schwester. Streit und Neid waren vorprogrammiert. Was für ein Mosern und Weinen da entbrannte, weil ein Kind mit gerade einmal vier Jahren nicht bekam, was die große Schwester erhielt, bedarf keiner näheren Beschreibung.

Aufgrund einer unglücklichen Verkettung von Umständen brannte sich diese an sich harmlose Kindheitsepisode unauslöschlich in mein Gedächtnis ein, rief große persönliche Schuldgefühle hervor und beeinflusste mein Verhältnis zum Geben und Nehmen im Erwachsenenalter.

Am nächsten Tag wurde meine Schwester mit ihrem Koffer von meiner Mutter abgeholt. Sie flogen zusammen nach Deutschland. Der Abschied war eine Katastrophe für mich. Ich dachte, sie verlasse mich, weil sie mich nicht mehr liebte. Ich war mir sicher, dass ich sie nicht mehr sehen würde. Diese Vorahnung stimmte: Ich sah sie viele Monate nicht mehr. Meine einzige fixe Bezugsperson war von heute auf morgen weg!

Die Trennung war desaströs: Ich dachte, ich sei schuld dran, weil ich mich mit ihr tags zuvor gestritten hatte. Niemand hatte mich auf diesen Abschied vorbereitet. Ich wurde vor vollendete Tatsachen gestellt, die ich mit meinem Verhalten an unserem letzten gemeinsamen Tag verbinden musste. Es zerriss mir das Herz!

In den Nächten darauf lag ich Stunden wach und trauerte. Ich vermisste meine Schwester, weinte mich viele Nächte leise in den Schlaf, fühlte mich verloren und wurde immer stiller. Das Schuldgefühl ließ mich jahrzehntelang nicht los, bis ich erst als Erwachsene nach vielen Therapien die Ursache erkannte und mir Menschen begegneten, die mir halfen, dieses Schuldgefühl loszulassen.

In Teheran alleingelassen suchte ich mit meinen fünf Jahren verzweifelt nach Halt oder einer Alternative, fragte meinen gläubigen Großvater, warum er zu Allah bete und ob Allah immer da sei. Ich wollte mit ihm zu Allah beten, doch er ließ mich nicht, denn Kinder in meinem Alter hätten beim Beten nichts verloren, sagte er.

So lag ich nachts auf der Dachterrasse im Freien auf meiner Matratze, schaute hinauf in den Sternenhimmel und überlegte, ob Allah Kinder mochte und ob er vielleicht sogar einer dieser Sterne war. Ich suchte mir den größten und hellsten Stern aus und stellte fest, dass er immer da war. Er gab mir Hoffnung und Halt.

Das war die Geburtsstunde meines persönlichen Glaubens, an dem weder Mullahs noch Pfarrer beteiligt waren. Ich benötigte einen neuen Anker und nahm intuitiv den, den man mir nicht entziehen oder wegnehmen konnte. Mein Glaube sollte mir nun stets Halt und Hoffnung geben und immer meine Stärke und Sicherheit bleiben. Ich musste nur aufpassen, nicht wieder so gemein und böse zu sein wie an dem einen Tag zu meiner Schwester.

Im Jahre 1974 wusste ich noch nicht, dass dieser Glaube mir schon bald über weitaus schlimmere Tage in meinem Leben hinweghelfen würde und mir mehr Halt geben konnte als jeder Erwachsene. Ich konnte mir noch so viel Mühe geben, gut und gerecht zu sein. Die Menschen taten es mir nicht gleich. Sie legten anscheinend keinen Wert auf Gerechtigkeit.

Ich kam mit fünf Jahren in die iranische Vorschule. Wir hatten einen strengen Lehrer. Wenn wir im Unterricht flüsterten oder sprachen, wenn wir nicht aufgerufen waren, gab es mit einem Stock Hiebe auf den Handrücken. Dabei holte er mächtig aus, und einmal durfte auch ich in den Genuss dieser Strafe kommen.

Der Schmerz war stechend und trieb mir Tränen in die Augen. Auf dem Handrücken ist es erheblich schmerzhafter als auf der Handfläche. Aber wer weinte, bekam einen weiteren Hieb. Also biss ich die Zähne zusammen. Ich wusste nun: Ich mochte die Schule nicht.

Hin und wieder durften wir Walt-Disney-Filme im Original oder auf Französisch schauen. Mickey mochte ich nie, er war altklug und wusste alles besser, aber Goofy und Donald brachten mich zum Lachen. Ich fühlte mich mit den beiden verbunden: Sie blieben unverstanden und waren anders als alle anderen.

Um Französisch zu lernen, sangen wir französische Lieder. Das mochte ich sehr. Manchmal sang ich meiner Mutter am Wochenende die Lieder vor, die ich gelernt hatte. So entstand eine kleine Verbindung mit ihr, denn auch sie hatte Spaß und Freude an der Musik.

Sie war wieder in Teheran, hatte aber meine Schwester in München zurückgelassen. Ich fragte oft nach Doris, hoffte immer wieder, dass sie nach Hause, nach Teheran kommen würde. Hoffnung war mein stiller Begleiter. Ich fühlte mich einsam und war immer traurig.

Schließlich meinte meine Großmutter eines Tages, wir würden eine Reise machen und nach Allah suchen. Ich durfte mitkommen, denn sie merkte, wie traurig ich war und dass ich Interesse an der Religion hatte. Wir reisten nach Mekka.

Wir fuhren mit dem Zug. Während ich aus dem Fenster die Landschaft betrachtete, fragte ich mich, was mich wohl bei Allah erwarten würde. Ich suchte draußen nach den grünen Feldern, wie ich sie von der Plantage meines

Onkels kannte, aber alles schien öde und staubig, und ich überlegte, ob Allah auch solche Gegenden schön fand oder ob er von uns erwartete, dass wir sie bewässern und bepflanzen, wie es mein Onkel tat.

Als wir bei der Moschee ankamen, erwarteten uns ein sehr altes, aber schönes Gebäude voller Muster und Mosaiken und Hunderte Pilger. Ich musste ein Kopftuch aufsetzen, obwohl ich noch ein kleines Kind war. (Mädchen tragen erst ab der ersten Periode ein Kopftuch.) Meine Großmutter regte sich darüber auf, denn sie hatte keines für mich dabei. So setzte sie mir kurzerhand eins ihrer eigenen Kopftücher auf, das natürlich viel zu lang war, so dass es auf dem schmutzigen Boden hinter mir herschleifte. Sie grummelte: ‹Das kann man ja waschen› und warf dem Wachmann, der so penibel war, einen äußerst mürrischen Blick zu. Sie hoffte wohl, es würde genauso gut wirken wie bei meinem Vater oder Großvater – aber weit gefehlt. Der Mann blieb standhaft.

Die Menge der Menschen, die wie wir nach Allah suchten, machte mir ein wenig Angst. Der Strom der Masse führte mich mit meiner Großmutter in eine einzige Richtung. Einfach stehenzubleiben oder etwas anderes zu machen, kam mir zu gefährlich vor. Und so machte ich alles nach, was die erwachsenen Frauen um mich herum taten, denn ich wollte weder meine Großmutter noch meinen neuen Freund erzürnen. Der Streit mit der Schwester lag noch sehr schwer in meinem Herzen.

Manches, was ich während dieses Weges sah, erschreckte mich. Vor allem ein Bild eines Märtyrers, der hingerichtet wurde. Oder war es der Märtyrer, der den Gottlosen mit einem großen Schwert in zwei Teile spaltete? Ich weiß nur, dass dieses Bild, das ich sehen musste, mich so erschreckte, dass ich mich noch heute daran erinnere.

War Allah gewalttätig? Könnte er mich auch so bestrafen, wenn ich etwas Böses tat? Zum ersten Mal in meinem Leben kam ich mit dem Thema Gewalt unter Menschen und Gleichgesinnten in Berührung. Ich jedenfalls beschloss an diesem Tag, dass ich meinem Gott am nächsten war, wenn ich unter dem Sternenhimmel auf unserer Dachterrasse lag, und nicht hier im Staub, während ich die Mauern küsste.

Einige Wochen später kam mein Vater auf mich zu und kündigte mir eine Reise nach Deutschland an, um meine Schwester und meine deutschen Großeltern zu besuchen. (Jeder in der Nähe des Schahs oder auch nur mit höherer Bildung oder politischem Interesse wusste: Es würde nicht mehr lange dauern, bis die große Revolution über das Land hereinbrechen sollte.)

Mein Herz klopfte wild. Endlich durfte ich Doris wiedersehen. Aber es war ein fremdes Land. Und ich würde zu fremden Menschen reisen – weit weg von meiner Familie, die ich kannte und liebte. Ich äußerte Bedenken, doch meine iranische Großmutter beschwichtigte mich: Es sei nur für die Ferienzeit, und es würde mir sicher gefallen; die deutschen Großeltern seien nett.

Ich war hin- und hergerissen. Auf der einen Seite freute ich mich auf meine Schwester, auf der anderen Seite kannte ich meinen deutschen Großvater gar nicht. Und an meine deutsche Großmutter, die nur einmal zu Besuch nach Teheran gekommen war, konnte ich mich kaum noch erinnern.

Würde ich alleine fliegen oder käme Majid mit, fragte ich. Die Antwort war ernüchternd: Nur meine Mutter und Dany würden mit mir fliegen, aber ich käme bald wieder zurück, so schnell, dass ich meinen Vater gar nicht erst vermissen würde. In Deutschland gäbe es viele Abenteuer für mich zu erleben, erzählten sie mir, und ich würde nach den Ferien viel zu berichten haben.

Ich wollte wissen, ob es dort auch persische Musik gab. Ich liebte diese Musik, die mich an besonders traurigen Tagen in den Schlaf wiegte. Zudem erinnerte ich mich dumpf an den einzigen Besuch meiner deutschen Großmutter, die ich nie verstanden hatte, da sie ausschließlich Deutsch sprach. Sie hatte streng gewirkt und mir den schwarzen Tee mit Zucker verboten, den ich liebte. Ich fragte, ob sie inzwischen Farsi sprach, ob meine Schwester es ihr beigebracht habe? Eine Antwort bekam ich nicht.

Aber ein wunderbarer Gedanke löste alle Zweifel ab: Ja, meine Schwester! Sie kam mir endlich wieder in den Sinn, und ich packte mit meiner Großmutter begeistert meinen Koffer. Meinen Teddybären wollte ich bei meinem Vater lassen, damit dieser mich nicht vermisste oder gar vergaß. Als er meinte, ich solle ihn doch bei mir behalten und auch ihm diese schöne Reise gönnen, wurde ich misstrauisch. Würde ich wirklich wieder zurückkommen? Teheran war meine Heimat und ich gehörte zu meiner Familie dort.

Alle nickten und wiegten mich in Sicherheit. Doch unbewusst glaubte ich ihnen nicht. Mein Bauchgefühl strafte sie Lügen. Aber als sie es immer wieder beteuerten, vertraute ich den Erwachsenen mehr als meiner Intuition.

Am Tag des Abschieds wollte ich dennoch nicht mehr nach Deutschland fliegen. Ich weinte und bettelte. Ich schrie, meine Schwester solle doch bitte wieder nach Hause kommen. Ich wollte bei meinem Vater bleiben. Meine große Liebe wollte und konnte ich nicht verlassen. Ich fürchtete den Abschied von ihm. Mein Vater war mein Held, und das seltsame Bauchgefühl meldete sich erneut und sagte mir, dass ich ihn nie wiedersehen würde, wenn ich ihn jetzt verließ.

Sie versuchten, mich die Treppen nach unten zu zerren. Ich weigerte mich, warf mich auf den Boden und schrie. Mein Vater hob mich hoch, trug mich auf seinen Armen vom ersten Stock ins Erdgeschoss und hinaus auf die Straße, wo meine Mutter mit ‹Uncle Dany› und einem Taxi bereits auf mich wartete.

Ich hielt den Hals meines Vaters fest umschlungen und wollte nicht mehr loslassen. Ich schloss die Hände um ihn, als gehe es um mein Leben. Er versuchte, meine kleinen Hände zu lösen, während meine Mutter an meinem Oberkörper und meinen Beinen zog. Ich brüllte wie am Spieß, ich war das erste Mal so laut, wie ich nur sein konnte, und Tränen liefen mir die Wangen hinunter. Ich wusste: Wenn ich jetzt loslasse, wenn ich jetzt aufgebe, würde es eine Trennung für immer sein, auch wenn alle Erwachsenen etwas anderes sagten.

Mein Vater und meine Mutter gewannen. Ich griff erneut nach meinem Vater. Damit hatte niemand gerechnet. Um zu retten, was zu retten war, krallte ich die Finger in sein Fleisch. Die Erwachsenen waren stärker, alle Mühen waren umsonst. Meine Mutter hielt mich fest im Arm und setzte mich ins Auto. Ich weinte während der ganzen Fahrt, die schönen Buntstifte und der neue Zeichennlock, den meine Mutter mir mitgebracht hatte, waren mir egal. Sie konnte mich nicht beruhigen. Meine Mutter war mir egal, zu ihr hatte ich keine Verbindung, ihre Worte interessierten mich nicht.

Wie auch? Sie war nie dagewesen, wenn ich sie brauchte. Ich wollte wieder zu meinem Vater und meiner Großmutter und hörte erst auf zu weinen, als wir im Flugzeug saßen. Denn alle Menschen starrten das Kind an, das sich gebärdete wie eine Furie. Ich war zu laut und zu unangenehm.

Die nette Stewardess merkte, dass es mir nicht gutging, packte mich und nahm mich mit zu den Piloten ins Cockpit, um mich abzulenken. Das war sehr beeindruckend. Als ich die Wolken draußen sah und feststellte, dass wir über ihnen flogen, fühlte ich mich Allah nahe wie noch nie. Er würde mich jetzt noch besser beschützen, dachte ich. Eine große Ruhe überkam mich.

Willkommen in Deutschland

Sei still, mein Herz!
Was soll dein lautes Schlagen?
Des Lebens Schmerz
Mußt du ja doch ertragen.
O bleib in Ruh,
Laß deine Träume fahren,
Auch du, auch du
Wirst kalt in wenig Jahren.

O Welt, o Zeit,
Wie habt ihr mich betrogen!
Viel Lust und Leid
Habt ihr mir vorgelogen;
Doch Leidenschaft
Darf thatlos nur verderben
Und jede Kraft
Ermatten nur und sterben. —
Sei still, mein Herz!

Carl Hermann Schauenburg (1846)

München

Als wir in Deutschland landeten, war es regnerisch und windig. Der eiskalte Wind peitschte mir ins Gesicht. Noch heute mag ich solches Wetter nicht und sehne mich nach milderen Temperaturen. Auch wenn es in Teheran Winter und Schnee gibt, fühlt sich die dortige Kälte ganz anders an.

Wir fuhren mit dem Taxi durch die Innenstadt; alles schien hektisch und grau. Ich klammerte mich an meinen Teddy, den mir mein Vater gelassen hatte, und wünschte mich in das nächste Flugzeug zurück zu den Menschen und der Umgebung, die ich kannte und in der ich mich geborgen und sicher fühlte. Hier war alles fremd, und niemand schien meine Sprache zu sprechen.

Irgendwann blieb das Auto vor einem alten, grauen Wohnhaus mit mehreren Stockwerken stehen. Meine Mutter, mein Stiefvater Dany und ich stiegen aus. Als ich auf das Dach hinaufschaute, fiel mir auf, dass hier die mir gewohnten Flachdächer fehlten. Wo sollte ich dann schlafen, wenn es heiß wurde? Die schiefen Giebeldächer waren dafür sicher nicht geeignet. Konnte man überhaupt aufs Dach gehen, um den Sternen nahe zu sein? Ich runzelte erstmals bewusst die Stirn. Was ich sah, gefiel mir nicht.

Wir gingen ins Haus. Es roch muffig und nach ungewohntem, fremdem Essen. Wir stiegen die Treppen hinauf in den zweiten Stock, blieben vor einer von zwei Wohnungstüren stehen, und meine Mutter klingelte an der rechten Türe.

Meine deutsche Großmutter Else öffnete die Tür und lächelte. Sie begrüßte meine Mutter und Dany kühl, mich umso herzlicher. Ich aber distanzierte mich von ihr und mochte ihr ‹Knuddeln› gar nicht. Sie war für mich eine fremde Frau, die seltsam roch.

Süßlicher Kuchenduft erfüllte die Wohnung, die wir betraten. Sofort fiel mir der große Kristallleuchter an der

Decke auf. Etwas Ähnliches hatte ich bisher nur beim Schah in Persien in dessen Schloss gesehen.

Doch die Wohnung war klein, besaß neben der Küche insgesamt zwei Zimmer und ein Bad. In der Küche konnte man an einem kleinen Tisch sitzen, und auch im Wohnzimmer war es beengt. Der große Fernseher war beeindruckend, und der Couchtisch aus schwerer rustikaler Eiche ließ sich durch einen Hebel in der Höhe verstellen. Es gab eine große bunte Couch und zwei passende Stühle. Hier schien niemand auf dem Fußboden zu sitzen.

Ich zupfte meine Mutter am Ärmel, denn ich musste dringend Pipi machen. Als sie mit mir ins Bad ging, erschrak ich. Die Toilette war ungewohnt für mich. Ich war die iranischen Toiletten gewohnt: Man ging in die Hocke und konnte sich nach Verrichtung seines Geschäftes mit Wasser die Genitalien und den Popo ordentlich waschen. Hier aber hing eine Rolle mit Papier neben einem weißen Thron mit einem großen Loch in der Mitte, auf den man sich richtig setzen musste. Ich hatte Angst, hineinzufallen, aber meine Mutter hielt mich. Mir war klar: Ich musste wieder nach Hause.

Meine Großmutter sprach nur Deutsch. Ich verstand sie nicht. Sie konnte kein Farsi; meine Mutter übersetzte. Der Kuchenduft verführte meine Sinne, und als ich neugierig auf den Tisch schaute und überlegte, was das wohl sei, holte meine Großmutter einen Teller aus dem Schrank, schnitt ein Stück vom Kuchen ab, und ich bekam die erste deutsche Mahlzeit: einen Marmorkuchen. Ich nahm einen Bissen, aber er schmeckte mir nicht. Alles war ungewohnt, auch die Konsistenz dieser Leckerei.

Ich war traurig und wollte zurück nach Hause zu Papa und meiner Großmutter, die meine Sprache sprachen. Der Duft von Rosenwasser kam mir in den Sinn. Ich fragte nach meiner Schwester, und meine Mutter übersetzte, dass sie bald nach Hause kommen werde. Sie sei mit Freundinnen draußen spielen. So standen wir alle in der Küche, und meine Mutter und Dany sahen sehr müde aus.

    Es klingelte. Meine Mutter ging ins Wohnzimmer und öffnete die Türe. Doris stürzte begeistert herein. Sie sprach Deutsch und umarmte unsere Mutter. Ich verstand nur den Namen meiner Mutter, Sofia. Mein Herz klopfte laut, und ich rannte aus der Küche in die Richtung, aus der ich die Stimme meiner Schwester vernahm.

    Ich erkannte sie kaum wieder. Sie hatte ziemlich zugenommen, aber die schelmischen Augen waren untrüglich. Beherzt umarmte ich sie, und es sprudelte in Farsi aus mir heraus. Ich erzählte ihr, wie sehr ich sie vermisst hatte und dass ich sie wieder mit nach Hause nehmen wolle, wenn wir wieder zurückfliegen.

    Die Reaktion meiner Schwester machte mich fassungslos: Sie stieß mich weg, blickte leicht angewidert und sagte etwas in deutscher Sprache. Tränen stiegen mir in die Augen, und ich schaute fragend nach meiner Mutter.

    Doris konnte kein Farsi mehr und hatte nicht ein Wort von dem verstanden, was ich ihr gesagt hatte. Ich war wie eine Fremde für sie, so wie meine deutsche Großmutter eine Fremde für mich war. Ich hatte zuvor Else weggestoßen, und nun wurde ich abgelehnt. Das Schicksal war wie ein Bumerang.

    Weggestoßen und unverstanden stand ich also plötzlich völlig allein in der Fremde. Meine Schwester, der einzige menschliche Anker in meinem Leben, wollte mich nicht mehr. Wie sollte ich es hier nur aushalten? Ich wollte sofort zurück nach Teheran und teilte es meiner Mutter unverzüglich mit. Sie lächelte gezwungen und meinte nur, dass wir doch gerade erst angekommen seien und ich mich ein wenig gedulden möge.

Kurz nach der Begegnung mit Doris klingelte es erneut an der Wohnungstür. Dieses Mal war es Josef, mein deutscher Großvater, der nach Hause kam. Er hatte eine rote Nase und roch sehr streng. Diesen Geruch mochte ich noch weniger. Später stellte sich heraus, dass es der Geruch nach Bier war, der Josef immer begleitete. Josef hatte viele Jahre für ein bekanntes Brauhaus gearbeitet, bekam in seiner Rente immer noch regelmäßig einen Kasten Bier geschenkt und ging auch mit seinen alten Kollegen gerne zum Frühschoppen, der bis zum Nachmittag dauerte.

Als Josef Sofia, Dany und mich sah, murmelte er etwas, nickte und setzte sich ans Kopfende des Wohnzimmertisches. Er rief nach Else, die ihm einen Kaffee und Kuchen brachte. So ein Benehmen kannte ich von meinen iranischen Großeltern gar nicht. Mir fehlte die Herzlichkeit.

Bald gab es Abendessen. Else hatte einen Braten zubereitet, doch Josef war ein mürrischer Mann, der Dany offenkundig nicht mochte und auch mit meiner Mutter nicht so nett sprach wie meine Großmutter. Ich hatte Angst vor ihm. Er schien wütend und gemein zu sein. Ganz im Gegensatz zu meinem herzlichen persischen Großvater.

Ich verstand nicht, was gesprochen wurde, versuchte, mir aus den Gesichtern und Gesten zu erschließen, worum es ging und wie die Stimmung war. Ich fühlte mich so einsam wie noch nie in meinem Leben.

Sofia und Dany standen nach dem Abendessen auf und verabschiedeten sich. Als ich meinen Koffer packte und mit ihnen gehen wollte, kniete sich meine Mutter zu mir hinunter und teilte mir mit, dass ich bleiben würde und sie mich später wieder abholen würden.

Meine Mutter verabschiedete sich von mir; Josef schimpfte und rief ihr etwas hinterher, das ich nicht verstand. Später erfuhr ich, dass er es nicht in Ordnung fand, wie sie mit uns Kindern umging. Er hielt sie für unbeständig und verantwortungslos. Deswegen hatte er damals auch eine Waisenrente für uns Kinder abgeschlossen, um uns eine finanzielle Sicherheit zu bieten, wenn wir uns schon nicht auf unsere Mutter verlassen konnten.

Meine Mutter wischte sich Tränen von der Wange und ging weg. Das war für viele Jahre das letzte Mal, dass ich sie weinen sah.

Da stand ich nun inmitten einer Familie, die weder mich noch die ich verstehen konnte, mit einer Schwester, die mich nicht wollte. Verloren und verlassen kam ich mir vor. An diesem Abend schlief ich auf dem Fußboden im Wohnzimmer, mit Teddy im Arm und der Sehnsucht nach meiner Heimat, meinen iranischen Großeltern und meinem Vater im Herzen. Ich weinte mich in den Schlaf.

Nach einigen Wochen hatte ich mich an die deutsche Toilette gewöhnt, mochte das deutsche Essen, vor allem die Plätzchen vor Weihnachten, und verstand immer mehr von der deutschen Sprache. Einmal in der Woche lief im ZDF ein persischer Film im Original, und ich durfte ihn sehen, auch wenn er nachts lief. Meine Großmutter meinte, das sei ein bisschen Heimat für mich, und es würde mir helfen, mich schneller einzufinden. Sie hatte recht. Ich sehnte diese Abende mit meiner Heimatsprache immer herbei und schlief mit Farsi ein.

Meine Schwester ging bereits in die deutsche Schule, und so war ich an den Vormittagen unter der Woche mit Else allein zu Hause. Josef verließ vormittags die Wohnung und kam immer erst nachmittags missmutig mit der roten Nase und der Bierfahne nach Hause.

Zum Abendessen gab es immer ‹Brotzeit› mit einem Käse, der furchtbar stank. Als Erwachsene durfte ich ihn unter dem Namen Harzer Käse kennenlernen – und ich mag ihn immer noch nicht, weder den Geruch noch den

Geschmack. Josef aß ihn jeden Abend. Immer wenn er die Käsebox öffnete, um seine Leibspeise herauszuholen, war der Gestank so schlimm, dass nicht nur ich, sondern auch meine Schwester immer wieder das Gesicht abwandten und uns die Nasen zuhielten. Das waren die seltenen Momente, in denen Josef herzlich lachte und uns erst recht die Box unter die Nase hielt.

An den Sonntagen gab es regelmäßig Brathähnchen. Manchmal kochte Else auch etwas anderes, aber an der Laune von Josef konnten wir sehen, dass er davon wenig begeistert war. Else war eine ausgezeichnete Köchin, stellte ich fest: Sie kochte deutsche Küche, bereitete Klöße und Pudding selbst zu, und ihre Serviettenknödel waren sogar bei Josef besonders beliebt. Wenn es sie gab, durfte Else auch einen Braten dazu machen, aber bitte mit viel Soße.

Meine Großmutter brachte mir die deutsche Sprache im Spiel und im Alltag bei. Und ich durfte mit dem Setzkasten meiner Schwester ‹arbeiten›. Wenn sie in der Schule war, holte ich ihren wohlgehüteten Schatz aus dem Schrank und setzte mich damit an den Tisch im Wohnzimmer.

Die Buchstaben, die keinerlei Ähnlichkeit mit Farsi hatten, machten mich neugierig und begeisterten mich. Ich setzte immer ein paar davon nebeneinander auf den Tisch und fragte Else, ob das ein Wort ergebe und wenn ja, was es hieß. Wir unterhielten uns mit Händen, Füßen und zeichneten auch mal. Manchmal malte meine Großmutter die Bedeutung des Wortes auf Papier, wenn es komplizierter wurde. Sie konnte ausgezeichnet malen. Viele Jahre später erfuhr ich, dass sie vor dem Zweiten Weltkrieg von Selb nach München gezogen war, um Modedesignerin zu werden, der Krieg aber alle ihre Träume zerschmettert hatte.

Manchmal legte sie ein oder zwei Buchstaben um und meinte, jetzt ergebe es Sinn. Ich beobachtete sie und wurde immer besser. Irgendwann konnte ich so gut Deutsch, dass ich auch meine Schwester Doris und ihre Freundin Karin bestens verstehen konnte. Doris wollte mich beim Spielen nicht dabei haben, aber Karin nahm mich einfach mit, und so lernte ich beim Indianerspielen im Hof noch mehr über andere Kulturen, über Deutschland und das Deutschsein überhaupt.

Wir waren den ganzen Tag an der frischen Luft, spielten im grünen Hinterhof des grauen Hauses und wurden durch das Fenster im zweiten Stock zum Mittagessen gerufen. Wenn wir brav waren, wurden wir mit Süßigkeiten belohnt. In Teheran gab es Süßes nur an den Feiertagen, hier fast jeden Tag. Ich lernte Gummibärchen und andere Leckereien kennen. Wenn ich meinen Vater besonders vermisste, steckte mir meine Großmutter ein Bonbon in den Mund und meinte, das würde den Schmerz versüßen und helfen, dass es nachlässt.

Else gehörte zur Nachkriegsgeneration. Sie sagte immer wieder, ich müsse zunehmen. Als ich von Teheran nach München kam, konnte man meine Rippen durch die Haut sehen. Meine Großmutter gab mir deshalb jeden Tag eine Flasche Malzbier zu trinken, und jeden Morgen gab es Haferschleimsuppe. Ich wurde regelrecht gemästet.

Als sie mir diese Haferflockensuppe zum ersten Mal zum Frühstück vorsetzte, dachte ich, sie wolle mich umbringen, und weigerte mich, die Pampe zu essen; es sah wirklich eklig aus. Als Else meinte, dass die Suppe schlau mache, aß ich sie jeden Tag brav auf. Ich wollte klug werden. Nie wieder sollten mich Erwachsene austricksen können, nie wieder wollte ich der Fremde so hilflos ausgesetzt sein, ohne mir selbst helfen zu können. Nie wieder wollte ich auf andere Menschen angewiesen sein.

Die Mast ging so lange gut, bis ich nach einigen Monaten adipös wurde und der Kinderarzt Else Einhalt gebot. Mein Körper wollte für die nächsten mageren Zeiten bunkern. Ich war fett geworden und sollte später immer wieder Probleme mit meinem Gewicht bekommen.

Eines Tages bekam Else einen Brief aus Teheran. Majid fragte, wie es mir gehe. Er schrieb, dass meine iranische Großmutter sehr krank sei. Sie hatte Krebs und würde wohl bald sterben. Ich fragte Else, wann ich wieder zu Papa könne, denn die Ferien in Teheran seien sicher längst vorbei. Ich wollte mich auch um meine Großmutter kümmern. Wenn sie so krank war, wer würde dann für meinen Großvater kochen und für sie sorgen?

Sie antwortete nicht. Als ich ihren Gesichtsausdruck sah, wollte ich nicht näher nachfragen, denn mir schien, dass mir die Antwort nicht gefallen würde. Im Iran schien etwas nicht zu stimmen. In den Nachrichten sah ich immer wieder Bilder vom Schah und demonstrierenden Menschen in Teheran. Irgendetwas daran beunruhigte mich. Ich fragte Else immer wieder nach meinem Vater, meiner Mutter und meiner restlichen Familie. Sofia und Dany waren vor vielen Monaten nach Teheran zurückgekehrt und schon viel zu lange weg.

Als ich in die erste Klasse kam, konnte ich flüssig Deutsch und hatte mein Farsi vergessen. Während der Unruhen im Iran hatte das ZDF die iranische Filmreihe beendet, und ich konnte meine Heimatsprache nirgends mehr hören und üben. Es gab auch sonst niemanden, der mit mir hätte Farsi sprechen können.

Mein erster Schultag begann mit einer mit Süßigkeiten vollgestopften Schultüte. Weder meine Mutter noch mein Vater waren dabei. Aber Else, die zwischenzeitlich wie eine Mutter für mich war und mir Liebe und Wärme bot, begleitete mich. Es gab Fotos vor dem Gebäude in der Münchner Innenstadt. Ein Fotograf war dafür engagiert worden. Else meinte, sie würde diese an meinen Vater senden, zu dem ich nicht mehr zurückkehren konnte. Das war mir zu dem Zeitpunkt irgendwie bewusst, obwohl niemand darüber sprach.

Ich fühlte mich nicht wohl in meinen Kleidern und war durch Elses Mast die Dickste in der Klasse. Außer mir gab es noch ein weiteres Mädchen, das von den anderen in der Klasse gemieden wurde, und so fanden wir beide uns in der letzten Reihe an einem Tisch wieder. Es war tröstlich, nicht ganz alleine in einer fremden Umgebung zu sein.

Die Grundschulzeit war eine Herausforderung. Meine Großmutter hatte ihr Ziel erreicht. Ich armes dürres Ding aus dem fremden Land war nun knuffiger als mein Teddybär. Ich konnte kaum länger als eine Stunde im Schneidersitz verharren, und schnelles Laufen, Springen oder andere körperliche Tätigkeiten fielen mir schwer.

In der Schule und im Sportunterricht wurde ich immer wieder wegen meines Aussehens gehänselt, aber meine Sitznachbarin Monika mochte mich immer noch, auch wenn ihre Eltern gar nicht begeistert waren von dem Kontakt mit mir. Schließlich war ich die komische Ausländerin ohne Eltern.

Ich trug die aufgetragene Kleidung meiner Schwester. Die Strumpfhosen im Herbst waren unbequem und rutschten bis zu den Fußknöcheln, während der Rest überm Knie hing und der Po nach einer Stunde nicht mehr bedeckt wurde, da ich erheblich kleiner als meine Schwester war. So rannte ich in der Schule immer wieder auf die Toilette, um sie wieder hochzuziehen. Einige tuschelten, ich würde auf der Toilette heimlich Süßigkeiten naschen, was ich definitiv nicht tat. Noch heute trage ich Strumpfhosen mit Unwohlsein.

Weil ich adipös war, schimpfte der Kinderarzt immer wieder mit meiner Großmutter und verbot mir Süßigkeiten. Else hörte schließlich auf, mich täglich mit Karamalz zu füttern, aber ich bestand auf meinem Haferflockenfrühstück. Ich wollte doch klug werden.

Eines Tages waren Sofia und Dany dann plötzlich wieder da. Sie klingelten an der Tür und brachten Geschenke aus Teheran mit. Lavashak und Kaviar hatten sie im Gepäck. Ich fragte nach meinem Vater und meinen Großeltern. Es hieß, es gehe ihnen gut und sie grüßten mich. Dass das eine Lüge war, erfuhr ich erst viele Jahre später.

Dany und Sonja hatten ein kleines Apartment in der Olympiastadt gemietet. Sie wollten in Deutschland bleiben. Dass die persische Revolution sie gezwungen hatte, ihr luxuriöses Leben aufzugeben, wusste ich nicht. Das Apartment war in einem Hochhaus und hatte zwei Zimmer. Die Küche war mit einer Theke vom Wohnzimmer getrennt. Die Wohnung war zwar klein, aber chic, und der Blick auf den Olympiapark begeisterte mich: So viele Bäume und Wiesen hatte ich, seit ich in Deutschland war, in der Innenstadt noch nie gesehen. Das Olympiadorf mit den bunt bemalten Studentenbuden war Anziehungspunkt für uns Kinder.

Meine Schwester und ich bettelten darum, zu Sonja und Dany zu ziehen. Sie meinten aber, es sei nicht genug Platz für uns vier. Meine Mutter war auf der Suche nach einer Arbeit, und mein Stiefvater hatte einen besonderen Auftrag an Land gezogen, für den das Ehepaar eine Zeit lang nach Florenz ziehen musste.

Josef wurde seltsam. Er konnte kaum mehr sprechen, sabberte beim Essen und zitterte, wenn er Besteck in den Händen hielt. Er wanderte nachts in langen Unterhosen ziellos in der Wohnung umher und erkannte uns Kinder nicht mehr. Else meinte, er sei sehr krank. Eines Abends ging er ins Bett und wachte tags darauf nicht mehr auf.

Sie hatte ihn in der Nacht mit dem Fuß ans Bett gebunden, weil sie Angst hatte, dass er sich auf die Straße schlich. Ich fragte mich, ob er deswegen nicht mehr aufgewacht war, und verstand nicht, dass er tot war. Als Erwachsene erfuhr ich, dass er einen Gehirntumor hatte und sein Ende dem Krebs geschuldet war.

Ich wollte unbedingt mit zur Beerdigung, um verstehen zu können, was passiert war. Aber die Erwachsenen erlaubten es weder Doris noch mir. Wir wurden bei der Nachbarin und deren Tochter abgegeben. Wir mochten die Nachbarin nicht, aber die Tochter war witzig, und so hatten wir eine nette Zeit, wenngleich wir uns nicht ordentlich verabschieden konnten.

Als die schwarz gekleideten Erwachsenen nach Hause kamen, fragte ich, ob der Opa von der Beerdigung nicht wieder zurückgekommen sei. Ich wurde angelächelt, und meine Schwester knuffte mich heftig in die Seite. Niemand erklärte mir etwas, und ich hatte das Gefühl, ich müsse noch viele Jahre Haferflockensuppe zum Frühstück essen, um diese seltsamen Dinge, die in Deutschland passierten, begreifen zu können.

Florenz/Neukeferloh

Als Sofia und Dany kurz nach Josefs Tod beruflich nach Florenz mussten, nahmen sie Doris, Else und mich mit. Else wollte zunächst nicht, aber sie ließ sich von meiner Mutter überreden. In ihrer schwarzen Kleidung in der lebendigen Stadt der Kunst und Mode angekommen, vertauschte sie alles binnen weniger Tage mit schönen und bunten Kleidern. Endlich leistete sie sich selbst etwas

Schönes zum Anziehen und kaufte ein, ohne dabei ihren Mann fragen zu müssen. In den siebziger Jahren war es noch üblich, dass die Frau Haushaltsgeld vom Ehemann bekam und es gut einteilen musste.

Meine Großmutter, deren Träume im Rauch der Kriegsmaschinerie verpufft waren, schien eine andere Frau zu sein als die, die ich in ihrer Ehe mit meinem Großvater kennengelernt hatte. Ihre große Liebe, ein Künstler, war gefallen, und Josef zu heiraten war für sie die einzige Option gewesen, um zu überleben und nicht alleine zu sein. Ihre Familie war immer noch in Selb, aber sie wollte in München in der Nähe der Berge bleiben. Meine Großmutter liebte die Berge und war in ihrer Jugend im Bergverein, hatte die Zugspitze mit Seil und Haken in der Gruppe erklommen.

In Florenz blühte sie nun nach Jahrzenten der Gefangenschaft in einer unglücklichen Ehe auf. Es fiel auch uns Kindern auf. Else trank sogar Wein und wurde lustig und ausgelassen dabei.

Wir machten täglich Ausflüge, jagten im Park Eidechsen, bewunderten außergewöhnliche Vögel, entdeckten Nutella (eine Schokoladencreme, die man aufs Brot schmieren konnte!), und noch vieles andere. Es war warm genug, der Park in der Stadt bunt und voller Schmetterlinge, und Onkel Dany war immer gut gelaunt. Er wurde von den Italienern als Künstler anerkannt und wegen seiner besonderen Expertise in der Bildhauerei geschätzt.

Wir besuchten italienische Kirchen, in denen ich immer lachen musste. Hier begegnete mir Allah mit dem Namen Gott wieder, und ich fand seine Häuser bunt und schön. Auch wenn die Figuren mich teilweise erschreckten und ich nicht verstand, warum sich Jesus an ein Kreuz nageln ließ, ich zudem zweifelte, ob wirklich alles richtig war, was Gläubige taten, fühlte ich mich in den Häusern Gottes frei und ausgelassen.

Das italienische Essen war köstlich. Wir Kinder entdeckten Pasta und Pizza. Das hatte es weder in Teheran noch in München gegeben. Mit meiner Schwester verstand ich mich endlich besser, und da es keine anderen deutschsprachigen Kinder in ihrem Alter gab, spielte sie auch wieder freiwillig mit mir. Die Zeit in Florenz war eine der schönsten in meiner Kindheit. Das Leben war schön, alle Sorgen, Schmerzen und Trauer verflogen. Zumindest für den Moment.

Meine Großmutter sagte gerne: »Wenn es am schönsten ist, muss man aufhören!« Genauso schien es auch mit Florenz zu sein. Die Ferien waren zu Ende, und es ging für uns Kinder und Else mit der Bahn zurück nach München. Sofia und Dany blieben in Florenz. Wieder trennten wir uns.

In München angekommen, war Großmutter noch immer inspiriert von Italien und designte ausgefallene Ball- und Cocktail-Kleider für unsere Barbie-Puppen. Unsere Freundinnen beneideten uns. Die Glückseligkeit, die wir in Italien erfahren hatten, dauerte noch einige Wochen an, bis wir schließlich den Alltag und die Nachrichten wiederhatten. Die Situation in Teheran hatte sich verschlechtert, und ich machte mir wieder Sorgen um meinen Vater und meine restliche Familie. Aber es gab keine Lebenszeichen von ihnen.

Im Herbst packte Else unsere Koffer und fuhr mit uns mit der Deutschen Bahn zu unserer Großtante Berta, ihrer Schwester, der Tante unserer Mutter, nach Selb. Tante Berta war sehr dick und lebte in ihrem eigenen Haus. Ihr Mann schien bereits verstorben zu sein. Ich fragte nicht nach. Sie besaß einen großen Garten, in dem sie viele Gemüse- und Obstsorten anbaute, nicht mit der Obstplantage meines Onkels vergleichbar, doch war beachtlich, was sie mit ihren Pfunden und in ihrem Alter alles schaffte.

Tante Bertas wohlbehüteter Schatz war ein dicker Otto-Katalog. Er lag immer griffbereit auf dem großen Küchentisch und durfte von uns Kindern nur angefasst werden, wenn sie in der Nähe war. Aus dem bestellte sie alles, was sie brauchte: Kleidung und Schnickschnack, Utensilien für die Küche, Geräte und Töpfe für ihren Garten. Es schien nichts zu geben, was Otto nicht liefern konnte. So saß sie meist in ihrer Küche und überlegte, was sie als Nächstes bestellen könnte. Tante Berta schien reich zu sein, denn sie machte sich über Geld keine Sorgen. Zum ‹echten› Einkaufen im Dorf verließ sie nur selten das Haus.

In Tante Bertas Haus gab es einen besonderen Raum, der uns Kinder faszinierte – das Geschenkezimmer. Doris war schon einmal dagewesen und wusste, wo sich die Türe zu diesem Raum der Träume befand. Nach unserem ersten Abendessen führte sie mich durch die dunklen Gänge des geheimnisvollen alten Gebäudes, dessen Böden teilweise unter unseren Schritten knirschten. Schließlich blieb sie vor einer alten Holztür stehen und drehte den Knauf.

»Psst!« Sie führte den Zeigefinger an den Mund, klickte den Lichtschalter an und eröffnete mir ein Reich, das ich in meinem Leben noch nie gesehen hatte und nie mehr zu sehen bekommen sollte: Das quadratische fensterlose Zimmer war an allen Wänden bis zur Decke mit Regalen bestückt. Und jedes einzelne dieser Regale war von unten bis oben mit Spielsachen vollgestopft. (Auf einige hatten wir im Otto-Katalog bereits seinen Blick erhascht). Jedes Teil war noch originalverpackt und ließ Kinderherzen höherschlagen.

Wir waren so fasziniert, dass wir die Schritte von Tante Berta gar nicht gehört hatten, die nun direkt hinter uns amüsiert schnaufte: »So, so, Doris, die Freche, will schon jetzt ihr Geschenk? Gut. Aber dann gibt es zum Abschied nichts. Sucht euch etwas aus!« Ich war von der Auswahl überfordert und ließ Doris den Vortritt, die zielstrebig auf ein Monchichi zuging und es ergriff. Da ich wusste, dass meine Schwester bei der Wahl der Spielsachen immer den besten Riecher hatte, schnappte ich mir das zweite und letzte Monchichi aus dem Regal und war überglücklich. Mein Monchichi konnte sogar den Finger in den Mund stecken.

Bei Tante Berta war auch einiges andere besonders: Die Toilette zum Beispiel befand sich im Garten. Es war ein Plumpsklo. Ich kannte so etwas gar nicht und mir gruselte es vor dem Augenblick, wenn ich mal musste. Es sah unbequemer aus als die Toilette in Teheran, und es war unappetitlich. Meine größte Angst war, dass ich durch das Loch in Unrat und Pipi der anderen hinunterfallen könnte.

Im Haus gegenüber wohnte die Cousine meiner Mutter mit ihrem Mann, einem Heilpraktiker. Alle lebten hier in Häusern und doch sehr nah beieinander. Es fühlte sich an, als sei ganz Selb eine Familie. Jeder kannte jeden.

Der Heilpraktiker faszinierte mich. Er erzählte davon, wie Pflanzen die Menschen heilen können. An seinen Wänden hingen Fotos von Blumen und Kräutern, die ich bis dahin noch mit anderen Augen gesehen hatte.

Während meine Großmutter und meine Schwester in der Küche mit der Cousine meiner Mutter ein Gulasch zauberten, ließ ich mir von Bernd seine Praxisräume zeigen. Er besaß ein Buch über Heilpflanzen in Deutschland, und ich schnappte es mir begeistert. Dann suchte ich mir einen stillen Platz, einen Block und ein paar Stifte und malte eine der Pflanzen aus dem Buch, während Bernd seine Patientenakten sortierte.

Ich hatte Talent. Bernd erkannte sofort den Löwenzahn, den ich gezeichnet hatte. Er erzählte mir, dass diese

Pflanze unterschätzt werde und eins der besten Heilmittel sei. Ich hörte das erste Mal in meinem Leben davon, dass Blumen nicht nur hübsch aussahen und wunderbar rochen, sondern auch heilen konnten. Diese Erkenntnis beeindruckte mich.

Ich fühlte mich in Bernds Räumen wohl und geborgen. Mein Ziel stand fest: Ich wollte später so klug werden wie er. Er erinnerte mich ein wenig an meinen Vater, dessen Gesicht ich schon fast vergessen hatte.

Später meinte meine Mutter, nur richtige Ärzte hätten medizinisches Wissen, und Heilpraktiker wären esoterisch. Als Bernd schließlich viele Jahre später bei einem Selbstversuch mit Zecken, um ein Impfmittel herzustellen, an Hirnhautentzündung erkrankte – er vegetierte nur noch und war zu nichts mehr fähig – und daran verstarb, bestärkte das meine Mutter in ihrer Ansicht, und sie beeinflusste mich maßgeblich für die nächsten Jahre meines Lebens, bis ich während einer meiner größten Krisen im Erwachsenenalter eines Besseren belehrt wurde.

Am nächsten Tag machte sich unsere Großmutter frühmorgens mit uns Kindern auf in den Wald. Wir wollten Pilze sammeln. Es war noch dunkel, und wir verteilten uns so, dass Else immer ein Auge auf uns Kinder hatte. Ich suchte begeistert und in Gedanken verloren nach den essbaren Schwammerln, die mir Else gezeigt hatte. Diese sollten besonders gut schmecken; sie hießen Steinpilze.

So kurz nach Sonnenaufgang wurden wir schnell fündig, denn wir waren die ersten und einzigen im Wald, und die Körbe füllten sich wie von Zauberhand. Der ganze Wald duftete herrlich, das Geäst unter meinen Füßen knackste gruselig, und ich hüpfte von einem Moosfleck zum nächsten, bis ich plötzlich ein lautes Grunzen hörte.

Vor mir stand eine Wildschweinfamilie. Eine Muttersau und ihre Nachhut. Wir beobachteten uns gegenseitig.

Weder die Bache noch ihr Wurf oder ich bewegten sich. Ich verspürte zwar keine Angst, aber irgendwie Respekt, und so wurde ich still und sagte kein Wort, obgleich ich von fern meinen Namen rufen hörte. Ich erinnerte mich an meine Begegnung mit dem großen Hund am Kaspischen Meer. War die Situation so bedrohlich wie damals? Ich konnte meine innere Unruhe nicht zuordnen, denn die kleinen Ferkel sahen herzzerreißend süß aus. Die Mutter allerdings war gewaltig groß.

Plötzlich spürte ich im Nacken den Atem meiner Großmutter, die mir ins Ohr flüsterte, mich mit ihr leise und langsam rückwärts von der Sau zu entfernen. Mein Herz klopfte bis zum Hals, denn plötzlich wurde mir bewusst, wie gefährlich die Situation tatsächlich war und dass mein Gefühl mich nicht getrogen hatte.

Mit knapp sieben Jahren erlebte ich zum zweiten Mal eine lebensbedrohliche Situation und stellte dieses Mal fest, wie gut mich mein Bauch warnte. Es blieb nicht das einzige Mal in meinem Leben, dass ich dieses Bauchgefühl verspürte.

Als wir zurückkehrten, hatten wir reichlich Pilze gesammelt, aber auch über unser Abenteuer zu berichten. Während unsere Tante den Großteil unserer Erträge nach einer Putz- und Schnippelorgie in Tüten in der Gefriertruhe einfror, erholte ich mich von meinem Schreck und aß genüsslich mein Brot mit Butter und gebratenen Waldpilzen. Ich mochte Pilze. Damals ahnte ich natürlich nicht, dass die Nuklear-Katastrophe im Atomreaktor Tschernobyl uns das Pilzesammeln im heimischen Wald 1986 für einige Jahrzehnte verderben würde.

Dany und Sofia hatten in Neukeferloh ein Reihenhäuschen mit drei Schlafzimmern und einer kleinen Einliegerwohnung mit einem winzigen Bad im Dachgeschoss gefunden. Meine Mutter wollte zu fünft einziehen; ihre Mutter sollte einen Teil der Miete übernehmen und auf uns Kinder aufpassen, während Sofia den Familienunterhalt als Privatsekretärin eines Grafen in München verdiente und Dariusch seiner Arbeit als freischaffender Künstler nachging.

Da sie als eine der wenigen Frauen in den siebziger Jahren in Deutschland bereits Sekretärinnen-Erfahrungen in Teheran gesammelt hatte und zwei Fremdsprachen (Farsi und Englisch) beherrschte, hatte sie schnell diesen gut bezahlten Job gefunden.

Dany war als Iraner aus den höchsten Kreisen Teherans wenig begeistert. Bis zur Revolution hatte er das Geld verdient – und nicht wenig. Nach dem Sturz des Schahs musste sich die Oberschicht entweder Chomeini unterwerfen, wanderte ins Gefängnis oder verlor ihr Hab und Gut bei der Flucht in die Fremde. Danys Konten in Teheran wurden eingefroren; er hatte für den Feind (Schah Reza) gearbeitet. Es war also in Deutschland nicht viel Geld übrig für uns alle.

Viele aus Danys großer Familie (über 16 lebende Geschwister) waren in die USA oder nach Frankreich gegangen, doch meine Mutter wollte nach Bayern – in die Heimat und zur Mutter. Und so kam es auch: 1977 zogen wir also zu fünft in ein kleines Dorf und richteten uns ein, so gut es ging. Else zog mit den Möbeln der alten Wohnung ins Dachgeschoss, wir Kinder bekamen jedes ein eigenes Zimmer mit neuen Betten mit Matratzen und eigenen Schreibtischen. Jeden Monat kamen ein paar Möbel hinzu. Zu Beginn saßen wir noch auf einer Plastik-Gartengarnitur im Wohnzimmer, bis das nächste Gehalt einging und Dany und meine Mutter neue Möbel kaufen konnten.

Die ersten Nächte in meinem Zimmer waren schrecklich für mich. Zum ersten Mal in meinem Leben schlief ich ganz alleine in einem Raum. Bisher waren zu jeder Tages- und Nachtzeit Menschen in meiner Nähe gewesen, es sei denn, ich lag unter den Sternen auf dem Flachdach, ganz nah bei meinem Freund auf dem Stern. Ich öffnete jeden Abend heimlich meine Kinderzimmertür im ersten Stock und schlief erst ein, wenn ich die Stimmen der Erwachsenen aus dem Wohnzimmer im Erdgeschoss hören konnte.

Dany sprach kein Deutsch, dafür fließend Farsi und Englisch. Eine Festanstellung wollte er nicht annehmen, schließlich war er in seinem Heimatland ein hoch angesehener und erfolgreicher Künstler gewesen. Seine Bemühungen, auf dem deutschen Künstlermarkt anerkannt zu werden, scheiterten an der Einstellung der deutschen Kunstvereine: Sie wollten keinen Ausländer unterstützen. Während einer Ausstellung hörte ich den Mann vom Verein meiner Mutter sagen: »Künstler in Deutschland haben es sehr schwer. Wir haben genug deutsche Künstler, die wir unterstützen und vermitteln müssen. Da bleibt kein Raum für ausländische Künstler, egal, wie gut sie sind.«

Es interessierte niemanden, wie erfolgreich Dany in Teheran gewesen war, welche Auszeichnungen er an der amerikanischen Universität, wo er studiert hatte, bekommen hatte. Auch seine Expertise als Bildhauer wurde von den Künstlervereinen ignoriert.

Meine Eltern blieben dennoch dran. Immer wieder versuchte Dariusch, bei Ausstellungen dabei zu sein, erhielt jedoch nur Absagen. Eines Tages belauschte ich einen Streit zwischen meiner Mutter, Dany und Else. Else meinte, Dany wolle nicht arbeiten, und meine Mutter konterte, dass er alles versuchen würde, in Deutschland als Künstler Fuß zu fassen, ihn aber als Ausländer niemand haben wolle. Es war nicht das erste Mal, dass mir bewusst wurde, dass wir keine Deutschen waren, bis auf meine Mutter und meine Großmutter.

Viele weitere Nächte hörte ich Dany mit meiner Mutter streiten, meistens auf Farsi, da wir Kinder diese Sprache nicht mehr verstanden. Es ging wohl meist darum, wie er an Aufträge kommen könnte und dass meine Oma ihn immer wieder als faulen Mann bezeichnete, der sich zu fein für normale Arbeit sei und sich von seiner Frau aushalten lasse.

Wir unterhielten uns mit Dany auf Englisch; er sprach auch nach vielen Monaten in Deutschland kein Deutsch. Und je öfter er mit Else im Clinch lag, desto mehr distanzierte er sich davon, die neue Sprache zu lernen. Dumm war er sicher nicht, aber blockiert und frustriert.

Meine Großmutter kümmerte sich um den Haushalt und kochte, während Sonja morgens um 7.30 Uhr das Haus zusammen mit uns Kindern verließ und abends um 18:20 Uhr nach Hause kam. Wenn wir mittags nach Hause kamen, wartete unsere Großmutter auf uns, kochte leckeres Essen und gab uns Liebe und Wärme.

Sie stritt jedoch nach einigen Wochen immer mehr mit Dany, der in Unterwäsche auf der Couch saß und sich die Nachrichten auf BBC und CNN von morgens bis nachmittags anhörte. Er hoffte, dass die Amerikaner Chomeini stürzten und er sein altes Leben zurückbekommen würde. Aber das passierte nicht. Die Amerikaner hatten geholfen, den Schah zu stürzen, und ließen das Volk mit Chomeini im Stich. An manchen Tagen schaltete er den Fernseher so laut, dass ich glaubte, er hoffe, dass die Worte der Revolutionäre bis nach Teheran oder in die USA schallen.

Von Woche zu Woche wurde er ungehaltener, strenger und barscher zu uns. Er kommandierte uns Kinder und meine Mutter. Wenn meine Mutter Whisky kaufte, war die Flasche innerhalb weniger Tage leer. Der Geruch von Alkohol hing bereits mittags, wenn wir von der Schule nach Hause kamen, in der Luft.

Auch zu Else wurde er immer bissiger, und wenn sie den Mund auftat, kamen Töne wie ‹pscht!› aus ihm heraus. Es war seine Art, ihr oder auch uns Kindern gegenüber auszudrücken, wir mögen den Mund halten und schweigen.

‹Pscht!!!› Ich höre es, wie ein Zischen klingt es noch heute, laut und scharf. Zu mir sagte er immer wieder, ich sei dumm, langsam oder fett. Und wenn meine Großmutter mich oder meine Schwester schützen wollte, kam ein ‹Pscht!›

Eines Tages eskalierte die Situation. Else ließ sich den ganzen Tag nicht mehr blicken. Dany hatte ihr eine Ohrfeige angedroht und war mit der Hand so ausgefahren, als wolle er sie gleich schlagen. Wir Kinder hatten diese Szene beobachtet, und plötzlich wurde uns bewusst, dass dieser Mann Gewalt anwenden konnte, wenn er wollte. Auch beim gemeinsamen Abendessen war Großmutter nicht dabei.

Am nächsten Tag eröffnete sie uns, dass sie eine Wohnung gefunden habe und ausziehen werde. Ich war geschockt. Wieder wollte mich jemand verlassen, an den ich mich gerade erst gewöhnt hatte. Nicht nur, dass Else eine Mutterfigur für mich war, ich hatte vor allem zusätzlich Angst davor, mit Dany alleingelassen zu werden. Else war bis jetzt die Einzige, die sich ihm widersetzt hatte. Meine Mutter bekam an den Abenden wenig davon mit, was bei uns tagsüber passierte. Das glaubte ich zumindest. Warum verließen mich alle Menschen, die ich mühsam lieben gelernt hatte? Lag es an mir?

Ich flehte Else an, nicht zu gehen. Ich würde noch braver sein und für sie alles tun. Großmutter erklärte mir, dass es nicht an mir liege und ich sie jederzeit besuchen dürfe. Wir packten gemeinsam ihre Habseligkeiten in die leeren Umzugskisten, die sie organisiert hatte.

Dany machte keinen Finger krumm, und als der Umzug anstand, kümmerten sich lediglich die Umzugshelfer und wir Kinder um Omas Sachen. Dany saß auf der Couch und hörte CNN-Nachrichten, diesmal angezogen. Meine Mutter war arbeiten.

In der Grundschule in Neukeferloh fand ich am ersten Schultag meine beste Freundin, Maria. Niemand schien mit ihr zu tun haben zu wollen. Zu mir war sie sehr nett. Sie hatte eine erheblich ältere Schwester. Ihre Mutter kümmerte sich nur sporadisch um sie, obwohl sie immer zu Hause war.

Morgens holte ich Maria zur Schule ab und war neidisch, dass sie ein Frühstück bekam, während es bei uns seit dem Auszug meiner Großmutter weder Brot noch Haferflockensuppe am Morgen gab. Meine Mutter machte uns Kindern lediglich am Vorabend unter der Woche ein Vollkornbrot mit Leberwurst oder Camembert, das wir zur Pause mitnahmen.

Auch an den Wochenenden frühstückten wir nur gelegentlich miteinander. An den Sonntagen versuchte meine Mutter, Ausflüge mit uns zu machen, um die Spannung aus der Familie zu nehmen. Meist gelang es ihr.

Doch auch wenn alle Kinder mich um meine hübsche Mutter, die adrett und perfekt geschminkt in die Arbeit fuhr, beneideten, beneidete ich diese im Gegenzug um deren Mütter, die unter der Woche zu Hause Essen kochten, immer für ihre Kinder da waren und ihnen Schutz und Wärme boten.

Marias Eltern besaßen ein Haus mit einem großen Grundstück. Im Sommer spielten wir im Garten oder im kühlen Hobbyraum im Keller. Wenn wir nach der Schule zu ihr nach Hause kamen, machten wir uns meistens selbst etwas zu essen. Miracoli war unsere Leibspeise. Zum Nachtisch gönnten wir uns ein Eis aus dem Tiefkühlfach.

Marias Mutter bestellte tonnenweise Fertiggerichte bei Eismann, denn sie kochte nicht gerne. An manchen Tagen brieten wir uns Brot mit Butter in der Pfanne, ein ‹Rezept›, das ich von Großmutter kannte.

Meistens lag Marias Mutter tagsüber im Bett und kam erst am späten Nachmittag im Bademantel ins Erdgeschoss, um sich eine neue Schachtel Zigaretten zu holen, bevor sie wieder in ihr Schlafzimmer verschwand. Manchmal saß sie auch draußen im Garten in der Sonne. Lachen sah ich sie selten.

Marias Vater war ein sehr netter und herzlicher Mann mit einer rauchigen Stimme. Auch er rauchte viel. Er arbeitete den ganzen Tag und lachte gerne mit uns Mädchen. Wenn er früher nach Hause kam und seine Frau im Bett entdeckte, stritten die beiden so heftig, dass wir es sogar im Erdgeschoss des Hauses hörten. Dann packte mich Maria und wir flohen nach draußen in den großen Garten oder auf die Straße.

Unser täglicher Begleiter war der Dackel der Familie. Da meine Schwester und ich keinen Hund hatten, waren wir immer zu dritt mit dem Dackel auf den Straßen von unserem Dorf unterwegs. Wir spielten Völkerball oder Privatdetektiv, ahmten Columbo nach und suchten nach Verbrechern. Die Indianerspiele hatten ausgesorgt, auch wenn Winnetou immer noch hochaktuell war.

Ich genoss die Zeit mit Maria, wenngleich Dany mir diese Freundschaft immer wieder verbot. Er gab keinen Grund an, verbot sie nur. Es war mir egal. Sie hatten mir alle Menschen genommen, die ich liebte. Dieses Mal würde ich mich durchsetzen und selbst entscheiden, wer in mein Leben kam und wer nicht.

Hölle

Ich wuchs seit meinem achten Lebensjahr in Angst auf. Wir erlitten nie physische, aber psychische Gewalt. Drohungen gab es immer wieder. Ich kann mich nicht mehr erinnern, wann Dany zum ersten Mal wirklich gewalttätig wurde und nicht nur drohte. Die Streitgespräche zwischen ihm und meiner Mutter häuften sich; Dany wurde nach dem Auszug von Else seltsam und noch strenger, als er ohnehin schon war. Er trank noch mehr Alkohol, und meine Mutter kaufte keinen Whisky mehr ein. Das war Dany egal. Wenn meine Mutter den Inhalt der Flaschen in den Abguss geschüttet hatte, fuhr er zum nächsten Supermarkt und kaufte neuen Alkohol.

Wie ein Aufseher setzte er uns Kinder mit den Schulaufgaben unter Druck, erstellte zusätzliche Übungsaufgaben, verbot uns, rauszugehen und schrie uns an, wenn wir nicht sofort taten, was er befahl. Dennoch traf ich mich vor oder direkt nach der Schule mit Maria und spielte mit ihr. Zu Hause zog ich mich in mein Zimmer und meine Fantasiewelten zurück. In meinem Kopf wurde ich zur Heldin, die außergewöhnliche Zauberkräfte besaß und uns alle in ein wunderbares Land weg von der Herrschaft des Tyrannen D. führte.

An anderen Tagen betete ich zu Gott und bat ihn, uns von Dariusch zu befreien, oder er möge mir sagen, was ich getan hatte, um in diese Situation zu kommen, und was ich tun könnte, um hinauszufinden. Ich bekam zwar keine Antworten, aber ich hatte jemanden, mit dem ich meinen Kummer und meine Ängste teilen konnte. Ich hatte das Gefühl, dass er zuhörte.

Mit meiner Freundin wollte ich nicht sprechen, denn ich schämte mich. Mit den Lehrern tauschte ich mich erst recht nicht aus. Ich dachte, mir würde niemand zuhören, genauso wie ich es in meiner Familie gewohnt war.

Schließlich war ich klein, dumm, fett und unwichtig. Das wurde mir jeden Tag von Danny gesagt und ich glaubte es nach einer Zeit auch selbst. Auch hatte ich kein Vertrauen zur Rektorin, die die Schüler an den Ohren zog, wenn sie nicht spurten. Ich dachte, ich müsse mit meinen Problemen alleine klarkommen.

Meine Mutter merkte, dass wir Kinder unter der Herrschaft von Dany litten und konstant unter Druck standen. So durften wir alle zwei Wochen über das Wochenende zur Oma in die Münchner Innenstadt fahren und über Nacht bei ihr bleiben.

Wir wurden von ihr mit Leckereien verwöhnt; es war eine schöne Zeit bei ihr. Sie hatte einen Nebenjob angenommen, da ihre Rente nicht für die Miete reichte. Sie spülte in der Großküche der Metro und hatte dort Freundinnen gewonnen. An ihren freien Tagen ging sie wieder in die Berge und blühte nach der Zeit in unserem Horrorhaus wieder auf. Dennoch hatte ich das Gefühl, dass sie einsam war, wenn wir nicht bei ihr waren.

Wenn wir Kinder von den Oma-Wochenenden nach Hause kamen, hatte ich meistens das seltsame Bauchgefühl, das ich einst bei der Begegnung mit der Wildsau in Selb gespürt hatte. Ich konnte es inzwischen ein wenig zuordnen. Es lauerte immer Gefahr in dem Haus, das uns eigentlich Schutz bieten sollte.

Als meine Schwester nicht mehr zur Großmutter mitkommen wollte (wohl weil sie sich Sorgen um unsere Mutter machte, die alleine mit Dany war), ging ich alleine zu ihr. Sie hatte für mich die Rolle meiner Mutter übernommen. Mit ihr sprach ich über alles, auch darüber, wie Hitler hatte an die Macht kommen können. Ihre Antwort, man habe sich von Hitler Wohlstand und Arbeitsplätze versprochen, erschien mir unglaubwürdig. Doch sie ging auf meine Fragen ein und beantwortete sie mit Engelsgeduld: Niemand habe geahnt, was er vorhatte. Heute weiß ich, dass solche Menschen wie Hitler es immer schaffen können, wenn sie Hoffnungen und Ängste der Menschen schüren, mit Glaubenssätzen, Gefühlen und einer ausgefeilten Propagandamaschinerie arbeiten.

Doris war ein vorlauter und launischer Teenager geworden. Nun wurde auch sie Opfer von Danys Wutausbrüche, meist wenn wir von der Schule nach Hause kamen. Schon eine Kleinigkeit konnte wie ein Funke im Pulverfass wirken. Er hatte bis mittags bereits reichlich Alkohol getrunken; Whiskey-Duft hing in der Luft, wenn wir das Wohnzimmer betraten. Während des Mittagessens eskalierte die Situation. Dany bekochte uns mittags; meist gab es Omelette. Wenn wir es nicht essen mochten, flippte er aus, verlor jegliche Kontrolle, brüllte und tobte wie ein Geisteskranker. Er ging zuerst auf meine Schwester los, die in ihr Zimmer flüchtete, dann schrie er mich an, schickte mich in mein Zimmer und verbot mir, mich mit Maria oder anderen Freundinnen zu treffen. Wenn meine Mutter nach Hause kam, versuchten wir, ihr zu sagen, was passiert war, aber ich hatte das Gefühl, dass sie es nicht wissen oder wahrhaben wollte.

So wurde die Schule für mich ein Raum der Sicherheit. Ich ging gerne in die Schule. Mein Lieblingsfach war Deutsch; hier glänzte ich. Was ich im Unterricht las, öffnete mir eine Tür in ein grenzenloses Land der Fantasie. In Gedichten und Geschichten konnte ich mich fallen lassen und meine Realität, die mir inzwischen immer mehr Angst machte, verlassen. Ich nahm diese Welten mit nach Hause und schaffte mir dadurch einen sicheren Raum im Horror-Haus.

Wenn ich am Wochenende nicht zu Else konnte, flüchtete ich zu Maria; wenn Maria keine Zeit für mich hatte, ging ich in die Kirche. Während des Aufenthaltes in Florenz hatte ich festgestellt, wie ruhig und sicher Kirchen sein konnten. Da ich inzwischen begriffen hatte, dass Allah und Gott das gleiche Universum besaßen und derselbe Schöpfer zu sein schienen, war es mir gleich, wie und wo ich meinem Freund, der mir einen Anker bot, nahe war. In der Schule gab es keinen Ethikunterricht für mich, da ich Schiitin war, und so ging ich in den Religionsunterricht und erfuhr mehr über Gott, Jesus, Maria und die Jünger. Ich nahm sogar die dicke Bibel mit nach Hause und las darin mehr über den Freund, den ich mir gesucht hatte und der immer da war.

Manches verwirrte, anderes faszinierte mich. In Deutschland hatte ich während der Schulgottesdienste begriffen, dass Kirchen mir Sicherheit und Ruhe boten, wenn es keine Flachdächer unter dem Sternenhimmel gab. Auch der Duft des Weihrauchs schien mich in einen besonderen Zustand einzulullen, den ich mochte. Ich betete viel, denn die Menschen um mich herum schienen mir nicht zuhören zu wollen. Die Hoffnung, dass Gott, der Schöpfer der Welt, mir zuhörte und seine Kräfte für die Befreiung von mir und meiner Schwester nutzte, hielt mich aufrecht.

Eines Abends, als ich wieder in der Kirche Schutz suchte, fing mich der Pfarrer auf dem Weg zum Altar ab. Als ich sagte, ich brauche Schutz, meinte er, die Kirche schließe gleich, aber ich könne am nächsten Tag zu den Öffnungszeiten kommen.

Ich war verwirrt: Hatte Gott Öffnungszeiten, hörte nur zu bestimmten Uhrzeiten zu? Mein iranischer Großvater hatte dreimal täglich gebetet, auch immer zu besonderen Zeiten. Ich überlegte und entschied, dass mein Gott keine Öffnungszeiten kannte. Schließlich hatte mich bis zur zweiten Grundschulklasse niemals jemand etwas über Allah oder Gott gelehrt. Meine Großmutter glaubte nicht mehr an Gott, seitdem ihre große Liebe im Krieg gefallen war. Meine Mutter war zwar getauft, aber mehr auch nicht, und wir Kinder waren Schiiten in Teheran und auf dem Papier in Deutschland stand ‹o. B.› (ohne Bekenntnis).

So kreierte ich meine eigene Glaubenswelt, würfelte das, was ich in Teheran gesehen und gefühlt hatte, mit dem Wissen aus Florenz und dem aus dem Unterricht der Katholiken und der Protestanten (ich war in beiden) zusammen. Das passte für mich. Was gut war, bot mir Schutz und hielt mich aufrecht, war mein Anker. In manchen Nächten träumte ich sogar, ich spreche mit Gott und bitte um Rache. Möglicherweise war das Alte Testament, das ich in der Schule zu lesen bekam, die Grundlage für meine Rachegelüste.

Meine Schwester und ich fragten während dieser düsteren Zeiten unsere Mutter immer wieder, ob wir einen Hund haben dürften, und sie sagte nach einem Wochenende plötzlich ja. Wir durften mit Dany zum Tierheim und uns einen Hund aussuchen. Ein Hund würde uns beschützen, dachte ich damals.

Wir wurden im Tierheim durch einen Gang mit Zwingern geführt. Von allen Seiten kamen Hunde angerannt, sprangen an den Gittern hoch und bellten verzweifelt. Doris und ich blieben vor einem Zwinger stehen und sahen Susi, einen roten Cockerspaniel mit gestutztem Schwanz und einer Beule auf dem Kopf. Leise und still saß sie im hinteren Eck und zitterte ängstlich. Sie war hilflos, genauso wie wir Kinder, wenn Dany wütend und betrunken war.

»Diesen Hund wollen wir!«, sagten wir wie aus einem Munde.

Die Dame im Tierheim zögerte, sah unsere Gesichter und entschied, dass es in Ordnung gehe würde. Sie erzählte uns, dass Susi ganz viel Liebe brauche, da sie von ihrem Vorbesitzer geprügelt worden war. Die Beule am Kopf sei eine Verletzung aus dieser Zeit. Ich war sicher: Susi würde zu uns passen und uns gut beschützen – und wir sie.

Tatsächlich kehrte danach etwas Ruhe in unserem Leben ein, und Dany wurde nicht mehr so oft wütend. Susi fühlte sich wohl bei uns, und wir Kinder waren mit ihr immer draußen auf der Straße, sobald wir das Haus nach den Hausaufgaben verlassen durften. Dany konnte uns auch nicht mehr verbieten, an den Nachmittagen rauszugehen, denn wir hatten uns verpflichtet, mit unserem Hund regelmäßig spazieren zu gehen. Was für ein genialer Schachzug!

Doch nach einigen Monaten wurde Dany wieder aggressiv, war immer öfter betrunken, wenn wir von der Schule nach Hause kamen oder wenn er uns mit dem Auto von der Schule abholte. Er ließ uns nur noch selten aus den Augen. Wir fühlten uns beobachtet und gefangen.

Als meine Schwester älter war und sich die ersten Jungs für sie interessierten, eskalierten die Kämpfe zwischen ihr und Dany. Er ging auf sie los, rannte mit einem Messer hinter ihr her und schrie, er würde sie umbringen. Ich weiß nicht warum, aber auf mich ging er nie los, und so versuchte ich, als kleine Schwester den großen wütenden Mann abzulenken, zerrte – ihm nachlaufend – an seinem Hemd und versuchte, ihn zu packen und aufzuhalten. Für die Sicherheit meiner Mutter und Schwester hätte ich alles getan, denn das Zusehen und Miterleben, die Energie der Angst und Gewalt zu spüren, war für mich schlimmer, als die Gewalt am eigenen Leib zu erfahren.

Aber seine Wut war so groß, dass er mich kaum wahrnahm und ich meine ganze Kraft aufbringen musste, damit er hie und da mal ins Straucheln kam und meine Schwester einen Vorsprung gewann, um sich in ihr Zimmer zu retten und die Tür abzusperren. Eines Tages zerriss ich sogar sein Hemd, als ich es ergriff und daran zog. Doch es half nichts. Er brach die Tür auf, stürmte in ihr Zimmer und zerstörte ihr Hab und Gut, zerriss ihr Geld, zerbrach ihre Schallplatten und zertrümmerte ihr Radio. Ich schrie und weinte. Aber nichts schien ihn aufhalten zu können. An mir verging er sich nicht.

Solche Tage kamen nun immer wieder vor, und die Abstände wurden kürzer. Meine Mutter bekam davon nichts mit, sie war in der Arbeit. Die Nachbarn kümmerten sich nicht. Vielleicht dachten sie, das sei normal bei den Persern, oder sie wollten nichts mit dieser Gewalt zu tun haben. Wegschauen und weghören, wenn es drauf ankam, das war üblich.

Lediglich Susi kam uns immer wieder zu Hilfe. Aber was auch passierte, Dany ließ sowohl Susi als auch mich in Ruhe. Ich weiß bis heute nicht, warum. An vielen Tagen schämte ich mich, an anderen fühlte ich mich schuldig. Gerne hätte ich diese Gewaltaktionen für meine Schwester auf mich genommen. Zuzusehen, was mit ihr geschah, war für mich schrecklich, dabei hilflos zu sein und sie nicht schützen zu können, noch schrecklicher. Ich hatte Schuldgefühle, weil ich verschont blieb, meine Schwester mit allem persönlichen Einsatz nicht retten konnte. Aber vielleicht war es ja auch gut so. Dass sie sich nicht von ihrer kleinen Schwester helfen ließ, zeigte vermutlich nur, dass ihr nichts Böses geschah; nur hätte ich dummes Gör das Geschehen nicht verstanden.

Je älter meine Schwester wurde, je abhängiger Dany von den Einnahmen meiner Mutter war, selbst kaum Aufträge für Kunstwerke bekam, desto öfter eskalierten auch seine Streitgespräche mit Sonja. Irgendwann war auch sie betroffen von der Gewalt, die von Dany ausging.

Doch manchmal bekam er einen guten Auftrag und war währenddessen in die Kunst vertieft und zufrieden. Dann erlebten wir auch gute Zeiten, machten gemeinsam ausgelassene Ausflüge oder fuhren in den Urlaub nach Italien. Die Welt schien für kleine Momente in Ordnung und wir hofften, dass alles besser werden würde. Aber nach Abschluss des Auftrags fiel er in sein altes Muster zurück, kippte beim Abendessen noch mehr Whisky oder Wodka in sich hinein, während wir ängstlich zusahen. Schon sein Griff zur Flasche ließ uns zittern.

Wenn meine Mutter merkte, dass er angriffslustig wurde, schickte sie uns Kinder hoch in unsere Zimmer. Still verharrte ich an der Kinderzimmertür, die ich einen Spalt geöffnet ließ, um im Notfall einspringen zu können, falls er unsere Mutter schlagen wollte. Sie schaffte es jedoch immer wieder, ihn zu beruhigen, und ich schlich ängstlich ins Bett – mit einem offenen Auge und den Ohren auf Hab-Acht-Stellung.

Einschlafen konnte ich erst, wenn ich aus dem elterlichen Schlafzimmer direkt neben meinem das laute Schnarchen des betrunkenen Mannes hörte. Dann wusste ich: Wir alle waren sicher. Noch heute schlafe ich, wenn ich einen Partner habe, am besten, wenn dieser schnarchend neben mir liegt. Ich verbanne eher den Mann ohne Schnarchen aus dem Zimmer, da ich dann nicht schlafen kann.

An zwei Abenden kam die Polizei. Dany war wütend wie nie zuvor. Meine Mutter und wir Kinder waren auf der Flucht vor seinem Zorn in sein Dachgeschoss-Atelier geflohen. Im Streit mit meiner Mutter war seine Faust knapp an ihrem Kopf vorbei in die Wand geschnellt, und er hatte es geschaffte, ein Loch in die Mauer zu schlagen.

Er drohte ihr, wenn sie nochmals den Mund aufmache, werde er nicht die Wand treffen. Sobald eine von uns einen Mucks machte, kam sein zischendes ‹Pscht!› und die drohende Handbewegung. Ich stürzte unbemerkt zum Telefon und rief die Polizei. Mit Blaulicht und Sirene erschien das Auto vor der Haustür. Ich öffnete hoffnungsvoll. Der freundliche Polizist verließ uns jedoch unverrichteter Dinge wieder. Solange niemand zu Schaden gekommen sei, könne er nichts tun. So sei das Gesetz.

Als er gegangen war, dachte ich, mein letztes Stündlein habe geschlagen, aber Dany hatte sich beruhigt; sein Respekt vor Obrigkeiten war geprägt von den Autoritäten im Iran. Möglicherweise hatte er auch Angst davor, was die deutschen Behörden mit ihm machen würden. Schließlich besaß er in Deutschland nur eine Aufenthaltsgenehmigung.

Zum zweiten Mal kam die Polizei an dem Abend zu uns, an dem ich mich als Kind vollkommen von meiner Mutter löste. (Ich war 9.) Dany war wieder wütend, drohte, uns alle umzubringen und ging mit dem Küchenmesser auf meine Mutter, meine Schwester und mich los, verletzte aber niemanden, denn so betrunken, wie er war, konnten wir seinen Angriffen zu dritt ausweichen und sperrten uns schließlich im elterlichen Schlafzimmer ein.

Wir saßen gemeinsam weinend und zitternd in der Mitte des Bettes und starrten auf die Tür, auf die Dany wie wild einschlug. Susi war mit uns im Raum und bellte hysterisch, während der wütende Mann draußen bedrohlich brüllte: »I will kill you!« Es schien keinen Ausweg mehr zu geben. Und niemand kam uns zu Hilfe.

Meine Schwester und ich überlegten, ob wir über den Balkon nach draußen fliehen konnten. Wir waren im ersten Stock; die Höhe war zwar überschaubar, aber der Balkon im Freien ohne Gerüst, an dem wir uns nach unten hätten hangeln können. Skurrilerweise mussten wir ein wenig lachen, flachsten, dass wir nicht einmal sportlich genug seien, um diese Hürde zu schaffen.

In dieser Ausweglosigkeit traute ich mich, meiner Mutter die Frage zu stellen, die mir seit Monaten auf der Zunge brannte: »Warum verlässt du ihn nicht?«

Ihre Antwort war für mich wie eine Ohrfeige. Es fühlte sich so an, als ob mich meine Mutter den Löwen zum Fraß vorgeworfen und verraten hätte. Sie sagte: »Weil ich Angst davor habe, später alleine zu sein.« Ich spüre heute noch den leeren dunklen Raum um mich, in den ich durch diese Aussage katapultiert worden war.

Was mochte in meiner Schwester vorgegangen sein, als sie diese Antwort hörte? Mir wurde schlagartig klar: Ich bin einsam und auf mich alleine gestellt. Niemand konnte mich besser schützen als ich mich selbst. Nicht einmal meine eigene Mutter war dazu fähig. Und anscheinend auch kein anderer Erwachsener.

Es klingelte Sturm an der Haustür. Dany verließ seinen Posten, weil eine Männerstimme von außen etwas rief, was wir nicht verstehen konnten. Dann hörten wir zwei fremde Männer im Flur sprechen, und Dany rief nach meiner Mutter.

Wir verließen gemeinsam das Schlafzimmer. An der Haustür empfingen uns zwei Polizisten. Ich blickte sie hilfesuchend an, versuchte, ihnen durch Gedankenübertragung mitzuteilen, wie dringend wir ihre Unterstützung benötigten.

Einer der Männer sagte meiner Mutter, sie solle eine Tasche packen. Sie könnten zwar meinen Stiefvater nicht einsperren, denn er habe kein Verbrechen begangen, aber sie könnten uns zu jemandem fahren, bei dem wir in Sicherheit seien. Dann könne meine Mutter entscheiden, ob sie Anzeige gegen Dany erstatten wolle.

Sie fragten, ob es jemanden gebe, zu dem sie uns bringen könnten. Meine Mutter bejahte, und wir wurden im Polizeiwagen zu unserer Großmutter gefahren, wo wir dann die Nacht verbrachten. Ob Gott seine Hände im Spiel hatte? An diesem Abend musste tatsächlich einer der Nachbarn, der viele Jahre geschwiegen hatte, entschieden haben, uns könne nur die Polizei helfen.

Am nächsten Morgen war meine Mutter unruhig, wollte unbedingt nach Hause und nach dem Rechten sehen. Sofia und Else stritten. Meine Großmutter war der Ansicht, dass die einzige Hoffnung für uns darin liege, den »faulen Sack« rauszuwerfen und sich zu trennen. Meine Mutter weinte und wollte unbedingt wieder nach Hause fahren. Sie wollte uns Kinder bei der Großmutter lassen, aber wir pochten darauf, mitzugehen, denn wir machten uns Sorgen um die Sicherheit unserer Mutter. Die Rollen waren seit dem Abend zuvor plötzlich vertauscht. Wir Kinder fühlten uns verantwortlich für die Gesundheit unserer Mutter und die eigene Sicherheit.

Sie orderte also ein Taxi, und gemeinsam fuhren wir zur Höhle des Löwen. Sofia klingelte. Als niemand öffnete, schloss sie auf. Sie wies uns Kinder an, draußen zu warten, und ging vor. Ich fasste den Mut, mit einzutreten. Ich musste meine Mutter schützen und wollte auch wissen, was Dany während der Nacht angestellt hatte.

Es war still im Haus. Uns wurde mulmig zumute. Wir hörten nicht einmal das Schnarchen des Mannes, der uns das Leben immer wieder zur Hölle machte. Langsam gingen wir Richtung Wohnzimmer, durch den Flur. Es waren etwa fünf Meter. Ich hatte das Wohnzimmer noch nicht betreten, als meine Mutter mich erschrocken nach hinten schubste und rief, ich solle sofort nach draußen gehen. Ich hörte nicht und folgte ihr.

Hektisch stürmte sie weiter ins Wohnzimmer, durch ein Chaos von zertrümmerten Möbeln, Richtung Couch, auf der Dany lag. Sein linker Arm hing schlaff hinunter, die Hand war voll verkrustetem Blut. Auf dem blauen Teppichboden darunter war ein großer rotschwärzlicher Fleck. Dany hatte sich die Pulsadern aufgeschnitten. Er hatte mit seinem Blut etwas an die Wände geschmiert, was ich nicht mehr lesen konnte, weil mich zwischenzeitlich meine Schwester eingeholt hatte und Richtung Vorgarten zog.

Meine Mutter rief den Notarzt und es dauerte nicht lange, bis wir das Horn des Krankenwagens hörten. Zwei Sanitäter stürmten zu Fuß mit einer Liege Richtung Haus. Wieder einmal hatten die Nachbarn die Zufahrt zu den Reihenhäusern mit ihren Autos blockiert und sie als Parkplatz missbraucht. Aber nun ging es um Minuten.

In meinem Kopf rasten die Gedanken, sie spiegelten meine zwiespältigen Gefühle. *Lieber Gott, lass ihn sterben! Befreie uns von ihm!* und *Diese Wünsche sind unrecht!* wechselten sich ab. Ich hatte immer wieder zu Gott gebetet, er möge diesen Menschen bestrafen für all das, was er uns angetan hatte. Jahre der Angst und des Psychoterrors lagen hinter uns. Und wer weiß, wie viele noch vor uns liegen würden, wenn alles so weiterging. Ich wollte, dass es aufhörte. Und doch war mir im Innersten meines Wesens bewusst, dass das Gedanken der Rache waren. So etwas durfte man nicht denken, oder doch?

Dany überlebte seinen Suizidversuch. Was danach kam, erschien mir wie purer Hohn. Er landete in der Psychiatrie – und wurde nach wenigen Tagen entlassen. Als ich meine Mutter fragte, warum sie ihn nicht behielten und behandelten, meinte sie, der Stationsarzt habe dies mit der Begründung entschieden, man könne ihm nicht helfen. Als ich meine Mutter fragte, wie die Psychiater das meinten, sagte sie, dass niemand mit Dany eine Therapie machen könne. Erstens sprach er die deutsche Sprache immer noch nicht, und zweitens hatte er als Iraner Einstellungen über Strukturen in der Familie und ein Wertedenken, die mit deutschen ethischen und moralischen Vorstellungen nicht übereinstimmten. Als Iraner ticke er eben anders – da sei es normal, dass Frauen nichts zu sagen haben; niemand in Deutschland könne seine Mentalität verstehen oder nachvollziehen und ihm entsprechend bei einer Verhaltensänderung helfen.

Etwas Schriftliches oder einen Entlassungsbrief, der diese Aussage bestätigte, sah ich jedoch nie. Aber warum hätte ich meiner Mutter nicht glauben sollen? Es wäre in unser aller Sinne gewesen, wenn sich jemand um Danys Psyche gekümmert hätte. Heute ist mir klar, wie sehr er Hilfe gebraucht hätte und wie das deutsche System ihn und auch uns fallenließ.

Als Kind dachte ich: Das kann nicht wahr sein! Ein Mensch aus einem anderen Land konnte für seine Verfehlungen weder inhaftiert noch psychiatrisch behandelt werden, weil er eine andere Moralvorstellung besaß? Deswegen durfte er uns nun also weiterhin psychisch foltern und misshandeln?

Er blieb also zu Hause, und es änderte sich nicht viel für uns. Lediglich seine Wutausbrüche wurden sanfter, denn das Bewusstsein, dass meine Mutter ihn trotz seiner Taten gerettet hatte und wohl noch liebte, half ihm über einige seiner Probleme hinweg. Liebe kann eine Lösung sein, aber nicht für alles. (Das wurde mir selbst als erwachsene Frau auch einmal schmerzlich bewusst, als ich eine Beziehung mit einem Narzissten einging).

In den darauffolgenden Jahren erlebten wir immer wieder neue Wutausbrüche, auch kleinere Gewaltakte, bis ich sechzehn Jahre alt war. Wir durften nicht einmal mehr alleine in die Schule. Dany brachte uns hin und holte uns ab. Wir waren wie Gefangene. Und je älter wir Kinder wurden, desto schärfer wurde die Überwachung.

Wir mussten Rede und Antwort stehen, wo wir uns wann und mit wem aufhielten, und durften nicht zu Partys unserer Freunde. Konzerte waren tabu. Taten wir nicht, was uns von Dany aufgetragen wurde, erlebten wir seinen Zorn. Manchmal rief er sogar bei unseren Freunden an und prüfte, ob wir wirklich dort waren.

Nur ein einziges Mal durfte ich auf ein Konzert von Simply Red: Der Ausflug wurde von meiner Schule veranstaltet und war Teil des Musikunterrichts. Ein Tanzkurs, ebenso von der Schule beworben, wurde zu meiner Rettung, als Teenager auch einmal etwas anderes zu erleben und Spaß dabei zu haben. Ich nahm in der Schule mit, was ging.

Ein Aufenthalt mit meiner Schulklasse in einem Kloster (Exerzitien) brachte mich gleich für ein paar Tage weg von der Hölle zu Hause und näher zu Gott. Ich lernte dort sogar zu meditieren, und brachte diese besondere Übung, die mich in andere Welten versetzte, mit gerade mal 14 Jahren in meinen Alltag ein. Das Meditieren ist noch heute ein wichtiger Bestandteil meines Lebens.

Erst als Dany in den achtziger Jahren zwei größere Kunstaufträge eines Grafen, große Ölgemälde, und einen Auftrag für das Design eines Buchcovers einer IT-Ratgeberreihe erhielt, erlebten wir wieder ausgelassene Tage und waren von seinem Zorn befreit. Er hielt sich stundenlang in seinem Atelier im Dachgeschoss des Hauses auf und war erst am späten Nachmittag, benebelt von den Farben, in der Küche und bereitete gut gelaunt das Abendessen zu.

Aus dem bekannten und erfolgreichen Künstler Persiens war ein Hausmann geworden, der öfter kochte und staubsaugte, als ein Künstler zu sein. Nur manchmal noch gaben meine Eltern kleine Partys und luden Freunde ein, die sie noch aus der Zeit in Teheran kannten und die ebenfalls nach Deutschland geflohen waren.

Wir Kinder halfen in der Küche, deckten den Tisch, bewirteten die Gäste, räumten ab und spülten das Geschirr. Die Freunde – die unser dunkles Geheimnis nicht kannten – lobten unseren Fleiß. Niemand ahnte, dass wir froh waren, an einem solchen Tag keine Gewalt zu erleben, da Dany einen kleinen Hauch an Luxus und Präsenz aus seinen vergangenen Tagen erlebte.

Alle Gäste bewunderten seine künstlerischen Fähigkeiten, sein Talent und seine Kochkunst. Doch seine Kunst kaufen oder weiterempfehlen wollte niemand – eine deutsche Gepflogenheit? Ich beobachte es heute als Coach und als Vermittlerin immer wieder. Meine deutschen Kunden empfehlen kostenpflichtige Dienstleistungen nur selten.

Während meine Mutter weiterhin Vollzeit arbeitete und ich mir das Leben anderer Jugendlicher wünschte – Sicherheit, ein stabiles Zuhause –, wurden wir umgekehrt von unseren Mitschülern um unsere ausgefallene Mutter und die Internationalität der Familie beneidet. Sie alle wollten sich mit dem Künstler aus dem Iran unterhalten. Er war wie ein exotischer Vogel im bürgerlichen Zoo.

Doch niemand hatte die geringste Ahnung, was wir Kinder zu Hause erfuhren und erlebten, nicht einmal meine beste Freundin. Der Schein nach außen war glanzvoll und exklusiv. Stets waren wir alle gut gekleidet und ordentlich herausgeputzt, wenn wir das Haus verließen oder Gäste empfingen. Niemand von uns weinte oder beschwerte sich in der Öffentlichkeit über die Gewalt, die wir viel zu oft erlebten. Wenn es Partys bei uns gab, waren sie immer extravagant und exquisit. Es gab hervorragendes persisches Essen, manchmal sogar

Kaviar aus dem Iran, Garnelen, Austern, Champagner, Wein der besten Sorte und lustige Geschichten aus der iranischen Vergangenheit mit der Schah-Familie und der intellektuellen Szene.

Meine Mutter war trotz aller Umstände immer noch eine schöne Frau, geschmackvoll und modisch gekleidet und immer perfekt geschminkt. Man sah ihr die Sorgen und Ängste hinter dieser Maske von Chanel & Co. nicht an. Vor allem war sie auch sehr jung im Vergleich zu den anderen deutschen Müttern. Wahrscheinlich auch deswegen war Dany oft eifersüchtig, wenn sie mal länger arbeiten musste. Er war misstrauisch und holte sie auch mal direkt bei ihrem Chef, dem Grafen, in München ab. Kein Wunder, er hatte sein ganzes Selbstbewusstsein in Teheran lassen müssen und sich und seine Leidenschaft für die Kunst aufgegeben, für Sicherheit vor dem neuen Regime.

Ich wurde selten oder nie zu Geburtstagen oder Partys anderer Kinder eingeladen. Das mag daran gelegen haben, dass wir eine ausländische Familie waren, die die deutschen Regeln vermeintlich nicht kannte. Ich erinnere mich, dass wir nur einmal eine Geburtstagsfeier bei uns im Haus hatten, und das wurde nun einmal regelmäßig erwartet, wenn man in der Nachbarschaft gut angesehen sein wollte. Es schien eine stille quid pro quo-Vereinbarung im Dorf zu geben: Lädst du mich ein, dann lade ich dich ein.

Und obwohl mir diese eine Feier, die ich während meiner Grundschulzeit geben durfte, sehr gut gefallen hat und ich wirklich Spaß dabei hatte, mit dem Gefühl verbunden, dazuzugehören, blieb es bei dem einen Mal, denn wir fürchteten, dass Dany vor allen anderen Kindern bekäme. Dieses Risiko konnten wir nicht eingehen.

Er trank weiterhin regelmäßig Alkohol, bis meine Mutter eines Tages wieder alles wegschüttete. Dany ging los und kaufte Nachschub. Ich erinnere mich, wie ich geweint habe, als er die Einkaufstüten auspackte. Konnte es nicht endlich aufhören?

Ich betete, er möge tot umfallen, oder ich bat Gott in meinen Gebeten, Dany möge für alles, was er uns antat, fürchterliches Leid erfahren. Hätte ich damals gewusst, dass Wünsche dieser Art auch wirklich in Erfüllung gehen, hätte ich genauso gehandelt? Ich weiß es nicht.

Die Gewalt hörte so plötzlich auf, wie sie begonnen hatte: Als meine Schwester zum Studium nach Nürnberg ging, entspannte sich die Situation bei uns. Wenngleich er zu mir trotzdem besonders streng war und ich immer unter Beobachtung stand, wurde er nicht mehr so gewalttätig wie früher.

Möglicherweise lag es daran, dass er einen sehr großen Auftrag beim deutschen und amerikanischen Fernsehen für den Film *Die unendliche Geschichte II* an Land gezogen hatte. Er durfte als künstlerischer Berater an der Herstellung einer Figur arbeiten. Sie sollte in Tausende Teile zersplittern. Dafür war eine spezielle Herstellungstechnik notwendig, die Dany in Deutschland als Einziger kannte. Dabei kam ihm sein Studium in den USA zugute.

Meine Mutter hatte zufällig von ihrem Chef gehört, dass die Bavaria-Studios jemanden mit diesem Knowhow suchten. Und die Bavaria-Studios waren glücklich, dass sie so schnell jemanden fanden. Die Filmbranche hatte im Gegensatz zu deutschen Kunstvereinen keine Hemmungen, einem Iraner einen Auftrag zu erteilen. Ganz im Gegenteil: Sie arbeitete gerne international.

Jahre später erkannte ich, dass Dany eine schwere Depression mit Minderwertigkeitsstörungen erlebt hatte, genauso wie die Mutter meiner einstigen besten Freundin, aber mit dem Unterschied, dass er gewalttätig wurde, während sie sich in ihr Bett zurückzog.

Mein Stiefvater ist vor ein paar Jahren nach einem jahrelangen schweren Herzleiden gestorben. In den letzten zehn Jahren seines Lebens hat Gott meine Bitte als Kind erfüllt. Der Mann, der uns das Leben zur Hölle gemacht hatte, erlebte seine eigene Hölle voller Angst und Leid. Wir hatten leider keine Gelegenheit, uns auszusprechen, denn ich habe mich viele Jahre von der Familie zurückgezogen, um mich selbst zu finden und meine eigene Mitte zu stärken, aber ich konnte ihm trotzdem vergeben.

Die Vergebung war möglich, weil ich selbst ab 40 Burnout, schwere Panikstörungen und Depressionen erlitt. Im Gegensatz zu ihm trank ich während dieser Zeit keinen Alkohol. Ich suchte nach Hilfe und bekam sie auch. Das Gesundheitssystem hatte sich geändert. Therapeuten und Heilpraktiker halfen mir, mich selbst wieder zu fangen und mich, die ich mich als kleines Kind verloren hatte, wiederzufinden. Aus dieser Krise ging ich noch stärker heraus und mir öffneten sich Türen und Tore zu neuen Herausforderungen und Aufgaben, wie ich sie mir in meinen kühnsten Träumen nicht erdacht hätte. Dieses Buch, meine Tätigkeit als Trainerin, Coach und Speakerin und auch mein Blog sind ein Ergebnis davon.

Noch heute frage ich mich: Wäre es für Dany und unsere Familie anders gelaufen, hätte man auch ihm zur rechten Zeit die Unterstützung gegeben, die er brauchte?

Lügen

Als Kind fragte ich immer wieder nach meinem leiblichen Vater. Eines Tages erhielt Else – wir lebten noch in der Münchner Wohnung – die Nachricht, dass sein Vater, also mein Großvater väterlicherseits, im Gefängnis in Teheran gestorben war. Sein Opiumkonsum war sicher schuld daran. Und wahrscheinlich war ihm auch einer meiner Onkel, der unter Chomeini erfolglos einen Putschversuch angezettelt und danach die Flucht ergriffen hatte, zum Verhängnis geworden. Das war der letzte Brief meines Vaters, den ich in ihren Händen sah.

Als wir mit Sofia und Dany im Haus lebten, fragte ich also fortan meine Mutter, was aus meinem Vater geworden war. Wenn es zu Hause besonders schlimm war, nahm ich das einzige Foto, das ich von meinem Vater besaß und betete zu Gott, er möge mich aus dieser ‹Hölle› retten.

Eines Tages war das Foto verschwunden, und ich fragte danach. Meine Mutter wurde wütend und meinte, dass er sowieso schon längst tot sei. Der Erste Golfkrieg war gerade im Gange. Der Gedanke, dass mein Vater im Krieg gefallen sei, versetzte mir einen Stich ins Herz und klang dennoch plausibel – er meldete sich ja nicht mehr. Daher fragte ich nie wieder nach meinem Vater oder nach dem Foto.

Manchmal kam Manujer uns besuchen, ein großer und sehr gut aussehender Iraner, einst Majids bester Freund. Mir wurde verboten, ihn nach unserem Vater zu fragen, und so tat ich es auch nicht; ich war ohnehin nie eine Sekunde mit ihm alleine. Und wir wussten alle, was uns blühte, wenn wir uns nicht an Danys Regeln hielten.

Manujer brachte uns Kindern immer schöne Geschenke sowie persische Leckereien mit und lud uns in Schwabing zum Essen ein. Er war sehr spendabel. Er versuchte nach dem Krieg, mit Danys Unterstützung einen Marmor-Exporthandel von Persien nach Deutschland aufzubauen. Ertragreich wäre es sicher gewesen, aber es scheiterte an den deutschen Regularien und dem iranischen Regime.

Damit waren die Gründe für Manujers regelmäßigen Besuche entfallen. So wurde auch die letzte Verbindung zu meinem Vater und die Möglichkeit, etwas über seinen Verbleib oder über meine Stiefschwestern zu erfahren, gekappt.

Jahre später, als ich bereits verheiratet war, erhielt ich eine Mail von Doris. Sie schrieb mir, unsere Halbschwester habe sie ausfindig gemacht und angeschrieben. Sie selbst wolle von unserem Vater nach allem, was wir erlebt hatten, nichts mehr wissen, stellte es mir jedoch frei, meinerseits Kontakt aufzunehmen. Ich tat es. Trotz des Widerwillens meiner Mutter, die mir und meinem Kinde drohte, sie wolle dann nie wieder etwas mit uns zu tun haben.

Mein Vater, von dem ich seit meinem sechsten Lebensjahr nichts mehr gehört hatte, lebte noch! Diese Nachricht erschütterte mich einerseits (er hatte sich nie um uns Kinder gekümmert oder auch nur einmal gefragt, ob es uns gutgeht), und andererseits freute ich mich.

Ich hatte geglaubt, dass ich nach Jahren des Terrors, nach meinem Auszug zu Hause mit 20 losgelassen und alles verarbeitet hätte. Aber nun kamen die Dämonen aus der Kindheit zurück und fraßen sich in meine Träume.

Mein Vater lebte? Warum hatte er uns damals im Stich gelassen? Was hatte er erlebt? Möglicherweise mehr Terror als wir Kinder? Wie viele Halbgeschwister hatte ich, und was war mit meiner Stiefmutter?

Mein damaliger Ehemann, mein Sohn und ich verabredeten uns also mit der Familie meines Vaters in Bonn. Meine Mutter war erbost, als sie davon erfuhr, dass ich trotz ihrer Erpressung nach Bonn fahren wollte und setzte uns erneut massiv unter Druck, entweder den Kontakt zu Majid sofort zu kappen oder unser Kind nie wieder sehen zu wollen.

Sie glaubte offenbar immer noch, mich nach ihrem Gutdünken herumscheuchen zu können, wie sie es in den

Jahren nach meinem Auszug von zu Hause exzessiv getan hatte. Doch ich war erwachsen, inzwischen selbst Mutter, und konnte für mich selbst entscheiden. Die Wahl fiel mir dennoch schwer, denn mein Sohn liebte seine Großmutter.

Mein Mann und ich nahmen Kontakt auf, buchten ein Hotelzimmer in Bonn und fuhren mit dem Auto zum Haus meiner Halbschwester; dort wollten wir uns treffen.

Als wir ankamen und ich aus dem Auto stieg, sah ich meinen Vater bereits an der Haustür stehen. Er war älter geworden, aber immer noch stattlich und gut aussehend. Ich erkannte ihn sofort.

Mein inneres Kind freute sich, war aber auch entrüstet, dass er mich weggegeben und sich danach nie wieder gemeldet hatte. Ich spürte in mir die Erwachsene mit der kleinen Deborah streiten. Mit wackligen Knien ging ich auf Majid zu, wusste nicht, wie ich ihm begegnen sollte, war hin- und hergerissen. Wir umarmten uns. Meine Gefühle waren gemischt, zwischen Distanz und Sehnsucht nach dem Papa, den ich einst mit fünf Jahren verloren hatte.

Die Begrüßung meiner Halbschwester Sarah fiel sehr herzlich aus. Das hätte ich nicht gedacht. Der Satz meiner Mutter aus dem letzten Streitgespräch war trotzdem in meinem Hinterkopf. (»Die wollen doch nur Geld von euch, weswegen sollten sie sich sonst melden?«)

Es gab persisches Essen, und unser Sohn bekam Lego-Spielsachen geschenkt. Wir unterhielten uns lange, und mein Vater antwortete auf meine Fragen, unter anderem auch auf die, warum ich nie eine Mutter-Tochter-Beziehung aufgebaut hatte.

Die Antworten waren desillusionierend und radikal. Die Trennung von meiner Mutter in Teheran war erfolgt, als ich nicht einmal zwei Jahre alt gewesen war, und auch vorher hatte sich mein Vater mehr um mich gekümmert, als Sofia es getan hatte.

Als ich auf die Welt kam, wollte meine Mutter mich nicht haben, liebäugelte wahrscheinlich schon mit einer Trennung – im Iran weit schwieriger als in den siebziger Jahren in Deutschland.

Mein Vertrauen in alle Menschen in meiner nächsten Umgebung wurde jedoch endgültig zerstört, als ich erfuhr, dass sowohl meine Mutter Sofia als auch mein Lieblingsonkel Manujer und mein Stiefvater Dany gewusst hatten, dass mein Vater bereits während des Ersten Golfkrieges mit seiner ganzen Familie nach Bonn gezogen war. Sie galten als politische Flüchtlinge. Man (die Erwachsenen der Familien) habe sich geeinigt, dass er sich nicht bei uns meldete, um nicht uns Kinder oder die Familie zu destabilisieren.

Für mich blieb die Welt eine Sekunde stehen. Ich überlegte, ob ich erzählen sollte, wie es meiner Schwester und mir tatsächlich ergangen war. Ich ließ es. Was konnte der alte Mann heute noch ausrichten? Die Uhr ließ sich nicht zurückdrehen.

Auch mein Vater war unter Chomeini im Gefängnis gewesen, hatte sicher genug Schreckliches erlebt. So hatte jeder von uns sein Päckchen zu tragen, und ich wollte sein Gewissen in seinen letzten Tagen nicht unnötig belasten.

Sarah, meine jüngste Halbschwester, erzählte von zwei weiteren Geschwistern, eine in London, deren Sohn uns im Internet gefunden hatte. Unsere Stiefmutter hatte sich vor einigen Monate von unserem Vater getrennt. Erst dann hatten sie es gewagt, uns zu kontaktieren. Niemand hatte ihr wehtun und ihre Stiefkinder anschreiben wollen, solange sie nicht damit einverstanden war. Warum sie damit Probleme gehabt hätte, wurde mir nicht verraten. Ich habe aber auch nicht gefragt.

Wir erfuhren, wie es der Familie während der Kriegszeit in Teheran ergangen war und wie die Kinder darunter gelitten hatten, dass Vater plötzlich ins Gefängnis gekommen war. Der Putschversuch eines meiner Onkel war worden. Der Onkel war geflohen und die Regierung hatte meinen Vater inhaftiert – Sippenhaft, unter dem Regime üblich.

Da allerdings niemand über den Verbleib des Onkels Aussagen machen konnte, musste Vater wieder entlassen werden. Nach diesem Erlebnis waren er und seine Familie nach Deutschland geflohen und als politische Flüchtlinge anerkannt worden.

Ich mochte mir nicht vorstellen, wie sich die Kinder damals gefühlt haben mussten, wenn sie Bombenalarme und Ausgangssperren erlebten und den Vater im Gefängnis wussten. Mir war bewusst, dass wir alle auf unterschiedliche Arten Todesangst gespürt hatten: meine Schwester und ich durch die Gewalt in der Familie, meine Halbgeschwister im Golfkrieg und unter dem erbarmungslosen Regime der Mullahs. Uns verband nicht nur derselbe Vater.

Wir erlebten einen Nachmittag mit vielen Erkenntnissen, Geschichten und Gefühlsausbrüchen. Als wir uns verabschiedeten, vereinbarten wir, uns bald wiederzusehen. Leider entschied das Schicksal gegen uns.

Die Begegnung mit meinen Halbgeschwistern und meinem Vater arbeitete in mir, vor allem das Bewusstsein, dass ich jahrzehntelang angelogen worden war. Ich brauchte sogar Abstand von meinem Ehemann, um zu verarbeiten, was da auf mich einstürzte.

Ich träumte jede Nacht schlecht. In meinem Inneren bewegte sich viel, und ich spürte Ängste, Wut, Trauer und viele andere Gefühle, die ich in den Jahrzehnten zuvor immer wieder erfolgreich unterdrückt hatte. Alles, was ich in eine Kiste in der Tiefe verpackt hatte, kam nun an die

Oberfläche, mit Schlamm und Geröll und einer gewaltigen negativen Energie, wie ich sie bei mir nie vermutet hätte.

Zu viel wallte da auf! Ich bekam die Eindrücke nicht ohne weiteres in den Griff; ich hatte ja alle diese Erinnerungen, alle diese Verletzungen bisher verdrängt. Chaos brach in meinem Geist aus, und auch mein Mann und ich erlebten eine große Krise, denn plötzlich wurde mir bewusst, was in unserer Ehe alles nicht funktionierte und auch niemals in Ordnung gewesen war.

Es fühlte sich an, als habe ich endlich eine passende Brille aufgesetzt, mit der ich meine eigenen Lebensumstände klar und deutlich wahrnehmen konnte. Und nicht nur das: Ich fragte mich, wer ich wirklich war, denn die Person, die ich geglaubt hatte zu sein, wurde mir fremd.

Meine Ehe scheiterte bald darauf, weil ich nicht mehr bereit war, alles zu geben und mich einsperren zu lassen. Ich wollte nie wieder belogen werden und auch selbst niemandem mehr etwas vormachen. Mein Mann hatte enorme Verlustängste und schaffte es, mich seelisch einzusperren, indem er mich immer wieder vor die Wahl stellte: meine eigenen Bedürfnisse oder der Familienfriede. Ich wurde auch in meiner Ehe zum Schweigen verurteilt, das wurde mir plötzlich bewusst, und das vehemente »Pscht« eines Stiefvaters klang in meinen Ohren nach.

Hätte ich stärker auf mich selbst geachtet, wäre ich seinen Bedürfnissen nicht mehr gerecht geworden, und auch in unsere Familie wäre Missmut eingezogen. Ich hatte mich also einzufügen in ein System, das aus Lügen, Misstrauen und Angst gesponnen war.

Bisher hatte ich es klaglos erduldet. Ich war es ja auch nicht anders gewohnt. Doch nun fühlte ich mich um mein wahres Ich betrogen. Wer war ich überhaupt? Ich fühlte mich wie eine Marionette, eine Figur in einem Schachspiel, und hatte den Drang, endlich auszubrechen.

Die große Eskalation mit meinem Mann ereignete sich schließlich auf einem Feld in Feldmoching. Er hatte mich mit dem Auto von der S-Bahn nach einem langen Arbeitstag abgeholt.

Ich hatte früher an diesem Tag eine Diskussion mit meinem Kollegen gehabt, der mir erzählt hatte, dass er nie an die Sachen, geschweige denn an die Handtasche seiner Frau gehen würde. Schließlich habe sie auch eine Privatsphäre.

Da war mir bewusst geworden, dass ich nie eine Privatsphäre genossen hatte. Weder während meiner Kindheit, noch während meiner Ehe. Mein Mann hatte nie Hemmungen gehabt, in meine Schubladen oder meine Handtasche zu sehen. Für mich war es normal – ich war nichts anderes gewöhnt. Aber an diesem Tag wurden mir die Augen geöffnet.

Ich war auch in Deutschland eine Iranerin geblieben, in meinen iranischen Umständen und Wertvorstellungen gefangen geblieben, die ich, auch als ich geheiratet hatte, nicht losgeworden war. Obgleich mein Mann ein Deutscher war, hatte er ähnliche Werte wie einst mein iranischer Stiefvater. Beide fielen damit nicht einmal besonders aus dem Rahmen ihrer jeweiligen Kultur, mit dem einzigen Unterschied, dass mein Mann der passiv-aggressive Typ war, schwieg und nichts tat, wenn er wütend war. Ich war vom Regen in die Traufe gekommen.

Wir stritten also während der ganzen Autofahrt heftig; ich wurde so wütend wie lange nicht mehr in meinem Leben. An diesem Abend schien alles hochzukommen, was ich unterdrückt hatte. Erschrocken hielt mein Mann am Rande eines Feldstücks, und ich riss die Tür auf, sprang hinaus und schrie, schrie und schrie.

Ich schrie die ganze Wut über meine Familie, mein scheinbar misslungenes Leben und die ganzen Lügen hinaus. Ich schrie, weil ich den Schmerz und alle Ängste loswerden wollte, die sich seit meiner Begegnung mit meinem Vater angestaut hatten. Ich schrie, weil ich endlich genug hatte von Unterdrückung und Eingrenzungen. Dieser Abend war der Abend, an dem mein inneres Kind endlich zu Wort kommen durfte. Es schrie: »Ich bin in Deutschland, und doch bin ich eine Gefangene! Ich will Freiheit!«

Ein paar Wochen und drei Eheberatungsstunden später trennten wir uns. Als ich meiner Halbschwester in Bonn von meiner Trennung schrieb, hörte ich nie wieder etwas von ihr oder meinem leiblichen Vater. Es sollte wohl so sein, denn nun begann meine persönliche Heldinnenreise zur alleinerziehenden Mutter, Bloggerin, freien Frau, die mich zuerst durch ein tiefes Tal der Angst, Wut und Trauer führen sollte. Einmal Hölle und zurück nenne ich diese Zeit bei mir.

Als ich diese Reise beim Universum buchte, hatte ich keine Vorstellung, was mich erwartete. Es fühlte sich an wie eine typische Last-minute-Buchung aus einer Laune des Augenblicks heraus. Und doch war dieser Trip unendlich wichtig für mich. Ohne ihn hätte ich mein Leben nie gewandelt und mich selbst nicht gefunden. Manchmal muss man sich eben auf ein Abenteuer einlassen.

Der Weg wurde zum Ziel. 2017 begann ich mit meinem Blog Mama Brennt! – noch heute mein wichtigster Begleiter. Manche nennen es ‹Therapeutisches Schreiben›, andere ‹Tagebuch›. Ich nenne es ‹Heldenreisetagebuch›. Hier darf jede Mutter und auch Nicht-Mutter blättern und erfahren: Sie sind nicht alleine auf ihrer Reise, und alles, was geschieht, hat eine Bedeutung, die wir meist erst im Nachhinein erkennen. Erst der Weg formt die, die am Ende zu Mentoren für andere werden. Niemand ist dort je auf direktem Wege eingetreten.

Sie werden auch erfahren, wie wichtig Selbstfürsorge, Achtsamkeit und Reflexion im Leben sind und dass wir diese Grundpfeiler in den Alltag einbauen und auch unsere Kindern lehren sollten, um eine freundlichere und schönere Welt zu erschaffen.

Todesfall

Mein 16-jähriger Sohn überbrachte mir die Nachricht vom Tod meines Stiefvaters. Weder meine Mutter noch meine Schwester hatten es für nötig gehalten, mich anzurufen. Zwar hatte ich den Kontakt ein Jahr zuvor wegen einer erneuten Eskalation zwischen meiner Mutter und mir abgebrochen, aber so eine Nachricht lässt man doch keinen Teenager überbringen! Mein Sohn liebte seinen Großvater, hatte nie Probleme mit ihm (oder der restlichen Familie). Nur ich war das schwarze Schaf, das nicht im alten Fahrwasser bleiben, die traumatische Vergangenheit aufarbeiten und sein Leben ändern wollte.

Ich nahm meinen Sohn in den Arm, als er mir die Botschaft übermittelte, atmete tief durch und fragte ihn, wie es ihm gehe. Er war traurig und betroffen, aber gefasst. Dreißig Minuten später wollte sein Vater ihn in die Sommerferien abholen. Ich bot ihm an, zu Hause zu bleiben; ich würde seinen Vater informieren. Oder sollten wir gemeinsam darüber sprechen? Nein, Junior wollte zum Vater, und er wollte es ihm selbst sagen. Es war nicht der erste Todesfall in der Familie. Zwei Jahre zuvor war seine Großtante gestorben, ein Jahr vorher der Partner seiner Großtante. Der Tod gehörte zum Leben dazu. Mein Sohn hatte es längst begriffen und ging gefasst damit um.

Mich traf es härter. Nun war ich allein zu Hause; alles war still. Ich fühlte gar nichts. Ich funktionierte. Ich schrieb allen, die meinen Stiefvater gekannt hatten. Ich informierte gemeinsame Freunde über seinen Tod und postete sogar einen Beitrag auf Facebook. Diese Schritte halfen mir beim Verstehen, Verarbeiten und Begreifen.

Als Kind hatte ich mich schuldig gefühlt, weil ich Danys Gewaltausbrüchen entgangen war, meine Schwester aber nicht hatte schützen können. Meine Schuld wurde später in der Familie noch größer, als ich ihre Erwartungen von der perfekten Tochter nicht erfüllen konnte. Doch mich in die Familie zu integrieren, gleichzeitig meine Autonomie und einen gesunden Abstand zu wahren, also meine eigene Vorstellung von einer perfekten Tochter, erwies sich als aussichtslos.

Ich war und blieb das schwarze Schaf, die egoistische Tochter, die »nur an sich dachte«. Egal, was ich tat, es war nicht gut genug, und wenn ich Selbstfürsorge betrieb, war ich in den Augen meiner Mutter selbstsüchtig. Als ob es gerade auf mich ankäme, mag sie insgeheim gedacht haben. Und obwohl ich mir sogar ein gewisses Maß an Narzissmus zugutehalte, bestätigten mir Ärzte und Therapeuten, es sei im gesunden Rahmen. Denn eine vollkommene Selbstaufgabe bringt uns in das andere Extrem: das Opfer-Dasein. Ich weigere mich, das für ein angemessenes Lebensmodell zu halten.

Als ich nach meinem zweiten Burnout in eine Rehabilitationsklinik ging, meinte meine Mutter, ich würde auf Krankenkassenkosten fünf Wochen Urlaub machen. Mir dieses Stigma der Schmarotzerin abzuwaschen, mir bewusst zu werden, dass eine Reha eine wirklich gute Maßnahme zur Wiedererlangung der Gesundheit ist, hat mich viele Monate meiner Lebenszeit gekostet. Erheblich mehr Zeit brauchte ich allerdings danach, um festzustellen, dass meine Mutter und meine Schwester ein erheblich höheres Maß an Narzissmus in sich trugen als ich, nur eben einen negativen Narzissmus, der sich selbst erhöht, indem er andere dauerhaft erniedrigt.

Ich habe die Jahre nach meiner Reha und Genesung vieles an Wissen und neuen Erfahrungen mitgenommen, indem ich immer wieder meine Komfortzonen verlassen und mich auf neue Abenteuer eingelassen habe: Innere-Kind-Arbeit, Hypnose, Körperarbeit, Ernährungsumstellung, Coaching-Ausbildung, Sport, Geistheilung, Rückführungen, Aromatherapien, Chakrenarbeit, Meditationen, Numerologie und noch einiges mehr.

Jede dieser Methoden brachte mich in meiner Entwicklung weiter, zeigte mir meine Potenziale und auch meine persönlichen Grenzen, die ich während der Zeit der Unterdrückung weder gekannt noch gelebt hatte. Ich verstand plötzlich, wie Mindset, Glaubenssätze und körperliche Gesundheit miteinander zusammenhängen, ich kombinierte und erfasste das große Ganze: Gesundheit ist eine Angelegenheit des Geistes, der Seele und des Körpers gemeinsam. Nur eines davon zu betrachten, ist fast schon fahrlässig, denn nichts funktioniert für sich alleine.

Das Leben im Allgemeinen ist schon eine Angelegenheit der Ganzheitlichkeit. Wer den Lauf der Natur achtsam betrachtet, erkennt den roten Faden. Auf meiner Reise beggnete mir auch Dr. Christian Schubert, dessen Buch *Was uns krank macht – Was uns heilt* ich wirklich jedem Menschen empfehlen kann, der sich tiefer mit dieser Thematik befassen möchte.[1]

---

[1] Christian **Schubert**, *Was uns krank macht – was uns heilt. Das Zusammenspiel von Körper, Geist und Seele besser verstehen*, Munderfing: Fischer & Gann 2016. Christian Schubert ist Leiter des Labors für Psychoneuroimmunologie an der Klinik für Medizinische Psychologie der Medizinischen Universität Innsbruck. Seine Doktrin: Da Nervensystem/Gehirn, Hormon-

Angesichts wiederholter Rückschläge durch Intrigen, Unwissenheit, Ignoranz oder Naivität meiner Familie brach ich den Kontakt endgültig ab. Denn ich stellte fest, dass mich ihre vampirische Energie nicht nur psychisch belastete und mir schlaflose Nächte bereitete, sondern mich auch immer wieder maßlos erschöpfte.

Kennen Sie diese Tage, in denen Sie in der Stadt unterwegs sind und richtig ausgelaugt daheim ankommen? Dieser Effekt passiert nicht durch das Herumlaufen, sondern durch die Energie in der Umgebung: Auch in großen Menschenmengen gibt es immer Menschen, die Energie ziehen, und Menschen, die Energie geben. Nach einem wunderbaren Konzert Ihres Lieblingsmusikers oder Darstellers sind Sie nicht erschöpft oder ausgelaugt, sondern kommen freudig und energiegeladen nach Hause und lassen den Abend Revue passieren.

Von Energiefressern dürfen wir uns in der Selbstfürsorge distanzieren. Der Speaker Tobias Beck hat darüber ein Buch geschrieben: *Unbox your Relationship!*[2] Manchmal ist dann eben auch eine Distanzierung von Beziehungen unvermeidlich. Es ist wichtig, dies zu begreifen und den richtigen Trennungsmoment zu erkennen. Erst nach und nach habe ich gelernt, dass die Besinnung auf sich selbst ein Naturgesetz von vampirischen Beziehungen ist, aber ich durfte es schließlich lernen. Ehrlich gesagt, fällt es mir manchmal immer noch schwer.

Inzwischen lernt es auch mein Sohn, der als Erwachsener die ersten ähnlichen Erfahrungen mit seiner Großmutter und Tante macht, aber bereits achtsamer hinschaut, als ich es in seinem Alter und bis Ende dreißig tat. Seine Familienverhältnisse sind dieselben wie meine. Auch wenn wir ausbrechen, ändern sich die Verhältnisse ja nicht.

---

und Immunsystem durch Botenstoffe miteinander verbunden sind, das Immunsystem in Wechselwirkung mit Gedanken, Verhalten, Gefühlen, steht, verändert die Psyche (Gehirn/Nerven) das Geschehen im Körper. Chronischer Stress erhöht die Anfälligkeit für Krankheiten, auch schwere Leiden wie Krebs oder Autoimmunkrankheiten. Umgekehrt kann Psychotherapie Einfluss auf Krankheitsprozesse haben.

[2] Tobias **Beck**, *Unbox your relationship! Wie du Menschen für dich gewinnst und stabile Beziehungen aufbaust,* Offenbach am Main: Gabal Verlag GmbH, 2019. Menschen benötigen für ihr Glück vor allem gute Beziehungen, nicht möglichst viele Freundschaften oder eine feste Partnerschaft, sondern eine Beziehung mit Qualität. Sie basiert auf den Persönlichkeitstypen Wal, Hai, Delfine und Eule, die sich charakteristisch verhalten und einen charakteristischen Umgang erfordern. Wenn wir das Wesen unseres Gegenübers verstehen, können wir entspannter mit ihm umgehen, doch umgekehrt scheitern viele Beziehungen, weil die Partner aufhören, sich umeinander zu bemühen

WILLKOMMEN IN DEUTSCHLAND

In meiner schlimmsten Zeit schrieb und veröffentlichte ich Horror-Kurzgeschichten und verarbeitete damit meine Alpträume, die mich während meiner ersten Schritte in die Veränderung verfolgten.

Ich habe mit Therapeuten immer wieder über Vergebung gesprochen, darüber, die Vergangenheit da zu lassen, wo sie ist, in ihrem eigenen Totenreich, wo sie keinen Schaden mehr anrichtet. Ich habe versucht, zu vergessen, zu ignorieren, anzunehmen, zu lieben, zu hassen, wütend zu sein und noch vieles mehr. »Gehen Sie ins Gefühl!«, hieß es immer wieder.

Doch nichts von alledem hat mich dahin gebracht, wohin ich plötzlich durch den Tod meines Stiefvaters kam – in die Vergebung. Endlich verstand ich, warum ich das alles erleben musste und durfte.

Es heißt: »Wir suchen uns unsere Familie nicht aus.« Dieser Spruch könnte nicht falscher sein. Auch vor dem Hintergrund der Numerologie, der Astrosophie und des Human Designs ist mir klar geworden, dass meine Seele sich diese Zeit, diese Umgebung und diese Familie bewusst ausgesucht hat.

Ich habe alle diese Erlebnisse gebraucht, um dahin zu kommen, wo ich heute bin, um eine Veränderung unseres Systems, wie es heute herrscht, anstoßen zu können und Menschen die klare Sicht auf das, was ist, zu ermöglichen.

Aber auch, zu verstehen, was in jedem einzelnen Menschen vor sich geht, war ein Effekt meiner Erlebnisse: Wie fühlen sich Existenzangst, Panik, Depressionen, Wut, Hass, Scham, Trauer, Vorahnungen, Eifersucht und Schuld an? Wer es nicht erlebt, kann es kaum nachvollziehen, geschweige denn Menschen beraten, die es erleben.

Ich verstehe heute, woher Depressionen kommen und wohin sie uns führen können, wie sie sich anfühlen und was sie mit uns machen. Auch mein Stiefvater litt während meiner Kindheit an Depressionen, nur wollte oder konnte ihm niemand helfen. Ich verstehe, dass er sich in den Alkohol flüchtete, um seine Ängste, Wut und Trauer nicht mehr spüren zu müssen. Es war seine Flucht aus seiner grausamen Realität. Es half nur leider nicht; er kam mit dieser legalen Droge in eine andere Hölle – und zog uns alle mit sich.

Mein Fluch als Kind hat ihn vor über 20 Jahren ereilt: Seine Gesundheit wurde immer schlechter, er konnte seiner Arbeit als Künstler nicht mehr nachgehen, baute sowohl körperlich als auch geistig ab. Die letzten Jahre müssen für ihn schrecklich gewesen sein. Er war nur noch ein dicker Mann mit Gebrechen, Schmerzen, Krankheiten, Ängsten und ohne Freuden, aber kein vollständiger Mensch mehr.

Als ich von seinem Tod erfuhr, fühlte ich nach einigen Stunden endlich in mir ein ehrliches Mitgefühl. Und plötzlich dachte ich nur noch eins: *Er hat für alles gebüßt: Hoffentlich erfährt er jetzt die Liebe und Freiheit, die er in den letzten Jahrzehnten gesucht hat.*

Der Gedanke der Vergebung kam einfach so vorbeigeflogen wie ein Schmetterling, rein zufällig und normal. Als mein Stiefvater tot war, kam die Erkenntnis: Auch wenn er nie um Verzeihung gebeten hat für all das, was er uns angetan hat, hat er doch zu Lebzeiten versucht, mir auf seine Weise ‹Entschuldigung› zu sagen: Er war der Einzige in meiner Familie, der meine Kurzgeschichten trotz seiner schlechten Deutschkenntnisse las und mich dazu anspornte, mit dem Schreiben weiterzumachen. Er war sogar stolz auf mich.

Wenn wir also nicht zur Vergebung finden, ist die Zeit noch nicht reif. Heute habe ich meinem Stiefvater vergeben und hoffe, dass er als Teil der universellen Energie ab jetzt die Liebe erfährt, die er zu Lebzeiten nicht erfahren durfte. Er hat mich gebeten, mit dem Schreiben weiterzumachen. Das werde ich.

MAMA BRENNT!

Gesellschaft:
Wir und die anderen

Wer wir sind

Grenzen und Glaubenssätze
Im Mutterleib gab es die eine und erste Grenze: die natürliche, der Schoß der Mutter, in den das Ungeborene gerade so hineinpasste. Wir haben diese Lebensumgebung als Fötus nicht als Grenze wahrgenommen. Sie war für uns Sicherheit, Wärme und Nahrung zugleich. Doch während und nach der Geburt kamen die ersten zwei Traumata:
- Der enge Geburtskanal oder das radikale Aufschneiden unseres Nests durch einen Kaiserschnitt.
- Die plötzliche und unbegrenzte weite Welt mit Licht und Finsternis, lautem Krach und vielen fremden Wesen und Stimmen im Wechsel. Wir nahmen es als Verlust der Wärme und der Geborgenheit wahr, weinten im ersten Reflex.

Dann kamen zahlreiche Wesen, die sich Mutter, Vater, Oma, Opa, Tante, Kindergärtner, Lehrer, Dozent, Ausbilder nannten. Sie legten neue Rahmen und Grenzen in unserem Leben fest und nunmehr auch Glaubenssätze. Manche nahmen wir an; bei anderen weigerten wir uns. Manchmal scheiterten wir damit und fügten uns am Ende doch den scheinbar ‹richtigen› Regeln des Lebens, denn wir hätten anders nicht weiterleben können.

Die Grenzen waren nicht immer gegenständlich, aber doch spürbar und immer bedeutungsvoll. Erst bekamen wir Windeln angezogen, dann mussten wir aufs Töpfchen; wir lernten, Besteck zu verwenden und nicht mehr nur mit den Händen zu essen; wir durften nicht immer sagen, wonach uns war, durften unsere eigenen Wahrheiten nicht aussprechen, es sei denn, andere waren konform mit ihnen oder sogar – selten genug – frei im Geist. Und wenn wir zu viele Fragen stellten, vermahnte man uns zum Schweigen, sobald es unangenehm wurde oder vermeintlich Erwachsene oder Gelehrte keine Antworten wussten.

Wir erlebten, dass Zeit begrenzt ist, sowohl im Tagesablauf als auch im Leben. Wir fühlten, wie andere Menschen mit unseren Bedürfnissen umgingen und manchmal gar nicht auf sie eingingen. Wir erlebten dabei Gefühle, die von anderen als richtig oder falsch eingestuft wurden, wenn wir sie erwähnten; wir übernahmen diese Bewertungen manchmal und stellten fest, dass Wertschätzung auch mit Sympathie zu tun haben kann, wir Werturteile derer, die wir mögen, gerne übernehmen, wohingegen diejenigen, denen wir zuwider sind, auch unsere Werthaltungen verdammen.

Bringen nicht sogar alle Gefühle letztendlich nur Sympathie oder Antipathie zum Ausdruck? Wir lernten zwar Liebe, Hass, Wut und Trauer kennen, doch woher diese Gefühle kamen und warum sie entstanden, war uns selten klar, und schon gar nicht lernten wir, mit diesen starken, oft übermächtigen Gefühlen umzugehen. Wir stellten das alles aber auch gar nicht in Frage.

Der Begriff ‹Bedürfnis› und die Folgen von unerfüllten Bedürfnissen war weder in der Familie noch in der Schule ein Thema. Ein Bedürfnis, das nicht offensichtlich mit Hunger, körperlichem Wohlgefühl oder der Sexualität zu tun hatte, wurde gar nicht erst tiefergehend betrachtet. Weder die eigenen Bedürfnisse, soweit sie über die elementare Existenz hinausgingen, noch die Bedürfnisse anderer in unserem Umfeld waren in unserem Werdensprozess vom Baby bis zum (jungen) Erwachsenen Thema. Eher wurden uns unsere echten eigenen Bedürfnisse abgesprochen.

In manchen Elternhäusern lernten wir unter anderem: Chaos ist unerwünscht; wer etwas erreichen will, muss etwas leisten; Geld ist wichtig, Reiche hingegen sind Arschlöcher; Arbeitslose sind faul, Hartz-IV- oder Sozialhilfe-Empfänger sind Schmarotzer – oder: Wer dick ist, ist hässlich, wer dünn ist, steht im Einklang mit dem

Schönheitsideal und hat daher mehr Chancen bei den Mitmenschen. (Vor nicht allzu langer Zeit war es auch in unserem Kulturkreis noch anders herum.)

Nicht zuletzt nahmen wir auch die moralischen Dogmen der Kultur mit, in die wir hineingeboren wurden. Während in manchen Kulturen die Frauen das Sagen hatten, herrschte in den meisten anderen Ländern das Patriarchat, und wir haben diese zufällig vorgefundene Ordnung wie selbstverständlich übernommen und nie in Frage gestellt.

Doch einmal in unserem Leben haben wir alle diese ehrwürdigen übernommenen Werte in Frage gestellt und wollten sie abschütteln. In der Pubertät wurden wir für unsere Eltern ‹schwierig›. Dabei konnten wir nicht einmal etwas dafür. Unser Gehirn veränderte sich, denn im Leben würden bald neue Aufgaben auf uns zukommen. Wir erfanden uns neu und hintefragten all das, was man uns gelehrt hatte.

Wessen Eltern die Entwicklung nicht unterbanden, durfte sich auch in dieser Phase frei entfalten. Wessen Eltern oder Bezugspersonen jetzt hingegen Konfomitätsdruck aufbauten, die Entwicklung durch Strafen oder Unverständnis unterbanden, blieb in einem Käfig, blieb da, wo er nicht hingehörte, fühlte sich nicht richtig.

Aber wem es so ergangen ist, kam auch später nie wieder aus diesem Käfig heraus, vergaß sogar nach und nach das einstige eigene Aufbegehren gegen die Käfighaltung. Als Erwachsene behandeln solche Menschen auch ihre eigenen Nachkommen so, kennen es nun einmal nicht anders, es sei denn, sie wären später in ihrem Leben Menschen und Mentoren beggenet, die ihnen andere Blickwinkel eröffneten, aber wer hat dieses Glück schon?

Nun haben wir bisher nur über die ungeschickten, ‹ungebildeten› eigenen Eltern geredet. Lass erst einmal die Profis ran! Die wissen, wie sie den Nachwuchs fördern. Zumindest ziehen sie genau den Nachwuchs heran, den das System anscheinend wünscht. Das heute bestehende Schulsystem unterbindet die freie geistige Entwicklung seit Jahrzehnten, und dies nicht etwa zufällig, sondern bewusst, obwohl sich die Gesellschaft verändert hat – es ist immer noch ein Bildungssystem für die Mitläufer und Soldaten, wie das System sie einst wünschte und vielleicht auch brauchte. Nur wissen wir längst, dass eine solche Erziehung zum Konformismus dem Menschen nicht gerecht wird, oder anders gesagt: **KINDER GEHEN ALS GENIES IN DIE SCHULE UND KOMMEN ALS NACHSAGER HERAUS.** (Gerald Hüther, Neurobiologe, sinngemäß nach *Jedes Kind ist hoch begabt* [2013].)

Vom Säugling, der nicht wusste, was er überhaupt zum Leben benötigt, nur schrie und weinte, wenn etwas nicht schön war, entwickelten wir uns zu einem Menschen, der verbal und körperlich ausdrücken kann, wonach ihn begehrt. Es musste uns niemand beibringen, und es bedurfte keiner langjährigen Einübung. Wir lernten aufzustehen, zu sitzen, zu laufen, Fahrrad zu fahren, lernten mindestens eine Sprache, lernten, Gesichtsausdrücke zu interpretieren, wir lernten singen, musizieren, tanzen und noch vieles mehr.

Doch kaum haben unsere Kinder laufen und das Gefühl der Freiheit gelernt, packen wir sie in ein geschlossenes System und verbieten ihnen, sich zu bewegen, wenn ihnen gerade danach ist, geben ihnen nur dann gute Beurteilungen, wenn sie so funktionieren, wie andere es von ihnen erwarten – auch wenn wir diese Erwartungen vielleicht sogar persönlich ablehnen –, stecken sie in ein Leistungssystem, das nur die belohnt, die wie die angepasste Mehrheit sind und nicht durch Individualität auffallen.

Gerade waren wir noch stolz auf die Individualität unserer Kinder, haben anderen freudestrahlend darüber berichtetet; nun unterbinden wir sie in der Gesellschaft. Wir schieben die Kinder in Schubladen, setzen Grenzen, möglicherweise die gleichen, die uns unsere Eltern einst aufzeigten, und pflegen die gleichen Glaubenssätze, die wir auch selbst erhalten haben – der Kreis schließt sich. Unsere Kinder sollen bloß nicht von unserem eigenen beschränkten Weg abweichen. Nur wenn keiner ausbricht, bleibt alles schön übersichtlich und sind wir auch selbst gerechtfertigt, dass wir uns immer an diese Regeln gehalten haben.

Wollen wir dieses Erbe wirklich beibehalten? Alte Grenzsetzungen und Glaubenssätze verändern die Welt nicht. Sie machen sie weder schöner noch freundlicher. (Nehmen wir einmal an, es wäre der Mühe wert, die Welt schöner und freundlicher zu machen.) Hätten die Gebrüder Wright sich an die Grenzen gehalten, die man ihnen beigebracht hatte, würden wir heute nicht fliegen, hätte der Uhrmacher Heinrich Goebel nicht die erste Glühlampe zum Leuchten gebracht, so säßen wir heute noch bei Kerzenschein da, und hätte Ada Lovelace nicht als erste Frau mit der Programmiersprache *Analytical Engine* begonnen ...

Sie alle, die die Welt verändert und damit Fortschritt gebracht haben, orientierten sich nicht an Grenzen, gaben ihre Visionen nicht auf und hielten sich nicht an Glaubenssätze, die erst Grenzen schaffen. Sie waren überzeugt von den unbegrenzten Möglichkeiten unserer Schaffenskraft und folgten vor allem neugierig ihrem Individualismus, arbeiteten grenzüberschreitend und visionär. (Gehen wir einmal davon aus, dass diese technologischen Fortschritte unser Leben verbessert haben und wir auch geistig nicht wieder so beschränkt sein möchten wie davor.)

Wer Glaubenssätze und Grenzen loslässt oder verändert, tut den ersten Schritt zu Glück und Gesundheit. Doch einen Glaubenssatz oder eine Grenze im Erwachsenenalter zu erkennen und zu verändern, ist herausfordernd und anstrengend. Denn nur mit Überschreiten unserer gewohnten Komfortzone eröffnen sich neue Bereiche und Felder mit neuen Grenzen, neuen Erkenntnissen. So geht es Schritt für Schritt immer weiter – wie ein über den See prallender flacher Stein, in dessen Fluggesetz unerkannt verborgen ist, wie weit er gelangen will. Es ist so, als entdecke er auf dem Wege erst, wie toll das Hüpfen ist, und so springt er einfach immer weiter, wobei er auch noch große Ringe um sich zieht. Erst wenn sich diese Ringe in der Weite des Sees verlaufen oder ans Ufer stoßen, ist eine neue Grenze erreicht.

Ich habe in den letzten Jahren selbst eine ganze Liste an Grenzen und Glaubenssätzen langsam losgelassen oder geändert und stelle fest: Ich bin noch lange nicht fertig. (Ich habe tatsächlich eine Liste aufgestellt und arbeite sie bewusst ab.) Denn jedes Weiterentwickeln öffnet neue Türen und neue Lernfelder. Meine Großmutter pflegte zu sagen: »Du lernst nie aus.« Heute erst verstehe ich ihre Worte.

Eine Bestandsaufnahme unserer Glaubenssätze ist trostlos. Wir werden enttäuscht sein, wie sehr wir uns selbst im Weg stehen, sogar schaden. An Glaubenssätzen wie ‹Ich muss perfekt sein› oder ‹Ich muss stark sein› oder ‹Ich muss beliebt sein› festzuhalten, ist ein Stressverstärker, denn kann der Glaubenssatz aufgrund der äußeren Umstände oder auch mangelnder eigener Talente nicht erfüllt werden, bedeutet dies Druck und Stress, nicht etwa Ansporn, es besser zu machen.

Pfeift es vielleicht sogar manchmal im Ohr? Der Tinnitus ist eine Warnung, dem Stressverstärker in einer ungünstigen Situation nicht nachzugeben, auch wenn der Glaubenssatz uns dann ein Ungenügen vorwirft. Loslassen vom Glaubenssatz ist jetzt die gesundheitserhaltende Notwendigkeit, kein Hochmut, besser sein zu wollen als die anderen.

In der Burnout-Prävention arbeiten Coaches und Therapeuten diese Stressverstärker daher auf und loten die persönlichen Grenzen der Klienten aus; sind es tatsächlich deren Grenzen – denn natürlich haben wir alle unsere Grenzen –, oder haben ihre Bezugspersonen es ihnen nur beigebracht, sich nicht mehr zuzutrauen?

Ein Beispiel für einen Stressverstärker: Ein kreativer Mensch mit Ideenreichtum kommt mit dem Perfektionismus in einem Ordnungssystem nicht zurecht. Kreativität erfordert meistens Chaos. Hier stellt sich der Stress also immer dann ein, wenn Chaos ausbricht und die Ordnung, die man in seiner Umgebung halten will, weil man es so gelernt hat, sich einfach nicht einstellen will, sosehr man sich auch Mühe gibt. Das Dilemma ist also: Ordnung und Grenzen wie bei ‹anständigen Leuten› – oder Chaos und Ausleben der Kreativität und damit vielleicht ein schlechtes Ansehen unter den Wohlerzogenen? Doch wer sich gegen seine Natur verbiegt, wird krank.

Geben Sie diese Erkenntnisse auch an Ihre Kinder weiter, sobald Sie einmal begonnen haben, sich Ihrer Einschränkungen zu entledigen, denn Glaubenssätze können nicht mehr gelöscht werden. Die Entfaltungsgrenzen, die Sie Ihren Kindern heute setzen, werden ihnen irgendwann die Luft zum Atmen nehmen, und sie werden sie selbst erst als Erwachsene unter großen Mühen abwerfen können. Wer Kinder hat, hat die Chance, sie so zu begleiten (ich sage bewusst nicht ‹erziehen!› oder ‹formen›!), dass sie zu Individualisten werden, die sich in der Gemeinschaft gegenseitig bereichern und ihr Potenzial erweitern.

Zeigen Sie Ihren Kindern also, wie es bessergehen kann als in einer Gesellschaft voller Zwänge und Verbote, deren Sinn vor allem in der Tatsache ihrer Einhaltung zu bestehen scheint, auch wenn sie augenscheinlich keinen echten Sinn haben. Zeigen Sie Ihren Kindern, dass Träume umsetzbar sind, dass jeder von uns ein Wunder auf dieser Welt ist und dass wir gemeinsam viel schaffen können, dabei aber nicht alle gleich ticken müssen: Es herrscht unter den Menschen nicht Mangel oder Konkurrenz. Ergänzung ist die Formel für eine friedvolle Gemeinschaft. Schwarmwissen ist gefragt!

Und das soll von jetzt auf gleich so funktionieren, obwohl uns seit Jahrzehnten und vielleicht sogar Jahrhunderten das Gegenteil weisgemacht wird? Verstößt das denn nicht gegen alle unsere unumstößlichen Glaubenssätze – auch die Glaubenssätze derer wohlgemerkt, die an ihnen und an ihren gesellschaftlichen Zwängen festhalten?

Nun, ein Glaubenssatz, der sich jahrzehntelang in unserem Denken verankert hat, kann zwar nicht gelöscht, aber umgeschrieben werden.

- Der Glaubenssatz ‹Ich muss stark sein› kann dann eben auch bedeuten, dass ich aufhöre, meine Bedürfnisse zu verleugnen und für diese einstehe. Ich höre auf mein eigenes Wohlbefinden und nehme auch andere bei diesem befreienden Erlebnis mit.
- Bei dem Glaubenssatz ‹Ich muss beliebt sein› fällt mir vielleicht auf, dass ich nur dann *bei allen* beliebt sein kann, wenn ich auf jegliches eigene Profil verzichte, oder ich könnte mich auch fragen, *bei wem* ich beliebt sein möchte und auf wessen Wertschätzung ich lieber verzichte.

Erwartungshaltungen
Wir haben uns nicht alle unsere Glaubenssätze selbst gegeben oder von unserer Familie bekommen. Meist reagieren wir auf die Verhaltensanforderungen und da-

mit Erwartungshaltungen der Welt, der wir im Alter zwischen Geburt und sieben Jahren begegnen. Später werden sie durch Erfahrungen bestätigt und gefestigt. Manche Erwartungshaltungen beruhen tatsächlich auf klaren Vereinbarungen. Ein Arbeitgeber erwartet vom Arbeitnehmer – und hat dies auch schriftlich festgelegt –, dass er für eine bestimmte Geldsumme eine Arbeitsleistung erbringt. Der Arbeitnehmer erwartet, dass er für die erbrachte Leistung die vereinbarte Geldsumme bekommt.

Beide Seiten halten sich an die Vereinbarung, weil sie beide einen Nutzen davon haben. Gehen wir als Angestellte regelmäßig zur Arbeit, dürfen wir einen sicheren Rahmen erwarten. Unsere Verpflichtungen sind klar geregelt, die des Arbeitgebers ebenfalls, darunter eine möglichst wenig belastende Gestaltung der Arbeitsbedingungen (Arbeitsmenge und Leistungsverdichtung).

Andere Erwartungshaltungen in einem Unternehmen sind in der Regel vertraglich nicht festgelegt, etwa ein Dresscode, gelebte Werte oder Loyalität dem Arbeitgeber gegenüber. Auch sie beruhen auf ihrer allgemeinen Anerkennung – im Unternehmen, aber auch in der Öffentlichkeit – und vor allem auf Gegenseitigkeit. Auch die Führungsspitze muss sich an die Gepflogenheiten halten und darf nicht etwa anders agieren. Sonst entsteht eine Diskrepanz, und das Vertrauen wird gestört.

Man kann sich dann nicht mehr blind aufeinander verlassen. Nur fällt es der Führungsspitze natürlich viel leichter, sich nicht an die Vereinbarungen zu halten, als den einfachen Mitgliedern, und diese Konstellation gibt es leider in vielen Unternehmen und Parteien. Nur nimmt die Loyalität dann rasch ab; Austritte und Kündigungen häufen sich. Es liegt nicht daran, dass die Erwartungshaltungen falsch oder unzumutbar waren, sondern dass sich die Führungsspitze nicht daran gehalten hat. Wie sagt man noch so schön? **NICHT UNTERNEHMEN, FÜHRUNGSKRÄFTE VERLIEREN MITARBEITER.**

Bei Erwartungshaltungen gegenüber Familienmitgliedern, Verwandten oder Freunden wird hingegen nie etwas vertraglich festgelegt, und es gibt auch keine ungeschriebenen Gesetze, die dennoch auch für Außenstehende klar erkennbar und vorbildlich sind. Hier ergeben sich die Erwartungshaltungen vielmehr aus der Erziehung, aus Beobachtungen oder schlichtweg aus der Bedürfnisbefriedigung.

Von der Mutter wird erwartet, dass sie sich um ihr Kind kümmert, ihm Liebe und Zuneigung schenkt, den Säugling stillt. Diese grundlegenden Aufgaben haben ihren Ursprung in der Befriedigung unserer Grundbedürfnisse: Essen, Liebe, Zuneigung, Vertrauen und Schutz. Man kommt gar nicht auf die Idee, diesen natürlichen Pflichten anders nachzukommen, als man es im Familienumfeld stets selbst erfahren hat. Es ist eher ein festes Sein als ein Sollen.

Weitere Erwartungen werden uns von anderen, vor allem aber von unseren eigenen Ansichten ‹aufgezwungen› und können für uns und andere zur Belastung werden. Wir sollen und wollen für den Ehepartner eine gute Frau sein, uns um den Wohnungsputz, die Wäsche, den Haushalt, das Essen, Eltern und Schwiegereltern, den Hund, die Katzen, die Freunde usw. kümmern, dabei aber die eigene Karriere nicht vernachlässigen.

Aber ist das alles wirklich selbstverständlich, und ist das alles wirklich richtig? Weshalb fühlen sich gerade Mütter in unserer Kultur diesen Erwartungen verpflichtet? Wer bestimmt, welche Erwartungshaltung gut und welche schlecht ist? Des Pudels Kern ist doch: Das alles ist nicht selbstverständlich; es ist alles irgendwann ausgehandelt und festgelegt worden.

Als wir auf die Welt kamen, stand das natürlich alles längst fest, und diese Ideale werden uns als einziger gültiger Maßstab eines anständigen Lebens vorgehalten, wenn auch nicht immer vorgelebt. Unsere Kindheit und unsere Erziehung haben einen maßgeblichen Einfluss auf unsere Erwartungshaltungen. Wir bekommen sie übertragen, lange bevor wir einsehen können, was sie vielleicht für einen Sinn haben.

Wir werden von unseren Eltern, Freunden, Lehrern und Verwandten geprägt, allesamt Vorbilder – im Guten wie im Bösen. In Kindheit und Jugend entwickeln sich dann aber auch erste (potenzielle) persönliche Stressverstärker, wenn wir unseren eigenen von unseren Vorfahren übernommenen Erwartungshaltungen nicht genügen, die wir als Erwachsene in unseren persönlichen Beziehungen und unseren Arbeitsverhältnissen umzusetzen versuchen.

- Wenn wir als Kinder gelernt haben, dass Mütter alles können und stark sein müssen, haben wir als Erwachsene den Stressverstärker ‹Sei stark!› mitgenommen.
- Wurden wir streng erzogen und haben, wenn überhaupt, nur bei ausgezeichneten Leistungen Anerkennung erhalten, sind wir möglicherweise zu Perfektionisten geworden.
- Suchten wir nach Liebe und Anerkennung, hat es uns zum ‹Sei beliebt!›-Typen gemacht.
- Sind wir immer wieder gescheitert, wurden wir zum ‹Ich kann nicht›-Typen.

Diese Stressverstärker prägen auch unsere eigenen Erwartungshaltungen. Sie gaukeln uns gewissermaßen eine ideale Hölle vor, in der wir – so, wie wir nun einmal sind – unseren eigenen Erwartungen niemals gerecht werden und deshalb auch niemals unser Lebensglück erreichen – aus eigenem Verschulden wohlgemerkt.

Wer kennt nicht die Glaubenssätze, die uns bremsen und wie in Schockstarre dort bannen, wo wir unglücklich sind? Einige Beispiele:
- ‹Ich finde nie einen anderen Job› bzw. ‹Ich bin nicht gut genug›.
- ‹Ich kann es mir nicht erlauben, zu kündigen› bzw. ‹Ich kann hier nicht weg›.
- ‹Man bekommt im Leben nichts geschenkt› bzw. ‹Ich habe es nicht anders verdient› bzw. ‹niemand liebt mich›.

Doch im Unglück zu verharren, macht krank; eine negative Haltung zum und im Leben verkürzt es.

Oder sind wir vielleicht wirklich einfach nicht gut genug, um den Anforderungen gerecht zu werden, und es liegt gar nicht an unseren Glaubenssätzen? – hört ein Teufel in uns nicht auf, uns zu piesacken. Wir versagen bei der Erfüllung der Erwartungen und sind dann eben keine guten Mütter, Angestellten oder Freundinnen, aber daran sind nicht die Erwartungen schuld, die schließlich gleichermaßen für alle gelten, sondern nur wir selbst. Maßen wir uns besser nicht an, die allgemeinen Erwartungshaltungen in Frage zu stellen! Andere erfüllen sie.

Es ist ein Teufelskreis. Aber geht auch anders: Stellen wir erst einmal unsere eigenen und nicht die allgemeinen Erwartungshaltungen in Frage! Sind sie vielleicht überzogen? Erwarte von anderen nicht, was du nicht selbst tust; gib ihnen die Chance, es freiwillig zu tun. Überprüfen und reflektieren wir unsere Erwartungshaltungen an andere! Fragen wir uns einfach:
1. Erwarte ich von einer Person genau das, was ich selbst tun würde? Mit welchem Recht kann ich verlangen, was ich selbst nicht bereit wäre zu tun?
2. Ist meine Erwartung gerechtfertigt und kann die Person dies auch leisten?

3. Passen meine Erwartungen in das Lebenskonzept oder die Lebenssituation der anderen Person, oder will ich sie verbiegen?
4. Passt meine Erwartung zu ihrem Charakter?
5. Welches Bedürfnis liegt hinter meiner Erwartung? Ist es legitim, und welche Erwartungshaltungen anderen gegenüber sind überhaupt legitim?

Mein Lieblingsbuch als Kind war Momo von Michael Ende. Ich wollte nie so werden wie die grauen Männer, und doch wurde ich es unwillentlich. Es war mir nicht einmal klar! Ich raubte mir selbst und anderen Menschen Lebenszeit und betäubte mich damit. Ich sorgte dafür, dass sie gar nicht mitbekamen, warum sie sich ständig unter Druck gesetzt fühlten, und bekam es genauso wenig bei mir selbst mit.

Doch irgendwann wurde ich krank. Es war nicht das richtige Leben für mich (und ich glaube: für keinen Menschen). Ich hatte mich jahrelang selbst verleugnet, und jetzt hielt ich es nicht mehr aus! Als ich nun jedoch nicht mehr funktionierte, fühlten sich alle anderen von mir im Stich gelassen – inklusive der Perfektionistin in mir selbst. Meine Selbstverleugnung war ihre Lebensgrundlage gewesen.

Hätte ich es vermeiden können? Ja! Negative Glaubenssätze – und sie sind nun einmal die Wurzel allen Übels – stammen zwar aus unserer Vergangenheit und haben uns fest im Griff, aber als Erwachsene können wir sie ändern. Der erste Schritt liegt darin, uns ihrer bewusst zu werden. Wir haben sie ja bisher für Naturgesetze gehalten. Aber das sind sie nicht. Durch neue Glaubenssätze – Affirmationen und Afformationen –, die uns Erleichterung verschaffen, können wir ungeahnte Kräfte in uns mobilisieren, nicht nur Krankheit vermeiden, sondern ein besseres, erfüllenderes Leben führen.

Ändern wir den Glaubenssatz ‹Im Leben bekommt man nichts geschenkt› in ‹Es darf leicht gehen›, stellen wir fest, wie viel uns das Leben tatsächlich schenkt, auch ohne dass wir unsere Lebensgewohnheiten ändern: Gesundheit, ein Lächeln einer Freundin oder eines Fremden auf der Straße, das Lächeln des eigenen Kindes, eine Umarmung, eine Person, die uns in einer schwierigen Situation begegnet und hilft, ein neues Jobangebot etc. Wir brauchen nur die Augen zu öffnen und die Welt anders zu betrachten. Wir schauen nicht mehr mit den Augen der grauen Männer oder des ängstlichen Kindes, das wir früher mal waren.

Wer sich im Job, zu Hause, in der Partnerschaft oder anderswo unwohl fühlt, prüfe, welcher Glaubenssatz ihn oder sie dort festhält und was er oder sie selbst dazu beitragen kann, den Glaubenssatz und damit die eigene Lage zu verändern. Sie könnten anders Ihre Familie nicht ernähren, oder Ihr Lehrmeister wäre enttäuscht, wenn Sie die Tradition aufgäben? Wissen Sie das, oder glauben Sie es nur? Ein neuer Glaubenssatz setzt neue Kräfte frei und kann neue Wege erschließen.

Als ich vor einigen Jahren meinen besten Freund kennenlernte, prallten wir immer wieder aufeinander, unter anderem, wenn wir gemeinsam etwas unternehmen wollten. Irgendwann sagte er mir: »Kleines, ich tue die Dinge, weil ich es möchte und wenn ich es will. Und nicht, wenn du es erwartest.«

Ich war perplex, denn so eine Ansage hatte ich bis dahin noch nie erhalten. Ich brauchte eine Weile, um seine Auffassung anzunehmen und zu verstehen. Heute bin ich selber so und schätze solche Eigenschaften – Selbstbewusstsein, Geradlinigkeit, Ehrlichkeit – auch bei meinem Gegenüber. Denn niemand ist ehrlicher als ein Mensch, der die Dinge, die er tut, nicht aus der Verpflichtung heraus tut, sondern aus reiner Freude und aus vollem Herzen.

So fragen mich Freunde z. B. manchmal, warum ich mich so lange nicht gemeldet habe. Ich habe sie dann nicht etwa vergessen, sondern ich hatte einfach zu viel zu tun. Ich melde mich dann nicht, weil ich mich nicht zwischen Tür und Angel ganz schnell um sie kümmern möchte, um einer Höflichkeitspflicht zu genügen. Ich möchte ihnen die Zeit widmen, die sie verdient haben, melde mich also erst, wenn ich die Zeit aufbringen kann.

Und wer mich ganz besonders vermisst, darf mich natürlich anrufen oder anschreiben. Genauso ist es, wenn ich einem Freund oder einer Freundin eine E-Mail oder eine Nachricht sende. Ich erwarte keine schnelle Antwort, sondern warte lieber, bis es wirklich passt und sie mir wirklich etwas zu sagen haben.

Wertschätzung bedeutet für mich, nicht zwanghaft Erwartungen zu entsprechen, sondern in Ruhe und aus freiem Willen zu tun, was ich tue. Ich schätze es, wenn Menschen auch mir gegenüber so handeln und dabei ehrlich sind. Erwartungen erzeugen auf beiden Seiten Druck, Ausflüchte, Entschuldigungen, Zwang und Stress. Wenn wir aus freien Stücken und aus unserem eigenen Willen heraus handeln, ist unser Herz mit dabei – und für den anderen ist es die reine Freude, einfach schön. Und wenn nicht beide mit dem Herzen dabei sind, sollte man es lieber lassen.

Doch wie erkenne ich, ob ich etwas aus freien Stücken heraus tue? Es gibt einen Satz, den wir uns vornehmen können, mit unterschiedlichen Betonungen:

WILL ich das?
Will ICH das?
Will ich DAS?

Wenn wir uns das fragen, dann dürfen wir auch das Herz die Antwort aussprechen lassen.

Das Versagen der Kleinfamilie
Heute wird Kleinfamilie auf Vater, Mutter und Kind reduziert, und es wird so getan, als sei dies die natürliche Ordnung der Dinge. In dieser Vorstellung ist es für Kinder am besten, bei den verheirateten leiblichen Eltern aufzuwachsen; Eltern, die an dieser im Grunde genommen übermenschlichen Anforderung scheitern, sind Versager und versündigen sich an ihren Nachfahren – wird uns seit Jahr und Tag eingeredet und glauben wir gerne.

Tatsächlich werden 50 % aller Ehen geschieden. Eine alleinerziehende Mutter mit einem oder mehreren Kindern wäre dann eine geschrumpfte Kleinfamilie, zwar nicht ganz vollständig, aber im Grunde genommen intakt und damit eine immer noch ‹natürliche› Umgebung des Heranwachsens, nur eben verkrüppelt. Dass die eigene Ehe gescheitert ist, stellt ja nicht das (vermeintlich) biologisch vorgegebene Familienmodell in Frage. Das gewissermaßen amputierte Familienmitglied muss man eben simulieren.

Doch ist das wirklich so? Diese Frage ließ mich viele Jahre nicht los. Ich fühlte mit als Alleinerziehende einfach nicht als Familie, aber ich sah auch immer deutlicher, dass die Kleinfamilie als solche nicht funktionierte – nicht einmal mit Paartherapie. Also grübelte und philosophierte ich mit anderen Alleinerziehenden darüber.

Ich entdeckte das Buch *Das Versagen der Kleinfamilie* von Mariam Irene Tazi-Preve.* Sie beschreibt die Entwicklung der Kleinfamilie seit der Industrialisierung, spricht von der »Tragödie der Kleinfamilie«, die dieser Familien-

---

* Mariam Irene **Tazi-Preve**, *Das Versagen der Kleinfamilie. Kapitalismus, Liebe und Staat*, Opladen/Berlin/Toronto: Verlag Barbara Budrich, 2018. Da im Buch auch verschiedene bereits zuvor veröffentlichte Aufsätze der Autorin aufgenommen wurden, werden zwar viele Themen gestreift, doch gelegentlich fehlt eine stringente Argumentation. Lassen Sie sich davon nicht abschrecken! Gerade die großen Zusammenhänge machen form von Natur aus innewohnt. Sie ist nicht naturgegeben, sondern dient einem doppelten Zweck: (1) Mütter erziehen ihre Söhne zu zuverlässigen Arbeitskräften und ihre Töchter zu hingebungsvollen Müttern. (2) Zudem bieten sie ihrem Mann ein angenehmes Privatleben, um sich für das Arbeitsleben zu stärken. Mit der Natur des Menschen oder gar mit Liebe und Geborgenheit hat diese Kleinfamilie hingegen nichts zu tun.

Vor der Industrialisierung gab es Großfamilien, keine Handys, keine Technik, die alles beschleunigte. In der Vorzeit waren die Sippen matrilinear organisiert (und Reste solcher Kulturen halten sich bis heute in verschiedenen Teilen der Welt). Das Emanzipationsversprechen der freien Wirtschaft und ihrer freien Gesellschaft brachte neue Familienstrukturen hervor. Großfamilien wurden von der Klein- und Kleinstfamilie (Drei-Kopf-Familie bzw. Alleinerziehende) abgelöst.

Doch werden die Kinder von der von diesen Familienumständen strukturell überforderten Mutter – die zudem halbtags hinzuverdienen muss – nur mit Neurosen belastet, aber nicht zu glücklichen (oder gar kritischen) Menschen erzogen. Es liegt in der Natur der Sache – auch wenn es in Einzelfällen wider Erwarten gelingen mag. Hinterfragen wir also die Kleinfamilie und verändern sie!

Welche Institutionen haben welche Einflüsse vor allem auf uns Frauen gehabt und üben sie heute noch aus? Wer hat die Kleinfamilie ‹erfunden›, und warum kann sie in dieser Form nicht funktionieren? Hier geht es vor allem um den Mythos, dass der Vater die Kinder hervorbringt

---

Gewinn bei der Lektüre aus, auch wenn sie manchmal nur angedeutet werden. Übrigens hat die Autorin wie ich eine deutsche Mutter und einen iranischen Vater. Sie ist zwar in Tirol aufgewachsen, hadert aber bis heute mit ihrer gespaltenen Identität. Offenbar bin ich nicht allein in dieser Lage.

und die Familie sein Werk ist, die Mutter nur seine Magd und Kinderfrau. Zuletzt wurden sogar die Vaterrechte nach Scheidung gestärkt, so dass der Vater zwingend Umgangsrecht hat, auch wenn die Kinder Angst davor haben.

Aber auch Wirtschaftssysteme, Sexualität, Regierung und Politik sind in Augenschein zu nehmen, denn sie alle beruhen auf der Ausblendung der Kinderaufzucht aus dem ‹männlichen Machtuniversum›. Angesichts der Zusammenstellung aller dieser Aspekte bemerkte ich, dass auch ich, oft kritischer Geist und freiheitsliebende Frau, immer noch von patriarchischen Denkmodellen beeinflusst bin.

Aber es gibt alternative Gesellschaftsmodelle, in denen die Verantwortung für die Jungen nicht allein bei ihren biologischen Müttern und Vätern liegt, sondern in der Sippe geteilt wird. In solchen Gesellschaften werden Entscheidungen nicht per Befehl oder Wahl, sondern im Konsens geschlossen – wobei ggf. die Stammesmutter das letzte Wort hat. Wäre es nicht auch für uns heilsam, würden wir junge Erwachsene nicht kulturell zur Abnabelung vom mütterlichen Haushalt so früh wie möglich zwingen?

Ich habe seit der Lektüre des Buches eine Lösung für mich als alleinerziehende Mutter gefunden, fühle mich nicht mehr defizitär oder gar als Versagerin. Ich sehe die Welt der Familie nun mit anderen Augen. Dabei möchte ich keineswegs in das umgekehrte Extrem verfallen und die Kleinfamilie in Bausch und Bogen verdammen. Es ist jedoch eine große Erleichterung gerade für alleinerziehende Mütter, sie nicht mehr für das Maß aller Dinge zu halten; sie wird ihrer Aufgabe meist nicht gerecht.

Selbstfürsorgepflicht
Achten wir auf unseren Körper und unseren Geist, steuern wir Stress, Glück und Lebenserwartung. Indem wir tun, was uns guttut, ist Selbstfürsorge nicht schwierig.

- Wie behandeln wir unseren Körper? Was führen wir uns an Giftstoffen zu (Zigaretten, Alkohol, Drogen, Fertigprodukte, Zucker, Weißmehl)? Ich habe nach zwei Burnouts festgestellt, dass die Dosis das Gift macht und dass unser Körper zwar viel erträgt, aber uns nicht alles verzeiht.
- Essen wir gesunde Lebensmittel? Achten wir auf eine leichte Kost in Stresszeiten? Eine gesunde, ausgewogene Kost entlastet nicht nur unsere Umwelt, sondern auch Magen und Darm, senkt das Risiko für Herz-Kreislauf-Krankheiten, Diabetes und Krebs. Der Körper erhält lebensnotwendige Mineralstoffe und Vitamine.
- Trinken wir genug stilles Wasser? Wasser hält wach, erhöht unsere Konzentrationsfähigkeit und reduziert das Kopfschmerzrisiko.
- Schlafen wir mindestens 6-8 Stunden täglich? Im Schlaf regenerieren sich Gehirn und Körper. Diese Zeiten sind relevant für unsere Organe (Lesetipp: Das Kinderbuch *Die Meridianuhr* über Grundsätze der traditionellen chinesischen Medizin*). Schlafentzug ist eine Foltermethode.
- Gehen wir ausreichend im Wald spazieren? Waldbaden – ein japanischer Ausdruck – sollte eine Normalität im Alltag eines jeden sein. Ein bewusster Waldspaziergang stärkt unser Immunsystem und macht uns stabiler für Krisensituationen. Waldbaden bereitet uns

---

* Yang **Li**, *Die Meridianuhr. Der tägliche Energiekreislauf mit Tipps aus der traditionellen chinesischen Medizin*, Norderstedt: Books on Demand, 2018. Werden Patienten zu ungewöhnlichen Uhrzeiten wach, lässt dies frühzeitig Rückschlüsse auf das erkrankte Organ zu, denn die Lebensenergie (Qi) durchläuft die zwölf Hauptmeridiane innerhalb von 24 Stunden, ist aber an dieser Stelle (nämlich zu dieser Uhrzeit) offensichtlich blockiert.

eine kostenlose Aromatherapie durch die ätherischen Öle, die die Bäume produzieren. Das Grün der Bäume beruhigt und inspiriert uns. Bewegung fördert unsere Kreativität und senkt den Adrenalinspiegel.

- Wie oft sind wir an der frischen Luft, gehen zu Fuß oder fahren Rad? Treiben wir regelmäßig Sport? Ausdauersport erhöht die Serotoninproduktion und macht glücklich, ist nicht nur gut gegen Herz-Kreislauf-Erkrankungen, sondern auch für unser Glücksempfinden und hilft gegen Depressionen. Wer zusätzlich Kraftsport betreibt, erhöht seine Knochendichte.
- Üben wir uns in Meditation, Yoga und ähnlichen Achtsamkeitsübungen? Meditation erhöht Konzentrationsfähigkeit, Resilienz, Humor, Kreativität, Mitgefühl – sowohl für uns selbst als auch für andere – und steigert unsere Stabilität in stressigen Zeiten. Meditation kann uns den Zustand des Glücklichseins bringen. Auch Neurowissenschaftler beschäftigen sich mit den Auswirkungen des Meditierens.
- Genießen wir Literatur, Kunst, Kultur, tanzen oder singen wir? Singen macht glücklich. (Haben Sie schon einmal versucht, schlecht gelaunt zu bleiben, wenn Sie singen?) Kunst, Literatur und Kultur erweitern unseren Horizont und unser Verständnis für andere Kulturen, senken aber auch das Risiko, an Demenz zu erkranken, wenn wir bis ins hohe Alter unser Gehirn regelmäßig fordern.
- Nehmen wir uns bewusst handyfreie Zeiten? Handyfreie Zeiten befreien uns vom Elektrosmog und vom Stressfaktor ‹konstante Erreichbarkeit›.
- Bleiben wir zu Hause, wenn wir krank sind, und schlafen uns gesund? Wer frühzeitig krank zu Hause bleibt, wird schneller gesund und steckt auch nicht die Kollegen im Büro an.

Selbstfürsorge ist Wegbereiter für dauerhafte Gesundheit und Glück. Probieren Sie es aus, mindestens drei Wochen am Stück. Protokollieren Sie für sich selbst täglich, was Sie gemacht haben und wie es sich für Sie angefühlt hat. Reflektieren Sie Ihre Gefühle vorher und nachher. Notieren Sie jeden Tag etwas in ein Büchlein und prüfen Sie nach drei Wochen Ihre persönliche Entwicklung.

Sind Sie entspannter, ausgeglichener oder achtsamer? Sehen Sie? Wenn jeder Mensch weltweit Selbstfürsorge betreiben würde, könnten wir den Planeten retten und Friede auf Erden schaffen.

Ich muss
Wer kennt nicht diese Kraft, die das Wort ‹muss› auf uns oder auch auf andere ausübt, wenn Sie z. B. nach dem Essen laut sagen: »Ich muss jetzt den Tisch abdecken!« – eine ungeliebte Pflichtübung, doch Familie und Gäste nicken und räumen bereitwillig das Feld. Man ist bereits vorher erschöpft, doch die Unterlassung hätte negative Folgen. Was sollen die Leute denken, und am Ende muss es ja doch gemacht werden. Je länger Sie es aufschieben, desto unangenehmer wird es – nach dem Abschied der Gäste, gar erst morgen früh. Dann doch lieber jetzt gleich!

Eine vernünftige Entscheidung? Machen wir rasch ein Gedankenexperiment, bevor Sie die Teller übereinanderschichten! Fühlen Sie sich dabei frei oder unter Druck? Können Sie sich zuvor noch ohne schlechtes Gewissen einen Moment auf die Couch setzen? Oder fühlen Sie sich beobachtet, ob Sie die Pflicht auch sorgfältig erledigen? (Beobachtet Sie jemand dabei?) Macht es Ihnen Spaß, den Tisch abzudecken? Denken Sie dabei an etwas Positives, oder welche Gedanken und Gefühle haben Sie?

Beantworten Sie erst einmal keine dieser Fragen (sofern diese Antworten nicht ohnehin auf der Hand liegen), denn es ist ein Gedankenexperiment, und wir wollen es erst zu Ende führen. Sagen Sie jetzt also alternativ: »Ich möchte jetzt den Tisch abdecken, weil ich es gerne wieder sauber habe.« Fühlt sich der Satz immer noch negativ an, oder spüren Sie eine positive Schwingung? Sehen Sie dabei die Arbeit, die Sie erledigen wollen, oder sehen Sie das Ergebnis, dass es danach wieder sauber ist? Fühlen Sie sich immer noch unter Druck, oder haben Sie das Gefühl, eine freie Entscheidung getroffen zu haben? Wenn Sie nun vorher eine kurze Pause einlegen, schwingt dann immer noch ein schlechtes Gewissen mit, oder fügt sich dieser Moment der Betrachtung in die Fülle des Augenblicks ein?

Der Unterschied zwischen den beiden Szenarien besteht in einem einzigen Wort. Das Wort ‹muss› baut Druck auf, nicht nur bei Ihnen, auch bei anderen. Wie oft haben Sie Ihren Kindern gesagt, sie müssen lernen oder aufräumen? Wie haben Ihre Kinder darauf reagiert? Sicher nicht mit Begeisterung ... Aber wenn Sie das Wort ‹muss› weglassen, gemeinsam mit Ihren Kindern nach Sätzen ohne ‹muss› suchen? (Oder gibt es sogar eine Welt, in der wir nicht müssen? Können wir sie uns heute überhaupt vorstellen?)

Sie können dieses Spiel auch auf Ihren Arbeitsplatz ausdehnen, wenn Sie etwa sagen: »Ich darf am Montag wieder arbeiten, um mit meinem Einkommen meine schöne Wohnung, mein Haus, die Ausbildung meiner Kinder, den nächsten Urlaub ... zu finanzieren.« Anders etwa als diejenigen, die wegen Krankheit oder Arbeitslosigkeit nicht arbeiten können.

Wenn Sie Ihr Leben als offenen Gestaltungsraum, nicht als eisernes Gehäuse der Pflicht betrachten, wenn Sie sich selbst gefallen wollen und nicht anderen, werden Sie in Ihrer Entscheidungsfindung und in Ihren Tätigkeiten

GESELLSCHAFT: WIR UND DIE ANDEREN

immer weniger Druck, dafür aber immer mehr Freiheit verspüren, ohne dass sich ihre Lebensumstände ändern.

Oder lügen wir uns dann nur etwas vor und verschleiern den Zwang, dem wir unterliegen? Nun, vielleicht lügen wir uns ja auch umgekehrt etwas vor, wenn wir alle unsere wissentlichen und willentlichen Verrichtungen für erzwungen erklären. »Ich möchte die gesellige Runde nicht stören, aber ich muss jetzt den Tisch abräumen«, sagt sich leichter als: »Mir geht euer Geschwafel auf die Nerven. Geht nach Hause!«

Die Sache mit dem ‹Muss› kennen wir alle seit frühester Kindheit; wir haben Jahrzehnte Übung. Das sitzt fest. Es ist einfach, daran zu glauben, und einfach, sich entsprechend zu verhalten, denn dann geht alles seinen geregelten und gewohnten Gang. Aber wir können es uns abgewöhnen, werden aber zunächst unachtsam sein, so sehr gehört dieses ‹Muss› zu unserem Leben. Ich habe für jedes ‹Muss›, das ich verwendet habe, einen Euro in die Sparbüchse getan. Als ich nach fünf Tagen kein Bargeld mehr hatte, wusste ich: Es war Zeit, etwas zu verändern.

Probieren Sie es aus! Vier Wochen am Stück. Die Strafkasse wird sie lehren, dass Sie Ihr Leben anscheinend gar nicht wirklich leben, sondern immer nur Befehle befolgen, von denen Sie nicht einmal wissen, wer Sie Ihnen gibt. Was können Sie also verlieren? Sie verlieren erst einmal nur den Druck, den Sie sich selbst machen, kommen jedoch Ihren Pflichten in der Familie und im Büro ungeschmälert nach, nur eben mit dem Bewusstsein, was Sie davon haben. Oft genug haben Sie ja wirklich etwas davon, auch wenn Sie es vielleicht nicht mögen.

In Bayern sagt man: »Ich muss gar nix außer sterben!« Widmen wir also dem Wort ‹muss› mehr Aufmerksamkeit und weniger Ehrerbietung. Von einem Georgier erfuhr ich neulich zu meinem großen Erstaunen, dass es das Wort ‹muss› dort gar nicht gibt. Streichen wir das Wort ‹muss› aus unserem Wortschatz!

Die Kunst des Loslassens
Wir haben bereits in jungen Jahren losgelassen: die Mutterbrust, den Lieblingsschnuller, den verloren gegangenen Teddybären, die erste große Liebe. Wir haben diese Traumata überlebt, obwohl es uns im Augenblick des Verlusts fast das Herz zerrissen hätte. Aber war es wirklich der Schmerz des Verlusts? War es nicht eher der Schmerz, sich mit einer neuen, unbekannten Situation zurechtzufinden, die wir uns so nicht gewünscht hatten, mithin der Schmerz, auf einmal etwas werden zu müssen, was wir niemals hätten werden wollen, hätte man uns vorher gefragt?

Wenn wir von Dingen oder Menschen Abschied nehmen, fühlen wir Trauer. Trauer darüber, die Person nicht mehr sehen zu können oder die Sache nicht mehr zu besitzen. Sind wir also Wesen, die Besitz anstreben, die alles, was sie sind, immer bei der Hand haben müssen, es nicht in sich tragen? Menschen, die in polyamoren Beziehungen leben, sagen, Monogamisten lebten einen Besitzanspruch aus. Haben sie recht? Ist Besitz tatsächlich so wichtig, dass wir unseren persönlichen Wert daran bemessen, dass Verzweiflung uns ergreift, wenn wir unseren Besitz verlieren?

Als Kind haben wir vielleicht nicht gewusst, dass so ein Verlust möglicherweise nicht dramatisch ist. Aber warum haben wir manchmal auch als Erwachsene Verlustängste, mit denen wir teilweise nicht mehr zurechtkommen? Sachlich sind wir doch oft gar nicht so sehr darauf angewiesen, zu behalten, was uns da gerade abgegangen ist und immer wieder abgeht.

Doch wir leiden bereits unter der Befürchtung, vielleicht sogar mehr als dann später unter dem Ereignis

GESELLSCHAFT: WIR UND DIE ANDEREN

(wenn es denn überhaupt eintritt). Die Angst vor Arbeitsplatzverlust oder vor dem Verlust des Partners, der Freundin, des Freundes oder der Heimat kann uns in existenzielle Krisen stürzen.

Tatsächlich prägt sie uns. Es ist eben nicht unsere Verankerung in einer bestimmten Lebenssituation, die uns ausmacht, und es ist nicht das Abreißen dieser Verbindung, das uns aus der Bahn wirft. Unserer Stimmung unterliegt ein Gefühl der Bedrohung, vielleicht unserer Umstände beraubt zu werden, und danach bestimmen wir uns. Unser Selbstbild ist es, gefährdet zu sein, unsere engsten Lebensumstände zu verlieren.

Was passiert, wenn diese Angst zu unserem Peiniger wird, anlasslos beginnt, unser ganzes Verhalten, vielleicht sogar unser Fühlen zu bestimmen? Wir beginnen zu klammern, machen uns zu Sklaven der uns Nahestehenden, binden uns und den anderen auf ungesunde Art und Weise, lassen nach und nach keinerlei Eigenständigkeit mehr zu. Das ist sogar ein sehr weit verbreitetes Verhalten. Psychotherapeuten leben davon, uns oder andere von diesen Ängsten wieder zu befreien, damit wir ein normales Leben führen können. Es ist also gar nichts Besonderes.

Jeder von uns hat etwas oder jemanden, von dem er sich nicht trennen möchte. Gerade wir Mütter möchten unsere Kinder in Sicherheit wissen, fürchten uns am meisten davor, das wir unseren Nachwuchs überleben. Das ist zumindest meine größte Angst.

Für mein Kind würde ich mich sofort opfern. Aber für ein Haus, ein Auto? Nein, mir ist gleichgültig, was mit diesen Dingen passiert. Es mag an meiner Vergangenheit liegen. Als Kind wurde ich immer wieder von einem Platz an den nächsten verpflanzt, habe eine wichtige Bezugsperson nach der anderen verloren. Ich durfte nie etwas behalten, und ich möchte mich nie wieder an etwas binden.

Das Loslassen und das daraus resultierende Schmerzempfinden hat also eine Bedingung: Handelt es sich um eine Sache oder um einen Menschen? Und wie nahe steht mir dieser Mensch? Denn es fiele mir leichter, mich von einem Partner zu trennen als von meinem Kind. Ein Partner ist ersetzbar, ein Kind ist wie ein Teil von mir selbst.

Die Kunst des Loslassens hängt also von vielen Faktoren ab. Sie lassen sich nicht immer leicht benennen, aber sie liegen auf der Hand. Wir denken nicht einmal darüber nach, sondern richten unser Verhalten ganz automatisch aus. Vor allem prägen uns die Erfahrungen, die wir in unserem Leben gemacht haben. Wurden wir immer wieder von wichtigen Bezugspersonen getrennt, fällt uns eine gesunde Beziehung heute schwer. Unser Vertrauen ist angeknackst. Wir können nicht einfach wieder vertrauen. Es ist eine mühsame Lernaufgabe. Wir können nicht einfach zum kindlichen Urvertrauen zurückkehren, denn es wurde gründlich enttäuscht und wird sich nie wieder vorbehaltlos einstellen.

Wir werden jede neue Enttäuschung als sich selbst erfüllende Prophezeiung und als Strafe für unsere Leichtfertigkeit empfinden, und wenn wir dann doch wieder vertrauen, ist die Verlustangst unser ständiger Begleiter, denn so waren bisher noch immer unsere Erfahrungen. Wir klammern uns fest, auch dann noch, wenn es uns längst nicht mehr guttut. Zugleich sehnen wir uns nach etwas, was wir nicht erreichen können, laufen krampfhaft unserem Glück hinterher.

Seit einigen Jahren arbeite ich an meiner Fähigkeit loszulassen: Erst war es mein Ex-Mann, mit dem ich bis auf unser Kind keine Gemeinsamkeiten hatte. Dann ließ ich unser gemeinsames Haus, mein kostspieliges Auto, liebgewonnene Bücher, Bilder und anderen Schnickschnack los.

Es ist überraschend befreiend, loslassen zu können. Ich habe das Gefühl, die nächste Ebene in meinem Leben erreicht zu haben, sage Materialismus und Besitzanspruch ade! und rücke Selbsterkenntnis und Selbstliebe immer näher. Loszulassen ist die Befreiung von Erwartungen und Ansprüchen, die Bereitschaft, mein persönliches Glück und Seelenwohl in mir selbst zu finden, nicht im Außen. Mit dem Loslassen kommt das Glück ganz von alleine, und auch das Reisen mit nur einem kleinen Rucksack oder einem Mini-Koffer wird leichter.

Wer wir werden können

Dein letzter Tag auf Erden
Gerne wird gefragt: »Stell dir vor, heute wäre der letzte Tag in deinem Leben, was würdest du noch tun?« Ich hingegen frage: »Wärt ihr mit eurem bisherigen Leben zufrieden? Hättet ihr das Gefühl, alles getan zu haben, was euch wichtig war oder ist? Oder hättet ihr das Gefühl, etwas verpasst zu haben?«

Noch vor einigen Jahren wäre die Vorstellung, abrupt Abschied von dieser Welt nehmen zu müssen, für mich eine Katastrophe gewesen. Ich war auf der Suche nach meinem Glück, meiner Lebensaufgabe und danach, wie ich die Dinge hätte besser machen können. Heute könnte ich an einem letzten Tag nur drei Dinge bereuen:
1. Die Entwicklung meines Sohnes nicht weiter miterleben zu können.
2. Mein zweites Buch nicht veröffentlicht zu haben.
3. Nicht so viele Menschen wie möglich motiviert zu haben, für eine schönere und gerechtere Welt einzustehen.

Was habe ich begonnen und noch nicht zu Ende geführt? Ich habe noch viele Visionen und Ideen, deren Umsetzung mir am Herzen liegt. Wenn ich sie nicht zu Ende bringen könnte, wäre es zwar schade, aber keine Katastrophe, denn ich habe einiges angestoßen, sogar einiges erreicht und sehe Wirkungen, auch wenn es nur kleine Errungenschaften sein mögen.

Was würde ich bereuen, nicht erledigt zu haben?
1. Ich möchte mindestens drei Bücher schreiben.
2. Ich möchte einmal im Leben am Meer gelebt haben.
3. Ich wünsche mir, Rom und Hawaii zu sehen und die Energie dort zu erleben.

Ich sollte noch heute anfangen, die wichtigsten Punkte einen nach dem anderen zu erledigen. Der Tag, an dem die Liste unserer letzten Wünsche zu lang wird, kann der erste Tag unserer Veränderung sein: Sobald wir bei klarem Verstand die Visionen auf unserem Lebensplan sortieren, können wir uns an die Verwirklichung machen. Vielleicht verschwindet ein Ziel oder wird durch einen anderen Wunsch abgelöst. Aber dann können wir fokussierter loslegen.

Ich erstelle jedes Jahr eine Collage mit meinen Zielen und Wünschen mit einem großen, höheren Ziel und übersichtlichen Jahreszielen. Es ist wie Bergsteigen. Wir üben am Hang und steigen dann immer höher, langsam und stetig. Doch das Leben ist wie eine Welle, wird vom Wind herumgeworfen. Prüfen Sie also auf dem Weg nach oben immer wieder die Richtung. Wer ins All fliegen will, aber am Apfelbaum hängen bleibt, hat immerhin den ersten Schritt getan. Nur muss es dann Tag für Tag weitergehen, denn es kommt auf Beharrlichkeit an, nicht nur auf eine klare Richtung.

Achtsamkeit und Glück
Durch die Industrialisierung, später den Einzug von Computern an den Arbeitsplätzen und zu Hause veränderte

sich unser Lebensstil. Die Hektik hat uns fest im Griff. Unser Leben gleicht einem Hamsterrad. Das Handy-Zeitalter hat alles noch einmal beschleunigt.

Uns bleibt keine Zeit mehr für Achtsamkeit und Glück. Unser service level wird daran gemessen, wie schnell eine E-Mail, eine SMS oder eine *WhatsApp*-Nachricht abgearbeitet wird. In Verträge schreiben wir, dass wir innerhalb von x Stunden auf eine Kontaktaufnahme reagieren; bei *Facebook* und *Twitter* wird unsere Reaktionsschnelligkeit durch Banner und likes belohnt. Sind wir einmal 24 Stunden nicht erreichbar, drehen andere durch und hören nicht auf, uns mit Nachrichten zu bombardieren. Hören wir von anderen mindestens drei Tage nichts mehr, fragen wir uns, ob etwas nicht stimmt.

Wir hetzen von Termin zu Termin, tun mehrere Dinge gleichzeitig und sind stets über mehrere parallele Kanäle erreichbar. Letztens schrieb mir jemand per *WhatsApp*, er habe ein Dokument gerade per Mail geschickt und sandte es zusätzlich per *WhatsApp*. Ich habe es erst eine Woche später gelesen, da ich durch die Informationsflut zunächst erschlagen war.

Wo bleibt die Achtsamkeit? Mein Lieblingstext zum Thema Achtsamkeit und Glück steht in den *Bardeler Fastenmeditationen 2019**:

> *Ein ZEN-Meister wird gefragt, was er tue, um so glücklich zu sein. Er sagt:* »*Wenn ich stehe, dann stehe ich. Wenn ich gehe, dann gehe ich. Wenn ich sitze, dann sitze ich. Wenn ich liebe, dann liebe ich.*«

---

* Wilhelm **Ruhe**, *Bardeler Fastenmeditationen 2019*, Osnabrück: Dom-Buchhandlung, S. 47. Wilhelm Ruhe ist Pater im Franziskaner-Kloster Bardel in Bad Benthein in Niedersachsen. Im Original ist von einem Mann die Rede, nicht von einem Zen-Mönch.

Die Fragesteller fallen dem Meister ins Wort und sagen: »Das tun wir doch auch, aber was machst du darüber hinaus?« Der Meister sagt wiederum: »Wenn ich stehe, dann stehe ich. Wenn ich gehe, dann gehe ich. Wenn ich sitze …«
Wieder sagen die Leute: »Aber das tun wir doch auch!«
Der ZEN-Meister aber sagt: »Nein, wenn ihr sitzt, dann steht ihr schon, wenn ihr steht, dann lauft ihr schon, wenn ihr lauft, dann seid ihr schon am Ziel …«

Immer wieder fällt den Teilnehmern meiner Achtsamkeitskurse auf, dass wir vergessen haben, was Achtsamkeit tatsächlich bedeutet. Heute sind wir mit den Gedanken schon im Morgen oder noch in der Vergangenheit. Im Achtsamkeitstraining geht es darum, im Jetzt und Hier anzukommen. Es geht darum, unsere wahren Gefühle und Bedürfnisse bewusst zu spüren, anzunehmen und wertzuschätzen.

Der Buddhist kommt mit Hilfe der Meditation zu diesem Bewusstsein. Jeder trägt einen Buddha in sich selbst, doch wir spüren ihn selten. Durch Reflexion und Klarheit unserem Geist gegenüber lernen wir, ihn und damit uns selbst (so wie wir sind) zu erkennen.

Ich beginne mein Coaching gerne mit einem Achtsamkeitstraining und einer Status-quo-Erstellung: Wir fragen nach den Gefühlen und Bedürfnissen, begeben uns bewusst in die Achtsamkeit uns selbst gegenüber. Erst hier erfahren wir unseren wahren Kern und was wir tatsächlich fühlen.

Viel zu oft funktionieren wir so, wie es andere von uns erwarten. Es ist uns nur selten bewusst. Sobald wir achtsam mit uns selbst sind, hören wir auf, nur zu funktionieren. Wir beginnen zu leben und bemessen Glück nicht mehr an materiellen Gütern, sondern an Liebe, auch Selbstliebe. Plötzlich scheint sich unsere Zeit langsamer zu bewegen. Wir geben unserer Zeit mehr Leben, lassen sie uns nicht mehr durch die grauen Herren stehlen.

Aber nicht nur unser eigenes Glück ist in unserem Leben wichtig, sondern auch das Glück aller anderen Lebewesen in unserer Umgebung. So kommt in der Achtsamkeit ein wichtiger buddhistischer Gedanke zum Tragen: Wir streben nach unserem und in der Folge auch nach dem Glück aller Lebewesen auf dieser Erde.

Seit einiger Zeit bemühe ich mich um Achtsamkeit. Zwar falle ich immer wieder in alte Muster. Was man über 40 Jahre gelernt hat, verliert man nicht von heute auf morgen. Aber die Zeit, in der ich Achtsamkeit erreiche, lohnt sich. An diesen Tagen spüre ich tatsächlich Glück, Liebe für alle Lebewesen und tiefe Zufriedenheit in mir.

Plötzlich sind Gefühle wie Neid, Trauer, Wut oder Eifersucht nicht mehr da; stattdessen fühle ich den unbegrenzten Wunsch, dass es allen Menschen und Wesen um mich herum genauso gutgehen möge wie mir in diesem Augenblick. An diesen Tagen wünsche ich ihnen allen das gleiche Gefühl des Glücks.

Achtsamkeit und vegane Ernährung gehen für mich Hand in Hand. Achtsamkeit, die in einem selbst beginnt, weitet sich auf alles andere um uns herum aus. Das ist ein Prozess, den wir weder aufhalten können noch aufhalten wollen, wenn wir das Glücksgefühl daraus auch nur einmal empfinden durften.

Macher, Opfer und die Heldenreise

Ob wir Macher oder Opfer sind, ist eine Frage von Veranlagung, Trauma, Umweltbedingungen und Talenten, ob wir uns dieser Faktoren bewusst sind oder nicht. Opfer sind auf Sicherheit bedacht, machen ihr Glück oder ihr Unglück von anderen abhängig, reden darüber, was sie mal machen wollen, tun es aber am Ende nicht, weil sie zig Gründe dafür finden, warum es nicht funktioniert. Es mag am risikoscheuen Wesen liegen oder an der Bequemlichkeit – was ja nicht falsch ist, solange es nicht zum Dauerzustand wird. Dann nämlich wartet das Opfer auf den Helden, der es rettet bzw. erlöst, oder feiert seinen Opferstand als Besonderheit, eine Art Alleinstellungsmerkmal in der Selbstvermarktung.

Ein Macher hingegen liebt seine Unabhängigkeit, geht Risiken ein und verlässt regelmäßig seine Komfortzonen. Macher handeln nicht aus dem Mangel heraus, sie schöpfen aus ihrer Kraft, ihrer Energie und ihrem starken Willen. Ein Macher schwingt nicht nur Reden, was er tut oder tun möchte, er tut es auch. Er hat Visionen, Ideen und verfolgt sie ehrgeizig. Ein Macher reißt andere Menschen mit, will etwas bewegen, hat ein hehres Ziel und möglicherweise eine weltverändernde Vision vor Augen.

Er überrennt in seinem Enthusiasmus manchmal andere, ist schnell oder erscheint vor allem Opfern, die sich ihrer Opfereigenschaft brüsten, zu kaltblütig. Steve Jobs, Bill Gates, Coco Chanel und Henry Ford – alle Macher mit ‹Followern› und ‹Hatern›. Sie hatten Visionen, sind einmal oder mehrmals gescheitert, haben es am Ende bis ganz nach oben geschafft. Sie haben die Welt verändert und wurden unvergesslich. Genau das war auch ihr Ziel.

Bei Opfern regiert der Mangel, es geht immer um das, was ihnen ihrer Meinung nach zum Glück fehlt: Geld, Gesundheit, ein treuer Partner, ein neuer großer Kunde, ein Auftrag, ausreichend Erfahrung, Talent, ein neues Zuhause, ein Kind oder, oder, oder ... Opfer finden immer etwas, was nicht passt. Wer seinen Mangel erkennt, diesen bejammert und beweint, von sich aus nichts tut, um herauszukommen, dafür aber andere verantwortlich macht, macht sich zum Opfer. Opfer sind wie ein untätiges Aschenputtel: Sie warten auf die Rettung durch den Prinzen ohne eigenes Dazutun. Im Gegensatz zu Aschenputtel sehr sie nicht einmal die Tauben, die ihnen helfen wollen, denn würden sie sich helfen lassen, müssten sie ihrerseits etwas dazu beitragen, wären sie also keine Opfer mehr und würden nicht mehr bedauert werden.

Möglicherweise wollen Opfer nicht aus ihrer Situation heraus, die für sie eine Komfortzone bietet. Für Opfer, die wirklich eine Änderung ihres Lebens herbeisehnen und dies nicht nur behaupten, wird es ein schwieriges Unterfangen, wenn sie nicht ‹in die Puschen kommen› und ihren kuscheligen Rückzugsraum ganz bewusst verlassen, denn unser Reichtum (was auch immer damit individuell verbunden ist) liegt in uns selbst und nicht in externen Dingen oder Partnern und Beziehungen. Gerade an solche äußeren Sicherheiten klammern sich Opfer, auch wenn es die Sicherheit ihres Kerkers, die Bindung an ihre Peiniger sein mag. Sie fürchten sich vor der Freiheit.

Wenn man mir Haus, Hof, Familie und Katzen nehmen würde, wäre ich traurig, schockiert, möglicherweise sogar traumatisiert und würde meine Liebsten vermissen. Aber ich wäre trotzdem weiter ich und in meiner Kraft, auch wenn ich nach so einem Schicksalsschlag eine kurze Pause einfordern würde. Trauer darf sein. Auch Macher haben Momente des Mangels, wenn sie ‹gescheitert› sind.

Aber Macher kennen den Spruch ‹Aufstehen, Krone richten, weitergehen!› Sie machen weiter, aber anders, lernen aus Fehlern und gerade auch aus dem, was andere als ‹Scheitern› betrachten. Für Macher gibt es kein Scheitern. Sie wissen: Es geht um die Erfahrung, und so lassen sie den Mangel als Erfahrung der Bereicherung und als Voraussetzung für die Weiterentwicklung hinter sich. Wer stürzt, lernt und steht wieder auf; aus Mangel wird Reichtum. Der us-amerikanische Ingenieur, Wissenschaftler, Erfinder und Philosoph Charles F. Kettering (1876-

1958), langjähriger Forschungs- und Entwicklungschef von *General Motors*, fasste es in die Worte: »Ein Erfinder scheitert 999 Mal, aber wenn er einmal Erfolg hat, ist er berühmt. Er betrachtet seine Misserfolge einfach als praktische Versuche.«

Auch Opfer allerdings können zu Machern werden, wenn sie genug Willensstärke besitzen. Sie sind nicht ein für alle Male auf ihre Opferrolle festgelegt, und ihr Los ist nicht die Hoffnungslosigkeit. Tatsächlich war jeder Macher vor seiner Glanzzeit mindestens einmal Opfer! Niemand ist immer nur Sieger oder als Sieger geboren. Man muss schon einen Grund dafür haben.

Das ist ja gerade das Grundprinzip der Heldenreise nach Campbell. Jeder Held ist anfangs Opfer; erst ein unerwarteter Schicksalsschlag zwingt ihn zum Aufbruch. Er wird nicht ‹einfach so› zum Helden, denn dazu bedarf es einer leidvollen Lebensreise, die wohl niemand freiwillig auf sich nimmt. Der Aufbruch oder Ruf zum Abenteuer erfolgt erst, wenn der (Leidens-)Druck unermesslich wird, nur noch die Wahl zwischen Aufstehen oder Untergehen besteht. Alles nur Mythologie? Es ist immerhin die Grundstruktur aller Heldenmythen der Welt als Gestalt des kollektiven Unbewussten aller Menschen, und auch in unserem heutigen Leben hat sich die Motivation zum Aufbruch nicht geändert.

Oft sind wir durch Traumata oder Ängste blockiert, die nicht unbedingt durch eine große Krise oder eine Katastrophe ausgelöst wurden, sondern die wir vielleicht als Föten oder Babys übertragen bekommen haben, gewissermaßen ganz ohne unsere Beteiligung. Erlebte eine werdende Mutter erheblichen Stress – Gewalt, Depressionen, Burnout, chronischen Stress oder einst selbst erfahrene Traumata –, gehen diese auf den Fötus oder auf das Baby über, werden sogar epigenetisch abgespeichert und so an die unmittelbaren Nachkommen weitergegeben.

Auch die Wochenbettdepression kann beim Neugeborenen ein Trauma hinterlassen, wenn sich in dieser Zeit keine andere feste Bezugsperson für das Baby findet. All diese Faktoren können einen entscheidenden Einfluss auf uns haben, auch darauf, ob wir den Weg des ‹Machers› einschlagen oder lieber Opfer bleiben. Wir haben uns eben nicht nur selbst gemacht, und nicht nur die selbst erlittenen Schicksalsschläge haben uns geformt, gestählt oder gebrochen. Vielleicht haben uns sogar die Umstände der Schwangerschaft oder in den ersten Lebenswochen zu dem bestimmt, was uns später zugestoßen ist. Uns ist also vorausbestimmt, welchen Schlägen wir ausgesetzt sein werden und welchen Schlägen wir uns aussetzen werden.

Ich kann mich noch genau an die Situation erinnern, als ich mich entschied, ein Macher zu werden. Ich war wieder einmal auf mich allein gestellt, doch diesmal war ich endgültig nicht mehr in eine ungeliebte Obhut geraten, sondern ganz allein. Es gab nur zwei Wahlmöglichkeiten: Entweder nahm ich mein Leben in die Hand und gestaltete es nach meinen eigenen Vorstellungen – oder ich gab mich auf. Vielleicht war ich ja einfach nicht stark genug für ein selbstständiges Leben.

Ich entschied mich für ein Dasein als Macher. Wer im Leben höchstem Druck ausgesetzt wird, dem er gerade noch standhalten kann, ohne zu zerbrechen, kann sich immer wieder entscheiden. Und es kann tatsächlich immer wieder geschehen. Der Macher ist nicht vor Niederlagen gefeit, und er hat nicht immer genug Verbündete, die ihn vor dem Untergang bewahren.

Radikale Macher können vor allem in Lebens- und Liebesbeziehungen anstrengend sein. Sie lieben ihre

Unabhängigkeit, wollen bewegen, sind alles andere als risikoscheu und lieben die Abwechslung. Sie können sehr analytisch, visionär und wissensdurstig sein. Sie hinterfragen alles, sie beobachten, reflektieren, denken viel, agieren, statt zu reagieren.

Wer versucht, sich beim Macher anzupassen und anzubiedern, oder ihn gar bremsen möchte, weil ihm sein Tempo zu schnell ist, wird genauso verlieren wie jemand, der ein hohes Sicherheitsbedürfnis hat. Spannen Sie ein Rennpferd vor eine schwere Kutsche, wird es irgendwann durchgehen. Genauso geht es einem radikalen Macher in Beziehungen mit Menschen, die ihn anzubinden und zu bremsen versuchen.

Macher sind oft lieber allein, oder sie haben eine oder mehrere starke Persönlichkeiten an ihrer Seite, die sie unterstützen und verstehen. Die Kombination Opfer/Macher misslingt. Weil der Macher die Gedanken der Opfer nicht verstehen kann, wird er sich früher oder später vom Opfer lösen. Die Welten sind zu unterschiedlich.

Ist Opfer zu sein per se schlecht? Zumindest in der Beziehung zwischen Opfern und Machern gilt die Gesetzmäßigkeit von Yin und Yang: Was dem einen fehlt, kann durch die Errungenschaften des anderen ergänzt bzw. kurzzeitig gefüllt werden. Jeder hat seine Existenzberechtigung. Ein Opfer lebt im Mangel und hofft auf Rettung von außen, ein Macher beseitigt den Mangel durch seine Errungenschaften und Erkenntnisse.

Sind wir einmal ehrlich, so braucht der Macher das Opfer, um es niederzuwerfen oder aufzurichten – und umgekehrt. Doch wir müssen nicht Opfer bleiben, nicht einmal auf einen Helden warten. Wir haben es selbst im Griff, unser Leben zu verändern, wenn es uns nicht mehr passt oder wenn wir verraten werden. Vielleicht haben wir die Niederlage ja sogar verdient, und vielleicht haben wir sie gebraucht, um zu wachsen.

Kleines Glück

Hilfe! Ich schreibe Horrorgeschichten!
Manche Themen beschäftigen mich so sehr, dass ich gelegentlich Alpträume davon bekomme. Wenn ich aufwache, muss ich erst überlegen, wo ich bin und welche Zeit wir haben.

Um sie besser verarbeiten zu können, fing ich vor einigen Jahren an, sie aufzuschreiben. Erst notierte ich Stichpunkte, dann schrieb ich ganze Sätze. Am Ende entwickelten sich daraus kurze Geschichten. Ich formulierte die Texte aus, erfand einiges dazu und fand meine Leidenschaft für das Schreiben wieder.

Als Kind und Jugendliche schrieb ich viel und gerne. Als Teenager dachte ich mir Heldinnen aus, die die schwierigsten Situationen meisterten. Das lag an meiner Umwelt und den Krisen zu Hause, denn während dieser Fantasiereisen konnte ich mich vor angsteinflößenden Situationen der Realität retten.

Auf dem Gymnasium meldete ich mich bei der Schülerzeitung an und schrieb Beiträge und Comics. Auf der Fachoberschule versuchte ich mich an Gedichten; Goethe war meine Inspiration. Den Zauberlehrling kann ich heute noch aufsagen. Nach dem tragischen Tod meines Deutschlehrers entsagte ich dem Schreiben, und als ich zu arbeiten anfing, vergaß ich die Leidenschaft gänzlich.

Als ich dann im Alter von 42 Jahren wieder zu schreiben anfing, fanden meine Freunde meine Geschichten gut und lobten mein Talent. Ich wählte ein Pseudonym und nahm an einer Horror-Story-Ausschreibung von Markus Kastenholz teil. Meine erste Story wurde in der Eldur-Anthologie *Fleisch 2* unter dem Pseudonym Alisha Godoy veröffentlicht. Beiträge in *Fleisch 3* und *Fleisch 4* im Eldur-Verlag folgten, auch eine Story in *Blutgrütze 1*.

Im Genre Horror kann ich meine tiefsten Ängste verarbeiten und filtern. Es gibt sicher bessere Horror-Autoren, und manchmal schäme ich mich für diese Aktivitäten, als habe ich bei einem Erotikfilm mitgewirkt. Dennoch kann ich nur dazu ermuntern, sich der Kreativität als Stressfilter zu bedienen. Der literarische Anspruch sollte nicht im Vordergrund stehen, und schon gar nicht sollte man sich für die eigenen Fantasien schämen. Schreiben als solches befreit, hat therapeutische Wirkung. (So biete ich in meiner Held:innen-Akademie auch ein Webinar im therapeutischen Schreiben an).

Wenn ich schreibe, bin ich in einer anderen Welt. Was sich in meinem Kopf abspielt, tippe ich auf das Blatt Papier vor mir, und es fühlt sich wie ein Ablagesystem für alle Gedanken in meinem Kopf an. Was mich beschäftigt in Worte zu fassen, fühlt sich an wie eine besondere Art der Reflexion. Mir wird dann etwas klar, was vielleicht auch für andere von Bedeutung ist. Wenn wir das formulieren, was uns beschäftigt, sehen wir es unter einem anderen Blickwinkel. Wir sehen jede Eigenart oder auch allgemeine Bedeutung, so intim das Geschehen auch sein mag.

Wenn Sie viele Ängste und Sorgen haben, die Sie nicht verarbeiten können, bieten sich Literatur, Kunst, Handwerk oder Musik grundsätzlich als Begleitung in schwierigen Zeiten an. Sorgen Sie sich nicht, Sie seien nicht gut genug; die kreative Einheit soll Ihre persönliche Stütze sein, sie ist nur für Sie und Ihre Seele. Es geht nie um Perfektionismus. Es geht um den ‹anderen Blick›. Was Sie schreiben oder kreieren, brauchen Sie niemanden lesen, hören oder sehen zu lassen, und so können Sie befreit loslegen. Wenn Sie gleich zu Beginn nach Anerkennung suchen, sind Sie nur im Ego und nicht in der Reflexion. Es geht aber um Ihre Seele und um Ihr Herz. Am Ende entdecken Sie vielleicht ein verborgenes Talent, auf das

Sie sonst nie gestoßen wären? Dann ist womöglich ein neuer Weg in Ihrem Leben der nächste Schritt.

Übrigens: Inzwischen (2021) schreibe ich keine Horror-Geschichten mehr, dafür Storys mit Hoffnung, Optimismus und philosophischen Gedanken – und meine eigenen Lebensgeschichten, die andere Menschen motivieren sollen: Nach jeder Dunkelheit kommt auch Licht. Man darf nur den Glauben nicht verlieren.

‹Barfuß-Sein› und Barfußschuhe

Leguano, ein Anbieter von Barfußschuhen, schreibt auf seiner Homepage: »Wer mit nackten Füßen durchs Leben geht, kann auch nicht eingeengt werden.« Kinder lieben es, barfuß zu laufen, ich auch – tat es schon als Kind und Jugendliche viel lieber, als mich in Schuhe zu zwängen. Mich ungern einzwängen zu lassen, macht mich seit meiner Kindheit aus. Ich brauche meine Freiheit und liebe es, von anderen gesetzte Grenzen zu durchbrechen.

Ich finde nur schwierig passende Schuhe und suche immer sehr lange nach einem guten Paar, das schick und auch noch bequem ist. Während viele Frauen mit Leichtigkeit einen Schuhschrank befüllen, ist der Akt des Schuhekaufens für mich regelrecht eine Tortour. Ich habe Schränke voller Bücher und verbringe meine Zeit lieber im Buchladen.

Während meiner Reha vor über zwei Jahren entdeckte ich die Barfußschuhe und kaufte sie mir. Ich liebe sie, und wenn ich die Wahl habe, trage ich lieber Barfußschuhe als andere. Ich möchte sie nie wieder hergeben, denn wenn ich in ihnen laufe, fühlt es sich wirklich so an, als ob ich barfuß gehe. Die leichten, stabilen Sohlen schützen meine Füße vor Steinen und Glassplitter auf Straßen und Wegen. Sie sind nicht schick, aber ich bin nicht eingeengt.

Die Bedeutung von Barfußsein, übertragen auf unser Leben, wird für mich immer mehr ein Thema meines wahren Ichs. Barfußsein bedeutet für mich, meine Verbindung zur (Mutter) Erde zu pflegen. Ich liebe alle Lebewesen, alle Pflanzen und unseren Planeten. Wenn ich den Boden unter den Füßen spüre, habe ich das Gefühl, eins mit allem zu sein.

In den falschen Schuhen schmerzen Füße, Knie, Rücken; ich fühle die Einengung meiner Seele, meines Körpers, meiner Ansichten und meines Wesens. ‹In falschen Schuhen› zu sein, wird für mich immer mehr zum Bild dafür, zu tun oder zu ertragen, was für mich nicht passt.

Einmal barfuß, immer barfuß? Wer einmal in Barfußschuhen gelaufen ist, weiß, dass man nach den ersten Stunden tatsächlich Fußmuskelkater hat. Direkt an der Sohle – unglaublich, beeindruckend. So stellt sich heraus, was ‹falsche Schuhe› unserem Körper antun: Unsere Muskulatur an den Sohlen verkümmert, andere Muskeln und Gelenke werden überfordert.

So ist es auch, wenn das eigene Leben nicht zu einem passt: Das echte Wesen, Antreiber und Talente verkümmern wie die Füße in den falschen Schuhen. Es kann sogar der Anfang eines Burnouts sein, denn wir verlernen, auf uns selbst zu hören, unterwerfen uns einer ‹fremden Gangart›, und nun werden wir uns möglicherweise immer mehr verbiegen.

Ich bin heute in jeder Hinsicht lieber barfüßig, denn ich habe mich irgendwann in ‹die falschen Schuhe› stecken lassen und am Ende den Burnout erlebt, als ich mit aller Kraft versuchte, eine andere zu sein als ich selbst, bis ich dabei jedes erträgliche Maß überschritt. Seit meiner seelischen Genesung gibt es für mich tatsächlich auch fast nur noch Barfußschuhe, auch wenn mich andere schief ansehen. Es sind aber meine Füße, nicht ihre, und ich möchte in meinem neuen Leben im wahrsten Sinne des Wortes ‹auf eigenen Füßen stehen›, nicht meine Mitmenschen blenden.

Seit ich mich selbst, mein Leben und meine Ansichten nicht mehr in die Schubladen anderer packe, entdecke ich Möglichkeiten, die ich früher nicht wahrgenommen habe. Heute sage ich, wenn die Schublade oder der Schuh nicht passt, einfach nein. Es ist meine Freiheit, nicht die Freiheit der anderen, mein Leben mit all meinen Talenten, Fähigkeiten, Antreibern und Wesenszügen. Ich habe mir dieses Leben lange genug stehlen lassen und dabei die Freiheit, die Entfaltung und die Lebenszeit derer aufgesaugt, denen ich mich angepasst habe.

Der Wille ist da, aber die Umstände passen nicht? Ich habe es erlebt, aber ich habe auch erlebt, dass es möglich ist, die Umstände passend zu machen. Solange wir unsere Umwelt als nicht passend empfinden, halten wir an den ‹alten Schuhen›, unserem alten Leben fest, richten uns nach den Gepflogenheiten, nicht nach uns selbst, aber wir werden am Ende den Kürzeren ziehen.

Beim Loslassen kann ein Coach helfen. Er ist jemand, der eine andere Sicht auf die Dinge hat und Möglichkeiten sieht, die man selbst nicht wahrgenommen hat; quasi ein guter Schuhverkäufer, der nicht auf Mode, sondern auf unser Wohlbefinden achtet, der uns anleitet, uns während des Prozesses neue Tore und Türen zeigt.

Am Ende entscheiden wir dann immer noch selbst, was für uns stimmig ist, denn das kann auch die beste Anleitung nicht wissen.

Valentinstag – Herkunft und Bräuche
Die Geschichte des Valentinstages reicht bis in die antiken Christenverfolgungen zurück. Der hl. Valentin von Rom oder Terni war Priester (oder Bischof), heilte Kranke, schenkte Verliebten Blumen aus seinem eigenen Garten

und traute sie christlich, obwohl es unter der valentinianischen Christenverfolgung verboten war. Der 14. Februar 269 gilt als Tag seiner Hinrichtung durch die heidnischen römischen Behörden aufgrund seiner Trauungen.

Bei den Römern war der 14. Februar der Tag der Göttin Juno, der Schutzgöttin von Familie und Ehe. Man schenkte ihr Blumen; Jungs zogen Lose mit den Namen von Mädchen zu ihren Ehren. Der Valentinstag war also der Tag der ‹verdammten Verliebten›, der Familie, der Ehe und der Blumengeschenke gleichermaßen, denn die Liebe ist nun einmal ein Risiko und schert sich nicht um die Ordnung.

Der Valentinsbrauch ist nicht überall auf der Welt gleich. In Japan beschenken am Valentinstag die Frauen die Männer mit Schokolade (die Frauen werden an einem anderen Tag beschenkt). In England gibt es am Valentinstag statt Blumen anonym verschickte Grußkarten mit Gedichten, und Ledige wählen für ein Jahr ihre(n) Valentin(e). Ich finde das romantisch, hätte aber auch nichts gegen eine rote Rose einzuwenden. Der deutsche Blumenhandel hat den Valentinstag erst in den 1950er-Jahren für sich neu entdeckt und bewirbt ihn seitdem.

Früher habe ich Blumen am Valentinstag verschmäht und war nur heimlich traurig, wenn ich von meinem Partner (wenn ich mal einen hatte) ‹vergessen› wurde. Als Single fühlte ich mich einsam, wenn andere Frauen Blumen oder Fotos ihrer Candle-Light-Dinner in den Sozialen Netzwerken posteten.

Suchen wir am Valentinstag nach der Anerkennung und Wertschätzung, die wir an den anderen 364 Tagen im Jahr nicht bekommen? Geht es wirklich um wahre Liebe (oder Verliebtsein) oder nicht eher um die Bedürfnisse, gesehen, wertgeschätzt und anerkannt zu werden? Wenn es nicht einmal an diesem besonderen Tag mit dem

Partner klappt, mag sich die verliebte Frau fragen, was können wir dann an allen anderen Tagen erwarten? Kann der Partner denn nicht ein wenig guten Willen zeigen, wenigstens einmal im Jahr?

Doch Wertschätzung und Liebe entstehen aus mir selbst heraus, nicht weil ich sie an einem festgesetzten Tag jemandem beweisen muss. Denken Sie an einen 50Euro-Schein, der sowohl zerknüllt als auch nagelneu denselben Wert besitzt. Aber wir sind nun einmal keine Geldscheine und fühlen uns auch nicht jeden Tag als liebenswerte Menschen. An manchen Tagen kommt eben nichts aus uns heraus.

Frauen, gerade Mütter haben einen sehr hohen Anspruch an sich selbst. Sie wollen ihre Aufgaben tadellos erledigen und auch in der Erschöpfung keine Schwäche zeigen. Sie würden niemals um Anerkennung betteln, und so geben sie nicht immer zu, dass sie Streicheleinheiten benötigen, eigentlich nicht nur an Feiertagen, aber doch wenigstens dann.

Diese Heldinnen sehen also am Valentinstag in den Spiegel und fragen: »Spieglein, Spieglein an der Wand, wer ist die liebenswerteste Frau im ganzen Land?« Der eigene Geliebte sagt es ihnen offenbar nicht, und so ringen sie verzweifelt um Anerkennung, und wenn sie sie sich selbst einreden müssen.

Vielleicht ist das ja gar nicht verkehrt. Vielleicht sollten wir lieber in den Spiegel schauen, als auf einen Partner zu hoffen, der das alles gar nicht versteht. Lieben wir uns selbst, oder brauchen wir Zuspruch von außen, um uns so anzunehmen und wertzuschätzen, wie wir sind? Welche Verunsicherungen spiegeln sich heute bei mir? Bin ich liebenswert oder vielleicht nicht? Mag ich mich und freue ich mich, mir und meiner Familie diesen Tag besonders schön zu gestalten? Der Valentinstag war ja auch der Tag der Ehe und der Familie. Ich brauche also gar nicht darauf zu warten, umsorgt und umschmeichelt zu werden, sondern kann meinen eigenen Gefühlen freien Lauf lassen.

Vielleicht sehen wir auch Schmerzen aus der Vergangenheit im Spiegel und laden sie ein, diesen Tag mit uns zu verbringen. Der einstige Schmerz bringt uns einen Strauß an Gefühlen mit, wie man ihn sich nicht wünscht, doch er enthält auch neue Blickwinkel auf unser Schicksal und auf unsere Möglichkeiten.

Auch beim Herzschmerz – den wir an diesem Tag besonders fühlen – kommt es auf unsere Einstellung ihm gegenüber an. Wir dürfen ihn wahrnehmen, annehmen, anerkennen und uns freuen, dass sich diese Wunden aus früheren Zeiten nun offen zeigen. Dann ist der Valentinstag eine Chance, uns weiterzuentwickeln und Heilung zu erfahren. Der hl. Valentin hat schließlich auch Kranke geheilt.

Ich bereite mir diesen Tag, wie ich will. Es liegt an uns selbst, wie wir ihn sehen und begehen. Er hat so viele Geschichten und Bräuche, da können wir aus dem Vollen schöpfen. Wir dürfen ihn auch als Tag der Chancen nutzen, uns und unsere Gefühle wahrzunehmen, unsere Bedürfnisse und Erwartungen zu hinterfragen.

Am 14.02.2021 war ich traurig und allein. Mein Sohn war mit einem wunderbar romantischen Geschenk bei seiner Freundin. Meine eigene Beziehung war einige Tage zuvor in beiderseitigem Einverständnis zu Ende gegangen, denn wir hatten einander nicht gutgetan.

Persönliche Unsicherheiten rund um das Thema Selbstvertrauen waren allgegenwärtig. Mein Leben lief nicht rund. Ich musste weitgehende Entscheidungen treffen und Lösungen für Herausforderungen in meinem Leben finden. Dieser wilde Ritt war noch lange nicht zu Ende – keine gute Zeit für die Liebe. Mit so etwas kommen Männer nicht zurecht.

Ich rang nicht etwa mit Lebensentscheidungen, etwa im Beruf oder in der Familie, nicht einmal mit meinem Selbstbild. Es ging tiefer. Ich hatte mein inneres Kind ein wenig vernachlässigt. Am Valentinstag kamen Rufe aus seiner Ecke. Mein Blick in den Spiegel zeigte es mir. Es hatte in den letzten Wochen mit vielen Wunden aus der Vergangenheit gerungen und war erschöpft. Sie waren bei weitem nicht alle verheilt. Manche hatte ich zuvor nicht einmal gekannt.

Nun suchte es nach Selbstwert, Stabilität, Sicherheit, etwas mehr Selbstliebe. Das hatte ich ihm nicht mehr gegeben, sondern es in seinem Ringen um unsere einstigen Verletzungen, vielleicht sogar um unsere Seele alleingelassen, obwohl es doch nur ein Kind war.

Noch einmal: Der Valentinstag ist nicht nur der Tag der Verliebten, sondern auch der Familie, und so werde ich mich dann zukünftig auch meinem inneren Kind widmen und mir selbst ein bisschen mehr Achtsamkeit und Liebe schenken. Schließlich wünschen sich auch Heldinnen, mal auszuruhen und gedrückt zu werden. Wenn wir das nicht einmal selbst tun, von wem sonst wollen wir es dann erwarten.

Frau sein

Eine Frau sieht rot – ich
Kaum ist es Frühling, werden wir Frauen von allen Seiten und auf alle möglichen Arten angebaggert. Manchmal pfeift mir jemand hinterher, oder ich werde auf Facebook gnadenlos plump angemacht. Die Frau (in diesem Falle ich) wird zum Sexobjekt.

Frauen sind Wesen mit Herz, Verstand, Bildung und Niveau! Ich persönlich lebe für die Achtsamkeit. Meine höchsten Werte sind Respekt und Wertschätzung. Sowohl der Umwelt und mir als auch allen anderen Wesen gegenüber. Umso schlimmer empfinde ich es, wenn manche Männer uns Frauen als reines Sexobjekt wahrnehmen.

In Europa müssten wir doch heute weit weg von solchen Haltungen sein. Deutsche Männer sind nicht so, oder? – nur die ‹Südländer›. In Wirklichkeit sind die deutschen Männer am schlimmsten. Trotz Aufklärung, Frauenquote oder Bildungsniveau hat sich unsere Gesellschaft nicht geändert.

Doch was steckt dahinter? Vielleicht unsere eigenen Ängste und Bedürfnisse, die wir den Männern in einer Art von Projektion spiegeln und die sie uns nur wiederspiegeln? Leider unterstellen das eben nicht nur Männer, sondern auch Frauen, hetzen und geben Kommentare ab wie: »Die hat es doch selbst provoziert. Es war doch klar, dass das so endet. Die muss es aber nötig haben«. Ladies, keine Frau hat es verdient, als Sexobjekt behandelt zu werden, und keine Frau will es, welche Sexualität sie auch immer ausstrahlen (oder ansprechen) mag!

In Wirklichkeit hat eine Frau nicht den geringsten Einfluss auf das Umgehen mit ihr. Egal, was du tust, es ist falsch. Bist du als Frau cool und unnahbar, bist du ein Wesen ohne Herz und gehst über Leichen. Bist du freundlich und herzlich, gehen sie davon aus, du seist naiv und für jeden zu haben. Wenn du auch noch sexy bist, hast du den Stempel der ‹Schlampe›. Alleinerziehende Mütter haben ‹die Arsch-Karte gezogen›, in der Schule, aber auch bei gesellschaftlichen Ereignissen. Die verheirateten Frauen betrachten einen argwöhnisch, sobald Frau mit einem Mann ins Gespräch kommt; Männer betrachten Alleinerziehende als Freiwild.

Manche Frauen kontern mit Kalendern mit nackten Männern als Gegenstück zu den *bunnies*, dafür mit Lack und Leder statt mit Plüsch. Ich finde sie weder schön noch niveauvoll. Warum müssen wir Frauen uns auf die gleiche Ebene hinunterbegeben und es manchen Männern gleichtun – frei nach dem Motto: **WIE DU MIR, SO ICH DIR**? Ich habe das nicht nötig.

Ich wünsche mir echte Emanzipation: Wertschätzung, Respekt und Anerkennung. Ich wünsche mir, dass wir in unserer Gesellschaft so gesehen und angenommen werden, wie wir sind: Als Frauen mit Weiblichkeit, guter Schulbildung und Empathie.

Schön fände ich, jemanden anlächeln zu können, ohne sofort den Eindruck zu hinterlassen, ich sei entweder naiv oder auf einen Quickie aus oder beides. Und wenn ich einem interessanten Mann begegne, hoffe ich, dass er ggf. sein Interesse an mir niveauvoll und wertschätzend zeigt. Er darf es auch sagen, wenn ich zu verpeilt bin, es zu merken.

Er ist kein Prinz hoch zu Ross, nur ein wohlerzogener Mensch mit Wertvorstellungen und Respekt mir gegenüber. Mit den Prinzen und denen, die sich dafür halten, habe ich nun wirklich meine Erfahrungen gemacht. Darauf falle ich nicht mehr herein. Wir Frauen sollten zu unserer Weiblichkeit stehen können und dürfen, aber bitte ohne Unterdrückung, Herabwürdigung und Chauvinismus.

Ich freue mich über ein Kompliment. Ich schätze einen Gentleman wie Cary Grant, der tadellos gekleidet ist, Türen aufhält, Frauen in den Mantel hilft und auch mal eine Blume mitbringt. Und ich bin sicher, dass sich damit viel mehr Frauenherzen erobern lassen als mit einem schnöden »He Süße, trägst du Nagellack, bist du rasiert, oder hast du ein verstecktes Tatoo?«

Liebe Mütter: Sollten wir unseren Kindern nicht doch wieder den Knigge ans Herz legen, um der kommenden Generation einen frauenfreundlicheren, überhaupt einen respektvolleren Umgang beizubringen? Mein Sohn zumindest war in einem Gespräch über respektvollen Umgang mit Mädchen stolz darauf, dass er Mädchen immer die Türe aufhält, wenn es sich ergibt. Na, geht doch. Vielleicht schneidet sich mal ein Erwachsener ein Scheibchen von ihm ab.

Was eine gute Beziehung ausmacht
Ich sehe dich, du siehst mich; ich erkenne dich an, und du erkennst mich an. Wir müssen nicht die gleichen Interessen haben, denn ich möchte mich weiterentwickeln, und das geht am besten, wenn du anders bist und denkst. Doch respektieren und lieben wir einander, dürfen Liebe annehmen.

Eine gute Beziehung greift ineinander, bietet Stabilität und Stütze, aber nie ist der Partner für uns eine Leiter nach oben oder umgekehrt derjenige, der unsere Aufgabe zu erfüllen hat. Unser Partner darf uns zwar bei unserem Lebensplan zur Seite stehen, wenn es sich ergibt, aber er ist nicht Mittel zum Zweck. Er darf mit uns gehen, wenn wir unseren Wohnort oder Wirkungskreis verlassen müssen, um unsere Aufgabe zu erfüllen. Er muss aber nicht, und wir dürfen es ihm im Zweifelsfall nicht nachtragen.

»Du machst mich glücklich«, sagte mir mein Partner einst. Was für ein Satz! Aber auch beängstigend! »Wenn ich dich glücklich mache, dann habe ich auch die Macht, dich unglücklich zu machen. Diese Macht möchte ich aber nicht«, war meine Antwort. Sag mir lieber, dass ich dein Sahnehäubchen bin und du mit mir ‹dicker› wirst. Oder dass dein Glück mit mir noch vollkommener ist. Dann habe ich nicht die Bürde, sondern die Leichtigkeit eines tanzenden Sahnewölkchens, wie ich es mir mit dir wünsche.

Aber auch an einem Sahnehäubchen können wir uns verschlucken – zu viel Gier, zu viel Genuss. Nicht, dass

GESELLSCHAFT: WIR UND DIE ANDEREN

wir dann nie wieder Sahne essen möchten. Es liegt an uns, den Mut zu behalten, Sahne nicht für immer und allgemein zu verteufeln, sondern einfach zu prüfen, woran es gelegen hat!

Waren vielleicht unsere Erwartungen zu groß? Wir müssen täglich an der Beziehung arbeiten und ordentlich kommunizieren. Sie funktioniert nicht von selbst. Manchmal schweigen wir zu lange, bis dann alles herausbricht und den anderen verletzt. Das ist fatal, und am Ende passiert das, was niemand wollte: Dem Sahnelieferanten wird gekündigt.

Und dann sitzen wir griesgrämig und einsam vor dem trockenen Kranzkuchen. Ist da nicht sogar ein Sprung im Porzellan? Sollten wir nun also nach dem Hinfallen liegen bleiben und nie wieder Sahne konsumieren, weil das eben nichts für uns ist? Nein! Aufstehen, reflektieren, kommunizieren und vielleicht eine Weile ohne Sahne auskommen! Gescheiterte Beziehungen oder Liebeskummer sind wie ein dunkler Sog, grausam und unaufhaltbar, voller Schmerz und Wut. Doch Leiden ist jetzt, morgen ist ‹Kopf hoch und weitergehen!› Jedes Leid vergeht.

Bereiten wir uns auf das Aufstehen vor, statt Trübsal zu blasen. Doch natürlich dürfen wir einen Moment sitzen bleiben und trauern über das, was schiefgelaufen ist. Vielleicht hätte es nicht sein müssen. Vielleicht hätten wir achtsamer sein können. Aber vielleicht war es auch unvermeidbar.

Buddha sagte: Schmerz gehört zum Leben. Wenn wir das begreifen, können wir uns weiterentwickeln. Schmerz und Freude gehen Hand in Hand, sind wie Yin und Yang. Wir werden den Schmerz niemals ganz ausschließen können, nicht einmal, wenn wir gänzlich stillstehen, nicht einmal, wenn wir selbst niemandem etwas zuleide tun. Wenn wir nach Fall und Schmerz aufgestanden sind, dürfen wir mutig unsere Entwicklung anerkennen und uns darüber freuen, denn jede Erfahrung mehr ist ein nächster Schritt Richtung Weisheit. Gehen wir vorsichtshalber davon aus, dass es ein langer Weg wird.

Ich bin eine Frau – ich kommuniziere anders
Mein Partner sagt: »Lass mich in Ruhe, ich bin mies drauf« oder: »Jetzt nicht. Irgendwann vielleicht!« Ich denke: »Er ist schlecht drauf, ich versuche es ein anderes Mal.« Doch er meinte: »Lass mich in Ruhe mit dem Thema. Ich will niemals darüber reden, außer ich spreche es von mir aus vielleicht irgendwann mal an – wahrscheinlich aber nicht!« Oder: »Jetzt und auch in Zukunft nicht!«

Dabei wollten wir Frauen nur etwas loswerden, was uns gerade bewegte, und fassten es in Worte; da ‹blafft› es im männlichen ‹Höhlenmenschen-Dialekt› zurück, als wollten wir ihm Böses.

Die Kommunikation zwischen Frau und Mann ist schwierig. Mann ist kurz, prägnant, lösungs-, jedenfalls nicht gesprächsorientiert, während die Frau diskutieren, erörtern, nach Gefühlen suchen, verstehen, Kompromisse schließen, disputieren usw. will, einfach weil es so schön ist, sich erst einmal über die eigenen Beweggründe klarzuwerden, ohne eine Lösung auf dem Tablett serviert zu bekommen.

Dazu kommen noch Faktoren wie Umwelt, Hormonstatus und möglicherweise Erziehungsprobleme mit den Kindern, die im Kopf der Frau herumschwirren, die sie aber nicht alle ansprechen möchte, denn ein einfühlsames Gegenüber würde sie von allein verstehen. Aber wir wollen auch an anderen nicht immer lange diskutieren. Sie sollen sich nicht abgeurteilt vorkommen. Und wer es nicht versteht, versteht es eben nicht. Gutes Benehmen und Warmherzigkeit kann man nicht lernen. Eine barsche Antwort reicht vollkommen aus.

Also was jetzt? Diskutieren oder prägnant sein? Woran Mann merkt, dass Frau nur eine kurze Antwort wünscht, wenn sie es nicht ausdrücklich sagt, obwohl sie kurze Antworten gemeinhin nicht ausstehen kann und für respektlos hält? Ich habe ehrlich gesagt keine Ahnung! Und das macht mich manchmal selbst hilflos. Oh je! Wie will mich ein Mann verstehen, wenn ich mich selbst nicht verstehe?

Es ist wirklich nicht ganz einfach, denn Frauen verstehen sich manchmal selbst nicht, sind hie und da inkonsequent oder haben einfach nur ihre Tage oder sind in den Wechseljahren (beides keine Freude).

Würde es helfen, wenn Männer versuchten, das Anliegen ihrer Gesprächspartnerin zu verstehen, und aufmerksam darauf einzugehen? Unwahrscheinlich, dass sie das hinbekommen. Wir müssen kleiner anfangen. Wir Frauen brauchen ganz eindeutig klarere Aussagen als »Ich will nicht darüber reden« oder gar »Nicht jetzt«, denn das heißt für uns: Versuche es gerne später noch einmal. Es würde also schon weiterhelfen, wenn Männer ehrlich sagten, was sie meinten.

Das ist für die Männer schwierig? Es kommt noch schlimmer! Hören Sie uns zu und versuchen Sie, Ihre Anliegen zu übersetzen, liebe Herren. Wenn Sie Fußball-Fan sind, nehmen Sie eine Gelbe und eine Rote Karte, besprechen deren Bedeutungen mit ihrer Partnerin, die angeblich nie zuhört, und verwenden diese in der weiteren Interaktion.

Schweigen ist in einer Beziehung nicht Gold, sondern verursacht Missverständnisse; Frustration und unterdrückte Gefühle werden irgendwann zur Bombe, die eine Beziehung zerstört. Sind in Ihrer Partnerschaft schon Missverständnisse vorgekommen? Dann finden Sie eine Lösung, bevor es knallt und Sie am Ende alleine dastehen und nicht wissen, warum.

Materie:
Körper und Seele

MATERIE: KÖRPER UND SEELE

Medizinische Exkursionen

Hochsensibilität

Hochsensibilität ist keine Erkrankung, sondern ein Wesenszug von 10 % der Bevölkerung, dem eine besondere, angeborene Art der Sinneswahrnehmung zugrundeliegt. Dr. Elaine Aron hat den Begriff *highly sensitive person* 1996 in ihrem Buch *Sind Sie hochsensibel? Wie Sie Ihre Empfindsamkeit erkennen, verstehen und nutzen** geprägt. Für eine Einsteigerin gibt es auch im Internet viele Berichte zum Thema, die besten Selbsttests auf den Seiten *Zart besaitet* und *Open Mind Akademie*, und dort findet sich auch die Prüfung, inwieweit man zudem ein Scanner-Typ ist, ein Charaktermerkmal, das oft mit Hochsensibilität einhergeht. Es gibt auch viele Blogbeiträge von Betroffenen zum Thema, ebenso einen Artikel in der *Süddeutschen Zeitung* aus dem Jahr 2018 (als dieser Blogbeitrag erstmals veröffentlicht wurde), der sich immer noch als Einstieg in das Thema eignet. (https://www.sueddeutsche.de/leben/hochsensibel-leben-ohne-filter-im-kopf).†

---

* Elaine **Aron**, *Sind Sie hochsensibel? Wie Sie Ihre Empfindsamkeit erkennen, verstehen und nutzen*, München: Moderne Verlagsgesellschaft (mvg-Verlag), 2005. Original: *The Highly Sensitive Person – How to Thrive when the World Overwhelms You*, New York: Harmony/Rodale in the Crown Publishing Group, 1997 (erstmals 1996).

† Noch zwei weitere Buchempfehlungen über Hochsensibilität und Scanner: Sylvia **Harke**, *Hochsensibel: Was tun? Der innere Kompass zu Wohlbefinden und Glück. Informationen zu hochsensiblen Personen, Depressionen und Burnout*, Petersberg: Verlag Via Nova GmbH, 2014. Ratgeber für Hochsensible über den Umgang mit der Veranlagung sowie über die Zusammenhänge zwischen Hochsensibilität und Hochbegabung, ADHS, Burnout, Borderline und Autismus. Die Therapeutin Sylvia Harke ist selbst hochsensibel. Barbara **Sher**, *Du musst dich nicht entscheiden, wenn du tausend Träume hast*, München: dtv Verlagsgesellschaft mbH & Co. KG, 2008, Original: *What do I do when I want to do everything?* Emmaus, PA: Rodale Inc., 2006. Scanner wollen sich nicht auf ein einziges Lebensthema beschränken, leiden jedoch unter der Fülle ihrer Interessen, denn sie können sich nicht beschränken.

Hochsensible haben keine anderen Wahrnehmungen als ihre Mitmenschen, aber alle ihre Wahrnehmungen sind intensiver, und sie beziehen mehr Wahrnehmungen in ihr Gesamtbild ein. So können ganz normale Situationen als schmerzhaft empfunden werden. Ich habe als Kind in den siebziger Jahren vieles wahrgenommen, geträumt und vorhergesagt. Ich betrachte das nicht als übersinnliches Talent, lediglich als gesteigerte Aufmerksamkeit.

Barsche Worte der anderen haben mich hart getroffen, Stimmungsschwankungen meiner Freundinnen haben mich in ‹Hab Acht-Zustände› versetzt, und ich konnte Aggressionen, Trauer, Wut und alle Gefühle der Menschen, die im selben Raum wie ich waren, sofort wahrnehmen.

Wenn ich dann weinte oder meine Ängste äußerte, wurde ich als Sensibelchen beschimpft. Die Menschen um mich herum lachten mich aus, und ich fing an, mich immer mehr in mein Schneckenhaus zu verkriechen, wurde stiller, unscheinbarer, am Ende sogar unsichtbar. Als Teenager begann ich, zu meditieren, und gewann dadurch mehr emotionale Stabilität. Trotzdem blieben die Schwingungen um mich herum und meine Empathie dafür.

So vielseitig wie meine Sinneswahrnehmungen waren auch meine Vorstellungen vom Leben. Es hatte so viel zu bieten, und ich wollte darin eintauchen. Meine Berufswünsche waren ebenfalls vielseitig: Ich wollte bei Greenpeace die Meere retten, als Lehrerin unterrichten, als medizinisch-technische Assistentin oder Biologin die Welt erkunden. Ich schrieb gerne Geschichten, lernte biologische Zusammenhänge sehr schnell durch Zuhören und war auch künstlerisch so begabt, dass mir alle sagten, ich solle doch Kunst studieren. Auch als Sozialpädagogin zu arbeiten, hätte mir Vergnügen bereitet – oder vielleicht doch lieber als Psychologin die Menschen erkunden oder als Journalistin gegen Unrecht angehen?

Meine Eltern zerschmetterten alles und schrieben mir eine Banklehre vor. Das könne ich als Sensibelchen besser, da Zahlen und Fakten nicht mit Gefühlen verbunden sind – und ich hätte ein regelmäßiges Einkommen.

Empathische Bankerin und Kredit-Controllerin? Das geht wirklich. Ich war sogar gerade deswegen eine sehr gute Bankkauffrau, baute mit Mitte zwanzig eine Wertpapierabteilung bei einer kleinen Privatbank in München auf und war vor allem ausgezeichnet in der Aktienberatung. Ich verließ mich ausschließlich auf mein Bauchgefühl, wenn ich einen Artikel über neue Fonds und Wertpapiere las. Sagte mein Bauch sofort ja, empfahl ich die Aktion weiter. Grummelte mein Bauch und ich hatte ein schlechtes Gefühl, blieb ich verhalten.

Meine Kunden machten so viel Gewinn, dass sogar mein Vorgesetzter mich fragte, wie ich das anstellte. (Er ließ sich selbst von mir beraten.) Damals fehlten mir die richtigen Worte. Ich sagte einfach nur, ich recherchiere gut. Hätte ich gesagt, dass ich es in der Magengegend spüre, ob etwas passt oder nicht, sie hätten mich damals, in den 1990er-Jahren, verspottet. Aber ist es wirklich so schwierig zu spüren, wenn ein Aktienprospekt das Blaue vom Himmel verspricht? Wer auf so etwas hereinfällt, sollte vielleicht besser nicht Banker werden.

Auch als ich von der Bank in die Wirtschaft wechselte, konnte ich immer sofort fühlen, wenn mich die Kunden belogen. Niemand glaubte mir, aber die Zahlen am Ende des Jahres bewiesen es – ich hatte recht. Ich war wieder sehr erfolgreich in dem, was ich tat. Und immer dann, wenn ich genug Wissen angesammelt hatte, fing ich neue Projekte an. Für manche Vorgesetzte aus anderen Abteilungen wurde ich unbequem, weil ich über den Tellerrand hinausschaute und sie sofort einschätzen konnte. Mein Wissensdurst kannte keine Grenzen, doch meine Arbeitgeber setzten mir Grenzen.

Egal in welchem Bereich ich anfing, ich arbeitete mich engagiert und schnell ein, und als ich das Tätigkeitsgebiet beherrschte, wurde mir langweilig, und ich suchte mir etwas Neues. Von Strukturen fühlte ich mich eingeengt, und gar der Gedanke, bis zu meinem Lebensende beim selben Arbeitgeber zu bleiben, verursachte Panik in mir. Ein Gedanke wie ‹Ich arbeite auf die Rente hin› war für mich verstörend und machte mir Angst. Ich wechselte meine Arbeitgeber immer öfter.

Nicht nur meine Familie, auch manche Kollegen und Bekannte hielten mich wieder einmal für zu sensibel; sie hielten mir vor, ich habe kein Durchhaltevermögen und wisse nicht, was gut für mich sei. So mancher meinte, mir sagen zu müssen, welche meine nächsten Schritte zum Wohle meiner Finanzen und meines Sohnes sein sollten.

Doch ich war anders; ich war auf der Suche. Nur wusste ich nicht, wonach, und dachte, ich müsste nur den perfekten Job bekommen, dann wäre alles okay. So wie es – dachte ich – bei all den anderen Menschen war. Ich wollte doch einfach nur normal sein.

Doch dann kam der große Einschnitt.

Es war klar, dass ich einen Burnout erleiden musste. Ich lebte ein Leben, das nicht für mich bestimmt war. Manche sagten mir, ich habe zu viele Interessen und müsse mich fokussieren, andere sagten, meine Erziehung sei schuld, und manche behaupteten, es liege an meinen erlebten Traumata – oder vielleicht auch nur der Tatsache, dass ich ‹eine Baustelle nach der anderen› eröffnete.

Ich wurde sogar gefragt, ob ich eine Borderline-Störung habe oder manisch-depressiv sei, nicht von Ärzten oder Psychologen, sondern von Freunden und Bekannten. Wer den Schaden hat, braucht für den Spott nicht zu sorgen. Ich machte mich bei Therapeuten über diese

Krankheitsbilder kundig: Nein, ich passte in keins dieser Schemata.

Doch wenn die Seele leidet und wir nicht hinhören, wird sie früher oder später den Körper beauftragen, mit uns in Kommunikation zu treten, in welcher Form auch immer. Unmittelbar vor meinem Burnout wollte mich ein sehr hartnäckiger Fersensporn am rechten Fuß zum Stillstand zwingen, nachdem mich weder die chronischen Rückenschmerzen noch die Knieprobleme zur Aufgabe und zur Innenschau gebracht hatten. Ich gab immer noch nicht auf und humpelte zur Arbeit.

Was machte mein Körper? Es kam der zweite Fuß mit Fersensporn: Ich konnte nicht mehr auftreten, weil beide Füße mir Höllen-Schmerzen verursachten. Ich konnte meinen Weg nicht weitergehen. Der Orthopäde, zu dem ich mit zwei Krücken humpelte, hatte so etwas noch nie in dieser Form erlebt; ich war beeindruckt, was ich alles aushalten konnte.

Um meine vermeintliche Unzulänglichkeit nicht zu zeigen, funktionierte ich nach außen perfekt weiter, erledigte meine Arbeiten immer bestens und lächelte dabei, obwohl mir ganz und gar nicht danach war. Ich sah keinen Ausweg. Gerade dieses Tragen einer Maske, auch wenn es innerlich längst übel steht, ist ein typisches Kennzeichen einer nahenden schweren Depression und sollte hellhörig machen, aber das wusste ich damals noch nicht.

Dann hatte ich einen Burnout und konnte nicht mehr aufstehen – im wahrsten Sinne des Wortes. An dem Tag, an dem mein Körper sich dachte: »Du dumme Kuh, jetzt habe ich dir so viele Zeichen gegeben, aber du hast nicht gehört, das hast du nun davon!« lag ich im Bett und konnte mich nicht mehr bewegen. Einen Moment dachte ich an Suizid: So versagen? Das ging gar nicht! Ich hatte gelernt zu funktionieren, auch wenn ich den Kopf unterm Arm trug. Wenn ich das nicht mehr konnte, war ich nichts mehr wert. Aber jetzt ging gar nichts mehr. Meine Ärztin bemerkte die Gefahr und verschrieb mir Therapie und beantragte gleich auch eine Rehabilitationsmaßnahme.

Heute bin ich zertifizierter Coach für Stressmanagement und Burnoutprävention, Achtsamkeitstrainerin und Meditationslehrerin, und ich weiß: Alle einzelnen Belastungen oder Eigenarten spielten eine gewisse Rolle. Aber die Hauptursache meines Zusammenbruchs war, dass ich jahrzehntelang nicht der Mensch hatten sein können, der ich wirklich war, nicht einmal wusste, wer ich eigentlich war.

Als ich bei *Facebook* auf Hochsensibilität aufmerksam wurde, las ich mich ein, und mir wurde nach einigen Tests und Lektüre klar: Ich war hochsensibel. (Ja, damals konnte man auf *Facebook* noch was lernen!)

Hochsensibilität hat viele Gesichter und ist nicht bei allen gleich. Es gibt unterschiedliche Formen. Als ich mich im Freundeskreis umhörte, stellte sich heraus, dass auch eine sehr gute Freundin von mir hochsensibel ist, aber ganz anders als ich. Schließlich stellte ich bei mir zusätzlich den ‹Scanner-Typ› fest (von dem es wiederum unterschiedliche Typen gibt).

Der Scanner-Typ hat viele Talente und noch mehr Interessen. Manche sind derart gestrickt, dass sie nie etwas fertigbringen, andere konzentrieren sich auf ein Thema, bis sie es können, und dann werden sie gelangweilt und suchen sich ein neues Thema. Andere Scanner haben gelernt, mehrere Dinge auf einmal zu tun und dabei wie ein Jongleur alles am Laufen zu halten. Scanner sind vielseitig, facettenreich und auf vielen Gebieten interessiert; ihr Geist braucht das.

Die Mitmenschen verstehen es nicht. Scanner bekommen zu hören:

- Schon wieder ein neues Thema? Mach' doch erst das eine fertig! Fokussiere dich auf ein Thema, du verzettelst dich. Es ist kein Wunder, dass du nie fertig wirst.
- Du kannst doch nicht so viele Bücher auf einmal lesen, lies doch erst das eine fertig! Nie machst du was zu Ende.
- So viele Dinge auf einmal kann man doch gar nicht tun. Ich wäre an deiner Stelle gestresst, mit so vielen Baustellen. Du brauchst einfach nur eine Sache, die dich begeistert. Bist du sicher, dass du kein Borderliner bist?

Hochsensible, die auch noch Scanner sind, tun sich schwer, weil jeder sie in Schubladen schieben möchte. Das macht uns Scannern das Leben schwer. Wir können diese Sätze nicht mehr hören und wollen uns dann lieber gleich zurückziehen. Dabei sollte auch für Scanner gelten: Du darfst so sein, wie du bist. Es ist in Ordnung!

Wie sich ein Scanner fühlt, wenn er nicht alles unter einen Hut bringen kann, ist für den normalen Menschen nicht nachvollziehbar. Bis ich feststellte, dass ich ein Scanner bin, fühlte ich mich oft hin- und hergerissen. Erst seit ich selbstständig bin, öffnen sich mir viele neue Türen, denn nun engt mich niemand mehr ein. Ich fühle mich an manchen Tagen wie ein Kind im Süßwarengeschäft und kann mich nicht entscheiden, was ich zuerst probieren soll. Das kann zu einer Überforderung führen, doch inzwischen habe ich den Dreh heraus, wie ich mit Atemübungen und Meditation wieder hinausfinde, wenn ich mich doch einmal in den zahllosen Möglichkeiten verheddert habe.

Immerhin habe ich mir irgendwann eingestanden: Ich darf alles, auch alles auf einmal, aber nicht plan- und kopflos. Ich brauche unbedingt einen strukturierten, organisierten Alltag. Es ist wichtig, konkrete Termine und Daten zu haben, sonst schaffe ich mein Pensum nicht. Wer Probleme damit hat, dass ich gerne feste Termine vereinbare, und lieber spontan wäre, hält mich für unflexibel, wenn ich nein sage. Aber ich muss mich streng organisieren, da ich sonst wieder im Süßwarenlager stehe und mich nicht entscheiden kann: Wer? Wo? Wie? Was?

Als mir meine Eigenart klar wurde, war ich erleichtert. Nun wusste ich: Ich bin in Ordnung, so wie ich bin. Ich distanziere mich inzwischen von Menschen, die mir immer wieder sagen, ich solle mich auf eine Sache festlegen. Gerade diese Menschen locken mich in die Stressfalle, obwohl mir doch gerade meine vielen Themen guttun. Wenn ich am Wochenende drei unterschiedliche Dinge tue, habe ich ein perfektes Wochenende. Ich muss es nur organisieren.

Schade nur, wenn Freunde und Bekannte mir dann Stress unterstellen. Für mich sind solche Tage das Ausleben meiner Leidenschaften, kein Stress. Warum muss ich meine Position bloß immer wieder verteidigen? Ich will das nicht! Oder wollen viele vielleicht nicht, dass jemand anders ist als sie, fürchten sie Selbstzweifel? Dabei möchte ich sie doch gar nicht in Frage stellen und würde ihnen niemals den Spiegel vorhalten.

Dafür ist mir meine eigene Freiheit, die ich erst spät im Leben gefunden habe, viel zu wichtig. Aus meinen vielen Interessen ziehe ich so viel Energie, dass sich manche darüber nur wundern. Mich festlegen zu müssen hingegen lähmt und ängstigt mich. Mein Appell an Freunde, Familienmitglieder und die Gesellschaft: Nehmt uns Hochsensible so, wie wir sind, hört auf, uns in Schubladen zu pressen und uns eure Regeln aufzwingen zu wollen. Gebt uns Freiraum, Akzeptanz und Verständnis.

Erst spät habe ich in meinem Kopf aufgeräumt und ein Ideenbuch wie Da Vinci angelegt – total durcheinander, ohne Rahmen und ohne festes Konzept. Ich habe mir meine fünf wichtigsten Projekte herausgesucht und eine Zeitlinie von fünf Jahren erstellt: Wann will ich was erreicht haben? In zwei Jahren beginne ich mit den nächsten

Projekten, da dann zwei erledigt sind. Ein Stundenplan ist für mich zu eng. Mein Wochenplan: Jeder Tag der Woche gehört einem bestimmten Projekt, oder ich teile den Tag in Vormittag und Nachmittag ein und erledige am Vormittag eine große und am Nachmittag zwei kleinere Sachen.

Meine große Vision habe ich priorisiert und alles andere drum herum auf das gleiche Thema ausgerichtet: Achtsamkeit und Gesundheit. Dennoch habe ich die Freiheit, die ich brauche, aber diesmal mit einem roten Faden. Seitdem spüre ich wieder große Energie und fühle mich wohl wie noch nie.

Nachtrag: 2023 fragte ich mich erstmals, ob der Begriff ‹Hochsensibilität› auch einfach eine Bezeichnung für ‹hellfühlige und hellwissende› Menschen sein könnte, die in der Gesellschaft unter diesen Bezeichnungen eher als ‹esoterisch› betrachtet werden.

Panikattacken

Meine ersten Panikattacken tauchten vor ca. 10 Jahren auf. (Ich wusste nicht, dass es Panikattacken waren.) Ich schreckte nachts auf und schnappte nach Luft, weil ich das Gefühl hatte, zu ersticken. Nachdem das Phänomen immer wieder auftauchte und nicht aufzuhören schien, sandte mich meine Hausärztin zum Lungenfacharzt. Meine Lunge wurde gecheckt, und ich wurde auf Apnoe untersucht. Das Ergebnis war einerseits deprimierend, andererseits beruhigend: Ich hatte keine Apnoe, meine Lunge funktionierte einwandfrei und auch die Nasenscheidewand war perfekt.

Aber was war es dann? Es wurde vermutet, dass ich eine Allergie habe. Also wurde ein Allergietest gemacht, bei dem es aber kein eindeutiges Ergebnis gab. Und somit beließ ich es dabei. Auf weiteres Ärzte-Hopping hatte ich keine Lust mehr.

In dieser Zeit tat sich aber in meinem Privat- und Berufsleben so einiges, denn große Wandel standen an: Ein Arbeitgeberwechsel, das letzte Kindergartenjahr und die Einschulung meines Kindes und ein neues Au-Pair für Junior standen an, zusätzlich Druck meiner Familie und finanzielle Unklarheiten mit dem Finanzamt in der Selbstständigkeit meines damaligen Ehemannes.

Was die Atemaussetzer anging, wurde ich pragmatisch: Ich lebte damit und bemerkte nicht einmal, als sie plötzlich genauso schnell wieder verschwanden, wie sie gekommen waren. Ich dachte bald nicht mehr daran. Als mein Mann und ich uns trennten, kamen sie wieder, als hätte jemand eine Tür geöffnet und sie eingeladen. Ich schreckte wieder nachts auf, schnappte nach Luft und fühlte einen immensen Druck auf meiner Brust und Lunge. Irgendwann kam die Angst, einzuschlafen und zu ersticken. Ich suchte einen Heilpraktiker auf, denn mein Hausarzt schien mir nicht helfen zu können.

Der Heilpraktiker hörte mir geduldig zu und vereinbarte einen weiteren Termin, zu dem ich etwas Gemütliches anziehen sollte, empfahl, einen Tag Urlaub einzuplanen. Die Atemaussetzer seien keine Allergie, sondern stünden mit meinen Gefühlen und Ängsten im Zusammenhang. Damals betrachtete ich Heilpraktiker skeptisch, verlangte Beweise schwarz auf weiß. Ich ging also mit gemischten Gefühlen in die nächste Sitzung.

Was an diesem Tag beim Heilpraktiker passierte, stieß radikale Veränderungen in meinem Leben an. Die ersten Auseinandersetzungen mit meiner Vergangenheit waren die Folge: Bis zu diesem Termin waren meine Panikattacken immer in der Nacht passiert, aber an diesem Tag konnte ich sie das erste Mal bei vollem Bewusstsein und in wachem Zustand erleben.

Der Heilpraktiker fragte mich, was mir die größte Angst bereitete. Damals war es die laufende Scheidung.

Dann sollte ich mich auf eine Matte auf dem Fußboden legen. Im Hintergrund lief schamanische Musik. Ich sollte mich entspannen. Er besprach meine ‹Angst-Situation› mit mir. Ich sollte mich hineinfühlen und mir eine Situation, die mich besonders stresste, vorstellen. Ich brauchte nicht lange; ich habe eine ausgeprägte Vorstellungskraft.

Plötzlich geschah, was normalerweise während meines Schlafs passierte: Ich bekam Atemprobleme, Beklemmungen und schnappte nach Luft. Mich überkam das Gefühl, qualvoll zu ersticken. Mein ganzer Körper verfiel sofort in Anspannung. Mir war, als drücke mir jemand ein Kissen auf das Gesicht und wolle mich ersticken. Der Druck auf meiner Brust war kaum auszuhalten. Panik ergriff mich, sowohl körperlich als auch geistig. Meine Atmung wurde flach, ich rang nach Luft, wollte aufspringen und weglaufen.

Der Heilpraktiker hatte meine Hand genommen, und ich drückte sie fest. Mit langsamer und ruhiger Stimme sprach er zu mir: »Alles ist in Ordnung. Du hast nur ein Gefühl, zu ersticken, das ist nicht die Realität. Atme tief in den Bauch und wieder aus. Du bekommst genug Sauerstoff. Es ist alles nur ein Gedanke. Die Realität ist anders.«

Immer wieder sprach er diese Worte zu mir, wie ein Mantra. Er sprach so lange, bis ich wieder ruhig wurde und tief und normal atmete. Die Panik wich; ich war vollkommen erschöpft.

Nach diesem Erlebnis wurde mir klar: Die Symptome meiner Panik entstammten einem Erlebnis als kleines Kind: Mit etwa drei Jahren wäre ich fast ertrunken. Mein Vater hatte mich in einen zwei Meter tiefen Pool geworfen. Ich hatte nicht einmal Schwimmflügel an, sank mit offenen Augen und geöffnetem Mund wie ein Stein im Wasser immer tiefer bis auf den Boden des Pools. Ich blieb da ein paar Sekunden, beobachtete überrascht, wie aus meinem

Mund Luftbläschen nach oben stiegen, und wunderte mich, dass ich nicht atmen konnte. Dann kam Panik auf.

Ich kann mich noch sehr gut an diesen Moment erinnern. Irgendwann sprang mein Vater in den Pool und holte mich nach oben. Prustend und hustend schnappte ich nach Luft und wusste: Unter Wasser können Menschen nicht atmen. Seit diesem Trauma hatte mein Körper eine sehr wichtige Information und ein besonderes Gefühl empfangen und gespeichert.

Wer kennt nicht die Ratschläge, um Panik zu vertreiben: »Denke an was Schönes, denke an ein tolles Erlebnis!« und so weiter. Hatten Sie mal richtig Panik und haben versucht, an etwas Schönes zu denken, während der Kopf dauernd **ANGST, PANIK, SOS!** rief? Wir können schon normalerweise nicht an zwei Dinge gleichzeitig denken. Doch gerade Angst und Panik beherrschen unsere Gedanken vollkommen und lassen sich nicht einfach beiseiteschieben.

Wir geraten in Panik, wenn wir eine Situation als lebensbedrohlich empfinden. Wir können nun kämpfen, weglaufen oder uns totstellen. Sind wir zu erschöpft, oder sind weder Kampf noch Weglaufen möglich, stellen wir uns tot. Ist die Situation aber nicht wirklich lebensbedrohlich und sind wir im Auto, im Büro, beim Arzt oder in der Wohnung, können wir nicht weglaufen oder kämpfen. Doch unser Körper reagiert trotzdem, unter massivem Stress und bei einem rapide ansteigenden Cortisol-Spiegel nur eben unerwünscht. So reaktivierte ich während der Panikattacke beim Heilpraktiker meine Angst vor dem Ertrinken und glaubte, zu ersticken. Die Symptome des Ertrinkens wurden aus meinem Gedächtnis abgerufen, obwohl ich nicht ertrank.

Wenn wir nicht in einer echten lebensbedrohlichen Situation sind, hilft Laufen beim Cortisol-Abbau. Erst wenn das Stresshormon abgebaut ist, klingen auch die

Symptome ab (flache Atmung, Erstickungsgefühl, Herzrasen, Aggressivität). Wenn ich nicht hinauskann, helfen mir Tätigkeiten im Haushalt: Staubsaugen oder Putzen.

Auch lautes Schreien auf einem einsamen Feld hilft mir, um Dampf abzulassen, oder ein Gang ins Fitnesscenter, Training auf den Crosstrainer oder mit dem Boxsack als Simulation des Kampfmodus'. Wenn Sie nicht schreien können, singen Sie Heavy Metal oder Rock'n'Roll. Ihr Körper ist gerade in der Steinzeit und benötigt Ihre volle Aufmerksamkeit. Egal was Sie tun, tun Sie es achtsam, und atmen Sie dabei bewusst.

Auch Stabilisatoren außerhalb der Panikattacken können die eigene Widerstandskraft stärken. Mir persönlich helfen folgende Tätigkeiten und Hilfsmittel. Wenn ich sie regelmäßig anwende, kommen meine Panikattacken, die sich in den letzten Jahren vor meinem Burnout manifestiert hatten, immer seltener. (Ein vollkommenes Abklingen konnte ich noch nicht erreichen.)

Vielleicht finden Sie etwas Passendes. Wichtig ist die regelmäßige Anwendung. Einmal in der Woche zu meditieren, hilft ein bisschen mehr als gar nicht, aber nur die regelmäßige Anwendung hilft wirklich.

Meine Empfehlungen:
- Meditation, Achtsamkeitstraining, inklusive Atemübungen.
- Anwendung ätherischer Öle, Basteln von Badebomben und Seifen mit ätherischen Ölen.
- Regelmäßige Bewegung und vor allem Ausdauer-Sport. (Ich habe inzwischen einen gebrauchten Crosstrainer bei mir zu Hause stehen.)
- Singen (wenn ich alleine bin, denn mein Kind hat im Alter von einem Jahr die Daumen in die Ohren gesteckt, als ich ihm etwas vorsang).
- Therapeutisches Schreiben (für mich eines der besten Mittel, und ich werde auch wieder Seminare dazu geben).

Gerade die negative Energie und Panik rund um Corona war eine Herausforderung. Lassen wir uns nicht manipulieren und von der Angst anderer leiten, behalten wir Klarheit und Stabilität bei! Die Zivilisation ist keine Wildnis. Wir können nicht auf einen Schlag den Kontakt zu unseren Mitmenschen abbrechen und uns in eine Höhle zurückziehen. Und unsere Gesellschaft ist im Wandel. Dazu bedarf es keiner Seuche. Durch Covid-19 sind Themen zu Tage getreten, die lange im Untergrund gebrodelt haben. Was nun auf einmal als Notmaßnahme daherkam, hatten wir schon lange heimlich ersehnt, auch wenn wir es nicht hätten in Worte fassen können.

Umso erstaunter blicken wir nun in den Spiegel. Im Chaos der Gefühle, hin- und hergerissen zwischen Sicherheitsbedenken und Empörung über willkürliche Freiheitsbeschränkungen, müssen wir einen angemessenen Platz zwischen Egoismus und ‹Querdenkertum› für uns erst neu definieren. Dabei hätten wir nur ein Jahr früher beides weit von uns gewiesen. (Nur wenige bezeichneten sich auch schon Jahre vorher als Querdenker, stellten Anordnungen und Kalkulationen in Frage, die ihnen aufgetischt wurden, aber war das dieselbe Strömung oder nur eine zufällige Namensähnlichkeit?)

Schlaflosigkeit
Fassungslos musste ich damals zur Kenntnis nehmen, dass ich als Meditationslehrerin, Achtsamkeitstrainerin und Aromatherapeutin meine schlaflosen Nächte einfach nicht in den Griff bekam. Als Einzelunternehmerin ohne eigene Geschäftsräume hatte ich keine Fixkosten, bekam während Corona aber auch keine Zuschüsse. Es erging mir wie so vielen Einzelkämpfern: ausbleibende Aufträge, keine Einnahmen und daraus resultierend finanzielle Sorgen. Wie sollte es weitergehen, wenn erneut ein Lock-

down bevorstand, und was waren meine Alternativen? Ich konnte nicht mehr einschlafen oder schreckte gegen zwei oder drei Uhr morgens auf und lag bis morgens um fünf oder sechs hellwach im Bett.

Ich meditierte dreimal täglich: morgens beim Aufwachen, mittags und abends im Bett, wenn ich nicht einschlafen konnte. An manchen Abenden brauchte ich zwei Meditationen hintereinander, weil mein Sohn oder meine Katzen dazwischenfunkten. Eine von ihnen wollte immerzu gestreichelt werden und schnurrte so laut wie eine Säge, oder Junior klingelte, weil er den Schlüssel vergessen hatte.

Auch wenn ich die stille Meditation bevorzuge, führe ich zum Einschlafen meine geführten Lieblingsmeditationen nach der App von Nina Beste aus, kombiniert mit ätherischen Ölen von *dōTERRA*, der *Maienfelser Naturkosmetik Manufaktur* oder *feeling*. Sie helfen mir runterzukommen, wenn ich abends senkrecht im Bett sitze und hellwach bin. Lavendel kennt jeder; es gibt noch die Bergamotte, die mir den Draht nach oben zum Universum, Ruhe und Klarheit bringt. Die Aromatherapie half mir damals beim Einschlafen, ließ mich die Existenzangst vergessen und verringerte meinen Blutdruck.

Durchschlafen konnte ich nicht. Ich schlief gegen Mitternacht ein und wachte zwischen ein und vier Uhr morgens immer wieder auf. Meine Gedanken kreisten, bis ich gegen fünf oder sechs Uhr morgens wieder einschlief – bis um sieben Uhr der Wecker klingelte. Tagsüber fühlte ich mich wie ein Zombie.

Ein Freund empfahl mir Cannabis zum Durchschlafen. Ich rauche nicht, finde Geruch und Geschmack von Tabak abscheulich. Cannabis habe ich Anfang zwanzig probiert, einmal gezogen und bin danach in einen komatösen Schlaf gefallen, habe die restliche Party verpasst. Ein ‹komatöser Schlaf› klang inzwischen durchaus reizvoll für mich.

Aber Cannabis? Der Kauf von Cannabis ist in Deutschland immer noch illegal (soll aber ab 2024 legalisiert werden, wogegen sich die bayerische Staatsregierung aufbäumt), außer, es ist von einen Arzt verschrieben. Ich recherchierte im Internet, befragte Freunde und befreundete Ärzte. Doch deutsche Ärzte verschreiben Cannabis nur in Ausnahmesituationen.

Wenn Sie Probleme mit dem Durchschlafen haben und ätherische Öle nicht mehr helfen, kann CBD-Öl eine Lösung sein. Lassen Sie sich kompetent beraten. Der Preis allein ist kein Indikator. Mir hat eine Heilpraktikerin geholfen.

Depression

Für eine Kriegerin, die im Kampf mit der Depression fiel
Der Esoterik-Sachbuchautor Rüdiger Dahlke schrieb, dass wir auch an Kummer sterben können. »Es hat ihm das Herz zerrissen«, sagen wir manchmal lapidar, ohne darüber nachzudenken. Dauerhafter Kummer macht krank, ob finanzieller Natur, Liebeskummer oder Trauer.

Am 26. August 2018 erfuhr ich, dass sich meine liebe Freundin Sylvia am 23. August 2018 das Leben genommen hatte. An diesem Tag blieb für mich die Welt kurz stehen. Erst begriff ich rein gar nichts, und dann brach ein Gefühlschaos über mich herein. Die Entscheidung meiner Freundin, ihr Leben zu beenden, machte mich hilflos, fassungslos, wütend, traurig und verwirrt.

Ich war wütend auf meine Freundin, die Kriegerin, die ich immer bewundert hatte. Ich war wütend, dass sie trotz aller Hoffnungen in den letzten Monaten nicht durchgehalten hatte. Ich war wütend, dass sie den Mut verloren hatte, wütend, weil sie uns allen Fragen hinterließ, die für immer unbeantwortet bleiben würden, wütend, weil sie nicht einmal einen Abschiedsbrief hinterlassen hatte. Es gab sogar Momente, in denen ich an ein Verbrechen glaubte. Später erfuhr ich von einigen anderen Hinterbliebenen bei Suizid, dass viele sich an so einem Gedanken festhalten, weil der Akt der Selbsttötung im ersten Moment unbegreiflich ist.

Schon viele Opfer von Depression haben den Suizid als letzten und einzigen Ausweg aus ihrer Hoffnungslosigkeit, ihrem Kampf und dem Leid gewählt. Viele verstehen das nicht. Auch meine eigene Wut hielt an, bis ich mich an meine eigene schwärzeste Zeit in meiner Depression vor einigen Jahren erinnerte.

Als ich mich von einem ersten depressiven Schub während des Burnouts erholt hatte, schenkte Sylvia mir vor drei Jahren eine Tasse mit der Aufschrift: **HINFALLEN, AUFSTEHEN, KRONE RICHTEN UND WEITERGEHEN!** Ich nehme diese rosa Tasse immer aus dem Schrank, wenn mal nicht alles so läuft, wie ich es mir wünsche. Sylvia sagte mir damals, dass wir Kriegerinnen und Königinnen seien, immer wieder aufstehen und weitermachen, egal, was das Leben uns zumutet.

Bereits das Ankommen auf dieser Erde war für Sylvia und mich eine Herausforderung gewesen, die Jahre danach – geprägt von traumatischen Erfahrungen – nicht minder. Wahrscheinlich haben wir uns gerade deswegen treffen müssen. Sie war meine Seelenverwandte. Wir waren wie Schwestern vom selben Planeten, suchten nach Anerkennung und Liebe. Schon unser Kennenlernten war eine Fügung des Universums. Wir verstanden uns sofort.

Mein Sohn hatte mit acht Jahren einen Unfall gehabt, bei dem auch ihr Sohn beteiligt gewesen war. Mein Sohn musste von einem Krankenwagen abgeholt werden, weil der Unfall so schwer war. Sylvias Sohn erlitt einen Schock und weinte zu Hause bitterlich, weil er sich schuldig fühlte (wie ich im Nachhinein erfuhr). Doch wir waren nicht böse aufeinander. Wir umarmten uns und sorgten uns um unsere Kinder.

Sie war auffällig hübsch. Ihre Augen strahlten viel Liebe, Sehnsucht und einen starken Willen aus. Ihre Vergangenheit war schlimm gewesen: Missbrauch in der Kindheit, Tiefschläge, Krankheiten und viele andere Hindernisse. Schon ihre Tattoos ließen die Narben ihrer Seele erahnen. Der Froschprinz auf dem Mittelfinger sagte so einiges aus: **MARSIANER, IHR HABT MIR OFT GENUG WEHGETAN.** Wir haben nicht begriffen, was ein gutes Leben war und wie Marsianer und Königinnen von der Venus zusammenfinden konnten. Wir waren der Ansicht: Das passt einfach nicht zusammen. Nach gescheiterten Ehen und als alleinerziehende Mütter waren wir gebrannte Kinder. Obwohl wir sie küssten, taten uns die Frösche immer wieder weh.

Doch sie suchte stets nach Wiederliebe, nach Anerkennung, nach dem Glück, einem geschützten Heim, um ein stabiles Leben zu führen. Trotz aller Unzulänglichkeiten kämpfte sie. Im Gegensatz zu mir erkämpfte sie sich Hilfe, wenn es nötig war, statt stillzubleiben und zu leiden. Ihre nicht verarbeiteten Traumata mündeten immer wieder in die Depression, manchmal kurz, manchmal heftig und lang. Aber immer meldete sie sich bei mir, wenn es ihr nicht gutging, oder schrieb mir an schwarzen Tagen, wenn sie nicht reden wollte oder sich unter ihrer Decke verkroch, per *WhatsApp*, dass ich die Einzige sei, die sie verstehe. Ich war tatsächlich in ihrem Umfeld die einzige, die genau wusste, wie sich die Depression anfühlte und die Sylvia dafür nicht verurteilte.

Eines Tages erzählte sie mir, sie habe bei der Krankenkasse eine Therapie beantragt. Sie wurde ihr verwehrt. Weil sie eine Kriegerin war, ging sie höchstpersönlich zur Filiale der Krankenkasse, packte sich den nächsten Mitarbeiter und sagte: »Geben Sie mir ein Messer, dann zeige ich Ihnen, wie ernst es mir ist, dass Sie mir Hilfe vermitteln. Denn wenn Sie es wieder ablehnen, kann ich gleich hier meine Pulsadern aufschneiden!«

Sie hatte so viel Kampfgeist und einen starken Willen, ihr Leben hinzubekommen. Aber weil unser System so ist, wie es ist, musste Sylvia erst auf die Therapie warten, bekam unterdessen Antidepressiva und landete irgendwann in einer ambulanten Rehabilitationseinrichtung. Ich bat sie, sich einen richtigen Reha-Platz zu suchen, doch das ging nicht, weil alles zu weit weg war, sie einen minderjährigen Sohn hatte und vor zwei Jahren in der Nähe von Landshut ein Haus gekauft und einen neuen Job gefunden hatte.

Sie hatte immer Gründe gegen eine stationäre Rehabilitation. Hätte mich das warnen müssen? Hätten wir diese Anzeichen ernst nehmen müssen? Bei der ambulanten Therapie fühlte sie sich nicht gut aufgehoben. Keiner der Therapeuten vor Ort schien zu merken, wie schlimm es um sie stand, obwohl sie oft mit ihr arbeiteten. Doch sie war eben nur eine von vielen … Weil sie keiner verstand, es zu hektisch war, zu stressig und mit ihren Lebensumständen nicht vereinbar, brach Sylvia die ambulante Therapie ab. Ich bot ihr Unterstützung an, sie lehnte ab, wollte sich selbst um eine Alternative kümmern.

War sie bei einem niedergelassenen Therapeuten in Therapie? Ich weiß es nicht. Sie sprach nicht mehr darüber. Der Hausarzt sah die Warnsignale nicht, ich war seit ihrem Umzug zu weit weg und bekam in den letzten Monaten nur noch ihre schriftlichen Berichte, wie toll ihr Leben gerade sei. Wir telefonierten kaum noch. Und wenn sie sich meldete, erzählte sie, wie stolz sie auf ihren Sohn sei, dass der neue Job sie richtig aus- und erfülle und sie

Weiterbildungspläne für den Herbst habe, die sie mir in Ruhe erzählen müsse.

Sie schickte Fotos von ihrem renovierten Häuschen, und ich schrieb ihr, wie toll sie alles gemacht habe und dass sie stolz auf sich sein könne. Ich dachte, sie sei glücklich, habe ihr Glück gefunden. Dachte ich es, oder hoffte ich es? Wollte ich nicht wirklich hinsehen? Heute mache ich mir Vorwürfe. Doch sie schrieb, dass sie angekommen und so glücklich sei wie schon lange nicht und ich sie bald besuchen könne, wenn alles fertig sei. Ich glaubte ihr. Ich wollte ihr glauben.

Heute erkenne ich rückblickend: Es musste etwas falschgelaufen sein; seit einigen Wochen hatte sie keine Fotos mehr von sich selbst geschickt. Ihr muss klar gewesen sein, dass ich die Traurigkeit in ihren Augen hätte erkennen können.

Zuletzt berichtete sie knapp zwei Monate vor ihrem Tod, ihr Leben solle eine Wendung bekommen. Dann kam nichts mehr.

Am Sonntag, 26. August 2018, erhielt ich den Anruf mit der Nachricht, dass sich meine Freundin mit Tabletten das Leben genommen hatte. Ihr Mann erzählte von finanziellen Sorgen, Erziehungsproblemen, Mobbing am Arbeitsplatz.

Ich war fassungslos, wütend und traurig gleichzeitig. Wie konnte das Leben so abweichen von dem, was Sylvia geschrieben hatte? Hätte ich es nicht merken können, sollen, müssen? Warum habe ich es nicht erkannt? Ich gab mir die Schuld und fühlte mich als Versagerin – als Freundin, als Coach. Ich hätte merken müssen, dass etwas nicht stimmte.

Ich musste mit jemanden über meine Gefühle sprechen. Das Gefühlschaos war sonst nicht zu verarbeiten. Mein Coach war ein Hypnose-Therapeut, mit dem ich auch sonst zusammenarbeitete. Seine Trauerarbeit mit mir in den zwei folgenden Tagen war einmalig und hilfreich. Wie mussten die Hinterbliebenen leiden, die keinen Therapeuten an der Hand hatten?

Ich suchte Kontakt zu den Hinterbliebenen aus Familie und Freundeskreis, gerade auch zu Sylvias Kindern, die sich wie jeder, der jemanden durch Suizid verliert, fragten, inwieweit sie schuld daran waren. Es sind immer dieselben Fragen: Hätten wir es nicht merken können oder sollen? Hätten wir es verhindern können?

Aus Erfahrung weiß ich inzwischen, dass Hinterbliebene ohne therapeutische Begleitung nicht über ihre Fragen und Schuldgefühle hinwegkommen. Wenn sie sich keine professionelle Hilfe holen, fallen viele in ein Loch voller Schuldgefühle: »Warum habe ich es nicht kommen sehen, warum habe ich nicht geholfen, warum ist es mir nicht aufgefallen, warum hat sie nichts gesagt ...?« Kinder sind für ihr gesamtes Leben traumatisiert.

Ein Therapeut sagte mir nach Sylvias Tod: »Wer nicht entsprechend ausgebildet ist und zudem in Sylvias Nähe gewesen wäre, hätten nichts merken können, wenn sie nichts gesagt oder gezeigt hat.« Ob sie ihren Mann oder andere Familienmitglieder in ihr Leid miteinbezogen hat, weiß ich nicht. Aber wenn sie ihrem Leben schon länger früher oder später ein Ende setzen und dabei nicht gestört oder davon abgehalten werden wollte, hat sie sicher eine Maske getragen und ihr Leid verborgen. Ich mag nicht daran denken, wie sehr sie gelitten hat.

Seither vergeht kaum ein Monat, in dem ich nicht wenigstens einmal an meine Freundin denke. Sie fehlt mir und es kommt mir wie gestern vor, als sie mit Schwung und herzlichem Lachen in meine Wohnung stürmte und trotz ihres Morbus Cron leckere Käsekuchencreme mitbrachte, die wir genussvoll mit Löffeln direkt aus der

Schüssel naschten, weil wir den Kuchenteig dazu gar nicht mochten. Dabei tranken wir Sekt und lachten viel. An manchen Tagen aber trösteten wir uns gegenseitig, wenn ein Bewohner des Mars uns das Herz gebrochen hatte.

Wie gerne würde ich Sylvia von meinen neuen Erkenntnissen über Beziehungen und Errungenschaften in dieser Hinsicht berichten. Wie gerne würde ich ihr berichten, dass ich demnächst sogar eine Bühnenkarriere als Speakerin anstrebe.

Brief an Sylvia
Meine liebe Freundin, ich weiß, du bist überall, du bist Schwingung und genau da, wo du Liebe und Glück empfindest. An manchen Tagen spüre ich deine Anwesenheit ganz besonders und höre dein Lachen. Ich sehe deine lebhaften Augen, das schelmische Blitzen in ihnen, und fühle dein großes Herz. Du warst voller Liebe und Sehnsucht danach, geliebt zu werden, und hast doch leider nicht gesehen, wie sehr wir dich alle liebten. Und dann werde ich ganz besonders traurig darüber, dass du mich hier auf diesem Planeten alleine gelassen hast, ohne Brief und mit vielen Fragen.

Die größte aller dieser Fragen ist die, ob ich dich hätte überzeugen können, hierzubleiben und genauso viel zu lernen wie ich. Und manchmal befallen mich Zweifel, ob du diesen Schritt tatsächlich freiwillig getan hast. Ich werde es in diesem Leben nie erfahren. Ich werde nie wirklich verstehen, was in dir vorgegangen sein muss, welches Leid du spürtest.

Was ist seither bei mir geschehen? Die letzten drei Jahre waren sehr chaotisch und ereignisreich. Das Kürzeste zuerst: Seit einigen Jahren schreibe ich keine Horrorkurzgeschichten mehr. Das mag daran liegen, dass ich kaum mehr Alpträume habe und mich lieber mit Licht, Frequenzen und positiver Energie beschäftige. Ich schaue nicht einmal mehr gerne Horrorfilme an. Ich weiß, das wird dich traurig stimmen, da du meine Horrorgeschichten mit Leidenschaft verschlungen hast. Ich bin aber sicher, es wird etwas Großartiges folgen.

Dann muss ich dir gestehen, dass ich für einige Monate wieder mit meinem Ex-Partner, dem Narzissten, zusammenkam, doch nur um zu erkennen, dass ich selbstbewusster geworden bin und mich endlich weitgehend von diesem Menschen abgrenzen kann. Wir gingen bald wieder auseinander, als es genug für uns beide war.

Du weißt ja noch: In unserer ersten Beziehungszeit hat er mich ‹untergebuttert› und manipuliert. Der zweite Anlauf 2020 war ganz anders. Ich stellte fest, dass Therapie bei Narzissten tatsächlich etwas bringt, wenn auch eher oberflächlich als tiefergehend. Vielleicht braucht er noch einige Jahre, um sich weiterzuentwickeln, aber dann definitiv ohne mich.

Er hat sich in unserer Beziehung diesmal wirklich Mühe gegeben und sein Satz »Ich liebe die Art, wie du mich liebst« war für seine Verhältnisse herausragend. Vielleicht fragst du dich: »Wie hast du ihn denn geliebt?« Ich sage es dir gerne: Ich habe ihn so akzeptiert, wie er ist. Und das war ganz leicht.

Pandemie *Im Jahr 2020 kam eine weltweite ‹Pandemie›, die die Menschen auf der Welt spaltet. Nein, ich korrigiere mich: Die Spaltung war schon immer da, nur kam und kommt sie mit der Pandemie noch deutlicher zum Vorschein. Manipulation und Ausgrenzung sind durchgebrochen wie heiße Lava aus einem Vulkan und haben die fruchtbaren Hänge versaut.*

Zuerst wurde uns Angst vor dem Virus gemacht, dann nahm man uns Freiheiten mit Lockdowns und schließlich folgten manchmal Lügen, öfter Korruption und vermehrt Beschimpfungen in den Sozialen Netzwerken nicht nur in Deutschland, aber in Deutschland besonders stark.

Mein Ex-Freund beschimpfte mich sogar als ‹Mörderin›, als ich mich weigerte, kopflos und ohne konkrete Daten und Fakten mitzumachen und meinen Sohn und mich mit einem völlig neuartigen, niemals zuvor erprobten Impfstoff impfen zu lassen. Meine Bedenken wurden und werden als ‹egoistisch› und ‹unsolidarisch› beschimpft. Anscheinend brauchen die Deutschen solche Feindbilder für ihr Selbstverständnis. In den 1930er-Jahren waren es die Juden, dann die Kommunisten, dann die Raucher und jetzt sind es Menschen, die nicht gegen Covid-19 geimpft oder davon genesen sind.

Die Themen wie Impfung oder Genesung sind tatsächlich in aller Munde. Wen hätte so etwas früher interessiert? Doch nun werden Menschen, die sich gegen eine Impfung entscheiden, sukzessiv vom gesellschaftlichen Leben ausgeschlossen, sogar in den eigenen vier Wänden. Ab kommender Woche werden die Tests, die ‹Ungeimpfte› machen sollen, um andere zu schützen, zusätzlich Geld kosten. Die Ironie an der Geschichte ist: ‹Geimpfte› müssen sich nicht testen lassen, obwohl man bereits weiß, dass es Impfdurchbrüche gibt. (Das sind Geimpfte, die andere anstecken oder selbst trotz Impfung an einer Virusvariante erkranken.)

In den Sozialen Medien ist derzeit viel vom ‹Erwachen› die Rede. Im Zuge der Pandemie haben sich viele Freundschaften gelöst, sind Beziehungen auseinandergebrochen, doch sagte ein Freund nicht zu Unrecht, was jetzt passiert, sei nur eine Beschleunigung eines Prozesses, der ohnehin im Gange war. Es scheint immer öfter nur noch Schwarz oder Weiß zu geben, pro oder contra Impfung. Grauschattierungen werden nicht mehr akzeptiert, weder von der Gesellschaft noch von den Medien.

Achtsames Begreifen oder respektvolles Miteinander erleben eine Trennung in zwei Extreme: Die, die das Leben als materiell real betrachten, und die, die es als einen

MATERIE: KÖRPER UND SEELE

Übergang in ein neues Zeitalter des Bewusstseins erkennen. Das lehrt mich, dass achtsame Kommunikation in unseren Schulen dringend als Hauptfach integriert werden sollte. In Wirklichkeit bedeutet ‹Erwachen› doch: »Ich bin vorsichtig und aufmerksam mit dem, was ich in meinen und in den Körper meines Sohnes spritze.« Doch mein bester Freund, der sich für einen Realisten hält, schrieb mir, er sei angewidert von einem Post von mir; ich sei »abgedriftet«. So ein Urteil habe ich noch nie von ihm erlebt. Es hat mich erschüttert und nachdenklicher gemacht. Ich kann nicht fassen, was zwischen uns beiden passiert ist.

Ich habe seit deinem freiwilligen Weggang viele Freunde verloren, weil ich anders denke und mich in meinem Sein und Handeln verändert habe. Eine Zeit lang war ich darüber wütend und traurig und habe nur den Verlust gesehen. Aber dann sind Menschen in mein Leben getreten, die so sind und denken wie ich. Die das sehen, was ich sehe, die das empfinden, was ich empfinde.

Ich bin sicher: Wärest du noch da, würden wir mit diesen tollen Menschen gemeinsam auf einer ganz anderen Ebene kommunizieren und schwingen, wie wir es damals untereinander getan haben.

Meine Mutter sagte mir vor langer Zeit: »Wenn du so funktionieren würdest, wie wir es von dir erwarten, würden wir dir helfen.« Dieser Satz hat viele Freunde schockiert, denen ich davon erzählte. Jetzt sagen sie: »Du bist nicht geimpft? Dann bist du ein ‹Covidiot› oder ein ‹Aluhut› (der überall Verschwörungen wittert) oder unsolidarisch oder gar ein Mörder.« Das war die schlimmste Beschimpfung, nur weil ich nicht geimpft bin – unfassbar, aber leider wahr. Dabei bin ich kein Impfgegner. Aber muss alle Welt meine Krankenakte kennen, um zu akzeptieren, warum ich keine Impfung möchte?

Wer mich so angreift, beendet früher oder später den Kontakt, wenn ich es nicht selbst schaffe. Loslassen liegt mir nicht; ich harre aus. Doch es gibt inzwischen Themen, über die ich mit meinen Freunden nicht mehr sprechen kann. Wie traurig! Ist das die heutige Normalität? Ja, leider. Es tut weh, Freunde zu verlieren. Und das passiert hier inzwischen fast täglich. Nicht durch Tod durch die Pandemie, sondern durch Manipulation, Spaltung und Angst in der Gesellschaft.

Solche Entwicklungen tun weh, denn Liebe und Freundschaft sollten bedingungslos sein. Freunde sollten einen so nehmen, wie man ist, und persönliche Entscheidungen, vor allem in Bezug auf die Gesundheit, akzeptieren. So wie du mich damals genommen und akzeptiert hast und ich dich. Du sagtest: »Deborah, du bist die Einzige, mit der ich über meine Depressionen sprechen kann, ohne dafür verurteilt zu werden.« Meine Überraschung war groß. Heute verstehe ich dich.

Glück oder Leid? *Schmerz gehört zum Leben. Es gibt kein Leben ohne Schmerz. Das erfahre ich gerade in solchen Momenten. Und dann würde ich gerne wieder auf unseren Planeten Venus hüpfen.*

Aber ich habe auch gelernt, dass Glück in mir selbst entsteht ebenso wie Einsamkeit. Ja, es gibt Momente, in denen ich mich so richtig einsam fühle, vor allem ohne dich, meine Freundin. Aber ich habe gelernt, sie zu vertreiben.

Früher vertrieb ich solche Gefühle draußen im Café oder im Lokal oder bei anderen Unternehmungen mit dir und meinen anderen Freunden. Und jetzt? Auch wenn ich nicht mehr so frei wie früher ins Theater, in eine Ausstellung oder in die Oper gehen kann, auch wenn mir Restaurantbesuche erschwert werden und meine Freundesliste sich immer mehr reduziert, so weiß ich:

Das ist eine Prüfung in dieser Zeit und es wird auch wieder andere Zeiten geben.

Wenn ich besonders traurig bin, dann schreibe ich. Das ist meine Art der Selbsttherapie, und sie tut mir gut. Genauso gut wie das Fotografieren draußen oder die Zeit in der Natur. Das alles kann mir niemand nehmen! Egal ob ich geimpft, genesen oder ungeimpft bin. Meine Gedanken sind frei, die Natur gehört uns allen, und gute Schwingungen gibt es immer noch.

Auch wenn du physisch nicht mehr hier bist, so höre ich gerade jetzt dein Lachen und deine Worte: »Es ist gleich, ob du Horror schreibst oder einfach nur einen Blogbeitrag, Hauptsache, du schreibst und hörst nie damit auf.«

Meine liebe Freundin, ich höre nie damit auf. Gerade auch, weil es jetzt so wichtig ist, alles, was geschieht, festzuhalten. Wir sehen uns, wenn die Zeit dafür reif ist.

Deine Freundin von der Venus

Schwere Depression

Wer über eine längere Zeit hinweg dauerhaft – 24 Stunden am Tag – schrecklich traurig und antriebslos ist, hat eine leichte bis mittelschwere Depression und benötigt Unterstützung. Wer hingegen weder Freude noch Hass noch Trauer noch Liebe noch irgendetwas anderes spürt, leidet an einer schweren Depression und benötigt ganz dringend Hilfe.

Wer an einer schweren Depression leidet, funktioniert wie eine Marionette – ohne echte Gefühle, mit einer großen Erschöpfung und Gedanken der Ausweglosigkeit. Nichts macht mehr Sinn, alles ist schwierig oder anstrengend; man empfindet sich als Belastung für alle anderen und möchte sie von dieser Belastung befreien. In dieser Phase bist du wie eine Schachfigur und willst dich aus dem Spiel nehmen.

In einer schweren Depression fühlt man sich so und nicht anders. Die Lösung scheint im Selbstmord zu liegen. Er würde den endlosen Kampf beenden. Alles ist schwarz und dumpf. Du willst loslassen: die Brüstung, an der du hängst, das Leben, das dich einengt wie ein Korsett.

Wer in einer schweren Depression steckt, befindet sich in einer anderen Realität. Der Blick auf die Welt verändert sich, Gefühle wie Freude oder Hoffnung gibt es ab einer (mittel)schweren Depression nicht mehr. Wer unter schweren Depressionen leidet, empfindet meist gar nichts mehr. Wen auch immer ich nach einem missglückten Suizidversuch nach den Beweggründen gefragt habe, sagte: »Ich habe nichts mehr gefühlt und nur noch funktioniert. Ich wollte meine Umgebung verschonen, und ich konnte es nicht mehr aushalten, mein Leben war nicht lebenswert, ich war nicht liebenswert. Ich war wertlos.«

Ich habe diese Phasen während meines Burnouts selbst erlebt. Ich war drin, erlebte die Dunkelheit, Trauer, Erschöpfung, Fassungslosigkeit, das Gefühlschaos und ebenso die Angst. Zurück ging es nur, weil ich Glück, einen Freund (der Depressionen selbst kannte), einen liebevollen Sohn und einen starken Willen hatte.

Ich hatte auch meinen Glauben und die Stimme des Pfarrers aus meiner Kindheit im Kopf, der mir sagte, dass Suizid eine Todsünde sei. Ich hatte eine hellhörige Therapeutin und eine bemühte Hausärztin, die Hand in Hand arbeiteten. Mein Kind zu Hause zeigte mir, wie sehr es mich brauchte, und Markus Kastenholz, ein guter Freund, Autor und Verleger, rief mich regelmäßig an, um sicherzugehen, dass ich noch da war.

Hätte ich damals nicht noch einen kleinen Funken an Lebenswillen verspürt, hätte niemand bemerkt, was mit mir los ist. Meine Maske mit dem freundlichen und fröhlichen Gesicht konnte ich aufsetzen, wie andere ihre Un-

MATERIE: KÖRPER UND SEELE

terwäsche wechselten. Fiel es mir mal besonders schwer, blieb ich zu Hause, meldete mich bei niemandem und schottete mich ab. Wenn ich gefragt wurde, ging es mir bestens, und alles war gut.

Nicht einmal meine beste Freundin merkte während der schweren Depression, wie schlecht es mir tatsächlich ging. Die Antwort auf die Frage ‹Hätten wir es bemerken können, sollen oder müssen?› ist NEIN. Wenn ich mich nach dem Freitod sehnte, überlegte ich, wie ich nach außen den Schein wahren konnte, so dass mir niemand einen Strich durch die Rechnung machte. In diesen Momenten fing ich an, meine Wohnung aufzuräumen und meine Akten zu sortieren, um kein Chaos zu hinterlassen.

An diesem Punkt ist es längst zu spät. Das Überleben hängt dann nur noch von Zufällen ab. Die Rettung vor dem Suizid beginnt hingegen bereits in der Phase der leichten Depression, wenn man die Anflüge von Traurigkeit nicht so ernst nimmt – und im Gesundheitssystem außer Johanniskrautkapseln kaum Hilfe bekommt. Manchmal gibt es Antidepressiva (bei mittelschweren Depressionen), denn das geht am schnellsten, und die Pharmaindustrie freut sich. Doch nur wenn in dieser Phase gute Arbeit geleistet wird, Betroffene seelische sowie tatkräftige Unterstützung auf mehreren Ebenen erhalten, gibt es Hoffnung, gar nicht erneut immer wieder in leichte – oder gar schwere – Depressionen zu fallen.

Symptome einer Depression können Motivationsstörungen, Zweifel, negative Gedanken, Aggressivität, Müdigkeit, Schlaflosigkeit, Erschöpfung und Immunschwäche sein. Man kann es nicht pauschalisieren, es hängt von der Persönlichkeit ab. Freunde und Familie müssen genau hinsehen und hinhören, um im Notfall auch zu drastischen Mitteln greifen und professionelle Hilfe hinzuziehen zu können. Es ist schwierig genug, vor allem wenn sich Betroffene gut verstellen (denn Depressionen sind immer noch ein Tabu-Thema und die Erkrankten setzen eine Maske auf, um nicht ‹ertappt› zu werden).

Außermedikamentöse Methoden zur Behandlung von Depressionen reichen von Achtsamkeitstechniken, EMDR, Ernährungsumstellung und Traumatherapie bis zu Hypnose. Auch die Anwendung bzw. das Hinsehen auf Stressfaktoren und Genetik ist empfehlenswert. Die richtige Behandlungsmethode ist individuell, zudem ggf. trauma-adäquat. Der Betroffene weiß es am besten, spürt die Wirkung bereits nach den ersten Behandlungen, schließlich verbringt er 24 Stunden täglich mit sich selbst und seinen bedrückenden Gedanken, Gefühlen und der Antriebslosigkeit.

(Die Krankenkassen oder ihr Fachdienst – der **M**edizinische **D**ienst der **K**rankenkassen – wissen leider nicht immer, was für den Einzelnen gut ist; die Individualität der Menschen wird vernachlässigt. Ich spreche hier aus eigener Erfahrung und aus Erfahrungswerten meiner Coachees. Oft genug war ich fassungslos, was mit den Menschen angestellt wurde, insbesondere wenn zuvor eine chronische Depression diagnostiziert wurde.)

Nur Medikamente oder nur Therapie alleine reichen nicht. Der Mensch muss immer in seiner Gesamtheit betrachtet und behandelt werden, auch bei der Dosierung der Medikamente. (Es gibt Verfahren, um die korrekte Dosis und das richtige Medikament zu bestimmen, doch die Krankenkasse bezahlt sie nicht, und nicht jeder Arzt kennt diese Methode, so dass er es auf Privatrechnung empfehlen könnte.) Die Kunst einer effektiven und nachhaltigen Therapie liegt in der Kombination von Medikamenten und der seelischen und körperlichen Begleitung. Zuvor müssen natürlich mögliche organische Ursachen wie die Autoimmunerkrankung Hashimoto (eine Schilddrüsendysfunktion), Serotonin- oder Vitamin-D3-Mangels und anderen Erkrankungen des Gehirns oder anderer hormonproduzierenden Organe ausgeschlossen werden.

Die Schritte nach der Diagnose einer Depression könnten wie folgt sein:
1. Passende Therapie finden (Art der Therapie, Klinik)
2. Tägliche Ernährungsergänzung mit Omega-3-Fettsäuren, Vitamin-D3-Supplementen etc.
3. Eine angepasste ‹Diät› bzw. Umstellung der Ernährung, denn ein kranker Darm kann depressive Verstimmungen verursachen oder begünstigen.
4. Regelmäßiger Ausdauersport (Wirksamkeit in jahrelangen wissenschaftlichen Studien erwiesen: Joggen, Schwimmen, Laufband, Crosstrainer …) und regelmäßige Entspannungstechniken. (Auch die Wirksamkeit von Meditation wurden nach jahrzehntelangen Studien nachgewiesen – auch im Zusammenhang mit Krebserkrankungen und der Genesung danach.)

Diese Kombination kann tatsächlich teilweise besser als nur eine dauerhafte Medikation wirken, wenn sie über eine längere Zeit hinweg (mindestens 12 Wochen) und der Ausdauersport und die gesunde Ernährung regelmäßig und dauerhaft ausgeführt werden. On top ist natürlich der Wille des Patienten ausschlaggebend. Die Heilungsaussichten sind umso größer, je mehr wir zumindest ein kleines Stück Lebensglück behalten oder uns wirksam wieder aufbauen. Mindset-Arbeit ist die Basis von allem. Das Teuflische an der Depression ist das völlige Fehlen jedes positiven Lebensgefühls. Sie ist ein schwarzes Loch, einsamer und leerer als die Hölle. Jeder noch so kleine Lichtschimmer ist ein Zeichen gegen die Hoffnungslosigkeit.

Gerade deswegen sind so unscheinbare Verrichtungen wie Ernährung oder Sport wichtig, um die Aufnahmefähigkeit für die eigentliche Therapie zu verbessern. Sie halten uns im wahrsten Sinne des Wortes am Leben. So lange wir zumindest ein klein wenig auf uns achten, sind wir noch normal und keine hoffnungslosen Fälle.

Der französische Psychiater David Servan-Schreiber und der deutsche Psychoneuroimmunologe Joachim Bauer empfehlen Sport bzw. Bewegung zur Unterstützung oder sogar anstelle von Psychopharmaka.* Sie verweisen auf Untersuchungen zur Wirksamkeit von Medikamenten und Supplementen im Allgemeinen (Omega-3-Fettsäuren, Vitamin D3, Antidepressiva), Medikamenten und Supplementen in Verbindung mit Sport alleine und Medikamenten und Supplementen in Verbindung mit Entspannungstechniken, Sport und Therapie in Kombination.*

Antidepressiva können sowohl positive Wirkungen als auch Nebenwirkungen haben. Inwieweit sie tatsächlich mehr Nutzen als Nachteile bringen, ist unter Fachleuten umstritten. Manche Studien sprechen von einem Placebo-Effekt, doch manchmal können Antidepressiva nachweislich den Selbstmorddrang verstärken, insbesondere Medikamente zur Antriebssteigerung, Stimmungsaufheller wie z. B. SSRI-Hemmer eher nicht.

---

* In einem Radio-Interview betrachtete Joachim Bauer Sport als sinnvolle Ergänzung einer pharmakologischen Therapie.»Soziale Unterstützung ist sehr wichtig, damit Menschen, die in einer Depression sind, wieder rauskommen aus der Depression. Auch Sport ist sehr wichtig. Wir wissen auch von Studien, dass die sogenannte Achtsamkeitsmeditation oder auch das Yoga, dass das alles sehr gute Additive, hinzukommende Möglichkeiten sind, dass man zusätzlich zur Psychotherapie und oder Pharmakotherapie hier Menschen aus der Depression raushelfen kann.« Joachim **Bauer**, »Volkskrankheit Depression. Erhöhtes Risiko für Leistungsstarke«, Gespräch mit Benedikt Schulz im *Deutschlandfunk*, 22.11.2017. Prof. Dr. Joachim Bauer war bis 2017 Professor für Psychoneuroimmunologie an der Universität Freiburg. Er betrachtet den Menschen als in erster Linie soziales Wesen, das nicht nur sein Leben, sondern auch seine körperliche und geistige Gesundheit durch Arbeit und freie Willensentschlüsse steuert – im Guten wie im Bösen.

MATERIE: KÖRPER UND SEELE

Antidepressiva können aber auch bei falscher Dosierung Halluzinationen verursachen. Die Einnahme von Cannabis könnte hier eine gute Alternative darstellen, insbesondere da der Kauf/Verkauf ab 2024 in Deutschland auch legalisiert werden soll. Vergessen wir nicht, dass Depressionen eine komplexe und komplizierte Krankheit sind, deren Ursachen oft erst im Laufe der Therapie ans Tageslicht kommen. Nicht alle Formen lassen sich über einen Kamm scheren, und daher gibt es keine allgemeingültige Therapie, kein Standardmedikament. Auch dieser besonders eigene Charakter der Erkrankung ist eine wichtige Botschaft und ein wichtiger Trost für alle Betroffenen.

Der wichtigste Unterschied zwischen den verschiedenen Formen von Depression ist meines Erachtens der zwischen der Überforderung durch das moderne Leben ganz allgemein und traumatischen Ursachen, insbesondere sexuellem Missbrauch und physischen oder psychischen Gewalterfahrungen. Beide Male sind die Depressionen eine legitime Reaktion auf die im bisherigen Leben erlittenen schweren Schäden, kein Makel, kein Zeichen von Schwäche, gar eine Erbkrankheit. Auch solche Schuldgefühle abzulegen, ist ein Lebenszeichen, ein Funken Hoffnung in der völligen Erstarrung. Zumindest Joe Dispenza erkennt hier auch die Veränderung unserer Gene

---

* »Walking dreimal in der Woche, ohne zu laufen, hatte bei Patienten zwischen fünfzig und siebenundsechzig, die an einer Depression litten, nach vier Monaten dieselbe Wirkung wie die Einnahme eines Antidepressivums. Der einzige Unterschied zwischen Training und Medikament lag darin, dass das Medikament die Symptome rascher beseitigte, allerdings nicht so nachhaltig. Regelmäßiges körperliches Training erlaubt nicht nur, eine depressive Episode zu überwinden, viel spricht dafür, dass es einer Depression auch vorbeugt.« David **Servan-Schreiber**, *Die neue Medizin der Emotionen – Stress, Angst, Depression: gesund werden ohne Medikamente*, München: Verlag Antje Kunstmann, 2015, S. 193 (Original *Guérir le stress, l'anxiété et la dépression sans médicaments et psychanalyse*, Paris: Éditions Robert Laffont S.A., 2003).

durch Gewalterfahrungen an und bietet Möglichkeiten, die genetische Veränderung durch spezielle Methoden, Mindset-Arbeit und Meditationen zu ändern, bzw. zu revidieren.*

Antidepressiva sind tatsächlich manchmal nötig und nützlich, aber sie sind keine Allheilmittel, und sie sind zudem gefährlich. Wer bei einer schweren Depression Antidepressiva benötigt, braucht unbedingt Vertrauenspersonen als Freunde, die Bescheid wissen und im Notfall sofort eingreifen können. Auch der begleitende Arzt oder die Ärztin sollte mit Bedacht gewählt werden. Ein Arzt, der Komplementär-Medizin betreibt und auch mal über den Tellerrand hinausschaut, ist vorzuziehen, soweit möglich.

Auch sollte man bei den Kosten nicht knauserig sein. Die Gesundheit sollte es uns wert sein, tiefer in die Tasche zu greifen. Eine private Zusatzversicherung und zusätzliche Rücklagen für Notfälle können ein guter Weg sein. Wer ausschließlich auf Kassenleistungen angewiesen ist, wird es hingegen schwer haben (aber das ist bekanntlich auch bei vielen anderen Erkrankungen so). So lässt sich beispielsweise durch spezielle Blutuntersuchungen bestimmen, welches Medikament bei wem wirkt, doch ist die Methode weitgehend unbekannt und wird von den Krankenkassen nicht bezahlt. Dr. Alexander Hierl vom Burn-out Diagnostik Institut in München arbeitet beispielsweise mit so einer Methode.*

Meine eigene Erfahrung: Ich habe bei einer schweren Depression ohne Therapie Antidepressiva genommen. Die Depressionen wiederholten sich, die Suizidgedanken

---

* Diese Verflachung der Grundlagenforschungen von Joe Dispenza findet sich pointiert in Simone **Janßen** & Niklas **Hobacher**, *Die Reenergize-Formel. Der evolutionäre Baukasten für Energie und Glück*, Topicus in der Amazon Publishing Group, 2019.

verstärkten sich massiv. Während meines fünfwöchigen Reha-Aufenthaltes verweigerte ich dann die Medikamente, schlich sie zuvor nach vorheriger Absprache mit meiner ganzheitlichen Hausärztin wegen der Nebenwirkungen aus.

Ich trieb viel Sport, meditierte regelmäßig und veränderte meine Ernährung. Zusätzlich erstellte ich mit Hilfe eines Coaches positive Affirmationen, um aus meinen negativen Gedankenmustern auszubrechen. Die Wirkung war phänomenal. Ich nehme seit Jahren keine Tabletten mehr und bin frei von mittelschweren bis schweren Depressionen. Spüre ich eine leichte Depression, dann weiß ich sofort, dass es entweder Vitamin-D3-Mangel ist oder eine Anpassung in meinem Mindset (meist verbunden mit Existenzängsten) notwendig ist und kann sofort gegensteuern.

Jeder Mensch ist individuell. Was mir geholfen hat, muss nicht jedem helfen. Da dürfen wir prüfen und probieren und auch in die Tiefe gehen. Es gibt keine Patentlösung. Wenn bei Ihnen etwas nicht wirkt, was schon vielen anderen geholfen hat, bedeutet das nicht, dass sie ein besonders schwerer Fall sind, Heilung verweigern oder gar ihren Mitmenschen zur Last fallen. Es bedeutet gar nichts. Es war nur einfach nicht das richtige Medikament oder nicht die richtige Therapie für Sie.

---

* Seiner Homepage zufolge bietet Dr. Alexander **Hierl** in seiner Münchner Praxis einen Medikamentencheck bezüglich der Verträglichkeit von Medikamentenkombinationen an, um schädliche Häufungen zurückzudrängen, darüber hinaus eine ausführliche körperliche Zustandsuntersuchung anhand von Blutbild, Leistungstests und Organvermessungen und auf dieser Grundlage »maßgeschneiderte Empfehlungen, wie Sie Ihren Optimalzustand erreichen können«. Er nimmt aber nicht für sich in Anspruch, z. B. Psychopharmaka optimal dosieren zu können. https://www.dr-hierl.net/diagnose--therapie/anti-aging-analyse/index.html (zuletzt aufgerufen am 23.09.2023).

Und wenn Sie eine veränderte Lebenseinstellung, eine achtsame Lebensführung für ‹Hokuspokus› halten, dürfen Sie das gerne so sehen. Auch eine andere Beziehung zu sich selbst ist kein Allheilmittel. Gerade von einer anderen Lebenseinstellung muss man zutiefst überzeugt sein. Sonst ist sie nicht weniger zwanghaft als unser ‹falsches Leben› zuvor, das uns über Jahrzehnte hinweg in diesen licht- und fühllosen Kerker geführt hat.

Fest steht für mich nur eins: Suizid ist nie die Lösung. Sollten Sie sich jemals mit diesem Gedanken befasst haben, so bitte ich Sie hier eindringlich: Tun Sie es nicht! Es gibt immer für jedes Problem eine Lösung. Sie sind ein wertvoller und liebenswerter Mensch, und es ist schön, dass Sie hier sind, auch wenn Sie das in Ihren dunklen Momenten nicht so sehen.

Sie müssen es nicht so sehen. Sie dürfen verzweifelt sein. Sie dürfen dem Tod ins Auge sehen. Wünschen Sie sich wirklich den Tod, oder sehen Sie nur einfach keinen anderen Ausweg? Das ist ein beträchtlicher Unterschied. Auch wenn der Suizid für Sie der einzige Ausweg zu sein scheint, vergessen Sie nicht, mit welchen Fragen und Schuldgefühlen Sie Ihre Freunde, Familie und gegebenenfalls sogar Zeugen hinterlassen. Wenn Sie den Schmerz nicht mehr aushalten können, sage ich Ihnen: Mit der richtigen Behandlung bekommen Sie auch das Ticket zurück ins Leben, raus aus der Hölle. Wenn ich es geschafft habe, schaffen Sie das auch!

Es hört nie auf – oder doch?
Wenn die Depression aufsteigt, hast du das Gefühl, diese Welle nicht aufhalten zu können. Du weißt, dass sie zu einem Tsunami wird, der dich unter sich begräbt, dir die Luft zum Atmen nimmt, dein Gehirn vernebelt und deine Gedanken schwärzt. Der Tsunami wird dich in ein

schwarzes Loch hineinziehen, das sich ganz tief in deiner Seele befindet. So tief, dass du nicht mehr alleine und ohne Medikamente herauskommst. Es kann immer wieder passieren – und es passiert immer wieder.

Weil du das alles weißt, überkommt dich Panik. Sie presst dein Herz so fest zusammen, dass es weh tut, lässt deinen Atem stocken. Dein Tinnitus stellt sich ein – wie immer bei Stress. Er pfeift durchgehend und laut wie eine Tsunami-Warnsirene. Als wüsstest du nicht schon längst, dass große Gefahr im Anzug ist! Warnsirenen bannen die Gefahr nicht. Sie kündigen das Unvermeidbare an.

Doch du bist total erschöpft und müde, möchtest dich am liebsten verkriechen, ins Bett gehen und die Decke über die Ohren ziehen, dich dem Tsunami übergeben, denn du bist zu schwach zum Kämpfen, willst nicht mehr weiterkämpfen, nicht schon wieder.

Zu denken fällt dir immer schwerer. Dein Kopf wird in immer mehr Watte gepackt. Die Sonne beginnt sich zu schwärzen. Gab es jemals sonnige Tage? Glück ist weit entfernt, Liebe ebenso. Du weißt nicht mehr, was Liebe und Glück bedeuten. Du erinnerst dich nicht mehr an das Gefühl. Auch die positiven Glaubenssätze und Affirmationen, so oft eingeübte Selbstbestätigungen sind weit entfernt, und obwohl du weißt, dass du eigentlich nur nach ihnen greifen musst, schaffst du es nicht. Es ist zu anstrengend.

Das Monster namens Depression hält dich ab. Es ruft leise: »Lass es sein, das bringt doch nix. Du siehst doch, ich bin wieder da. Ich gehöre zu dir, du gehörst zu mir. Wir sind eins!«

Doch da ist noch ein Kämpfer in dir, in Ritterrüstung und mit Schwert und einer tollen Aura. Dieser Teil von dir weiß: Du wirst es schaffen wie so viele Male davor, denn du hast in der Reha und in den letzten Jahren der Therapie deine Waffen erhalten. Deine Therapeuten und Mentoren haben dir den Gebrauch gezeigt. Dein innerer Kämpfer bringt sie dir und motiviert dich. Der Konflikt zwischen Aufgeben und Kampfesmut vertieft die Erschöpfung, doch du weißt: Wenn du nicht jetzt sofort etwas tust, ist es vorbei, und das schwarze Loch wird dich verschlingen und deine letzte Lebenskraft aus dir herausziehen.

Deine Waffen liegen noch im Nebel, das Monster in dir behindert deine Sicht darauf. Finde sie! Du könntest ein schönes Lied hören und dazu singen. Singen hilft. Aber der Kraftaufwand wäre immens, und ein heiteres Lied zu hören fühlt sich in diesem Stadium gar nicht gut an.

Du könntest eine Fantasiereise machen, spürst aber eine große Unruhe in dir, kannst nicht stillsitzen, obwohl du erschöpft bist. Du hast Angst, dass das schwarze Monster gewinnt. Es darf nicht gewinnen, es darf dich nicht hinunterziehen.

Doch egal, wonach du greifen willst, du spürst eine Art Lähmung. Lähmung – das ist der Schlüssel. Die schwarze Schlange hat dich mit ihrem Biss, ihrem grauenhaften Anblick gelähmt, denn nur wenn du dich nicht wehrst, kann sie dich verschlingen.

Du möchtest laut schreien und erkennst: Du musst laufen, trotz Erschöpfung. Alles, was jetzt kommt, scheint immer nur noch mehr Kraft zu benötigen. Aber diese Gefühle schlummern nur in dir und sind keine Realitäten. Sie werden erst dann zur Realität, wenn du ihnen die Oberhand lässt, wenn du das Monster gewinnen lässt.

Dein Kämpfer hat dir oft gezeigt, dass es dir nach den ersten fünfzehn Minuten Laufen erheblich besser geht, dass du damit dem Tsunami am besten entkommst. Und wenn du nicht sofort weglaufen kannst, weißt du, dass du darüber schreiben kannst, wie es sich anfühlt. Du weißt auch, dass du es malen kannst oder es mit einem deiner anderen Instrumente schaffst, dem Monster beizukommen.

Es darf nicht gewinnen. Du hast gelernt: Du bist stark, und wenn du aus der Krise herausgekommen bist, darfst du dich ausruhen, bei guter Musik vielleicht. Laufe! Du wirst es schaffen! Laufe! Jetzt, oder es wird dich verschlingen.

Ich packe meine Turnschuhe und zwinge mich, sie anzuziehen. Erst den rechten, dann den linken. Ich zwinge meine Füße, meinen schweren Körper zur Türe zu tragen, dann die Treppen hinunter, und noch an der Haustür ruft das Monster: »Kehre um! Du schaffst es nicht.«

Ich gehe weiter, gegen den Wind. Draußen laufen die Menschen und lachen, als ob nichts sei. Bei ihnen ist ja auch nichts. Ich bin in Watte gepackt, ich bin schwerfällig und müde. So müde!

Ich zwinge mich zu gehen. Die ersten Schritte sind mühsam. Immer wieder ruft das Monster: »Noch kannst du zurücklaufen, noch kannst du dich im Bett verkriechen.«

Ich widerstehe, mein Kämpfer in mir motiviert mich und ruft: »Geh weiter – in den Wald, höre den Vögeln zu, suche nach den Schmetterlingen, lauf!«

Im Wald angekommen fühlen sich die Schritte plötzlich leichter an. Die Luft ist angenehm und die Vögel zwitschern. Ich höre das Rauschen der Bäume und spüre den Waldboden unter meinen Füßen. Ich gehe bewusster, schneller und sehe die Wunder dieser Welt: Pilze, die an Bäumen wachsen, Moos, Marienkäfer, Schmetterlinge. Da bin ich wieder. Ich habe gesiegt. Für den Moment und für die nächsten Stunden.

Ich weiß, hier darf ich noch einige Zeit bleiben und muss morgen unbedingt wieder herkommen. Sonst wird das Monster siegen. Es versteckt sich und heckt etwas aus, das spüre ich noch. Aber es macht den Plan ohne mich. Mein innerer Kämpfer in Ritterrüstung ist stolz und weiß: Auch den nächsten Kampf werden wir gewinnen, aber nur, wenn ich wieder regelmäßig in den Wald gehe. Dort fühlt sich das Monster nicht sicher. Dort sind zu viele angenehme Einflüsse, die es widerlegen.

Wenn sich die Depression in der Öffentlichkeit blicken lässt, ist sie lächerlich. Gerade ihre Hässlichkeit ist nicht mehr furchteinflößend. Kein Wunder, dass sie immer wiederkommt. Niemand würde so einen hässlichen Begleiter einlassen, aber bei manchen kennt sie nun einmal geheime Zugänge und schlüpft immer wieder hinein.

Depressive können sich nicht ‹zusammenreißen›
Sie hatten sicher mal einen schlechten Tag oder auch zwei, waren traurig, missmutig, melancholisch, pessimistisch, niedergedrückt. Oder Sie hatten ein postmenstruelles Syndrom. Sie wissen, dass es vorbeigeht, nur hormonell bedingt ist. Doch wenn jemand an Depressionen erkrankt ist, ist er tatsächlich krank. Niemand sieht es einem an oder hört es heraus. Weder Familie noch Freunde noch Kollegen erkennen es auf Anhieb. Es steht einem nicht auf der Stirn geschrieben. (Auch wenn Frauen am postmenstruellen Syndrom leiden, sieht man es ihnen nicht an. Man merkt es höchstens an ihren Reaktionen in bestimmten Situationen.)

Ein an Depression Erkrankter trägt noch dazu oft eine Maske der Freundlichkeit und Heiterkeit, ist nach außen stark und gut gelaunt, lacht über Witze und lächelt immerzu weiter. Doch das Tragen der Maske ist auf Dauer furchtbar anstrengend. Es erfordert enorme Energie, nach außen hin den Schein zu wahren. Lebenspartner oder Freunde bekommen die daraus erwachsende Gereiztheit zu spüren. Über kurz oder lang reißt ihnen die Hutschnur, denn sie können nichts dafür und können vor allem auch keine Linderung verschaffen. Doch gerade sie müssen Sätze wie »Reiß dich zusammen« oder »Ich kann das nicht mehr hören« meiden, denn sie sind für Erkrankte wie ein Schlag ins Gesicht.

Wichtig ist, dass Betroffene sich nicht schämen müssen. Depression ist eine Erkrankung, kein ‹Versagen›. Der Perfektionismus-Gedanke in unserer Gesellschaft spielt hier eine große Rolle. Auch ich haderte mit meinem Schicksal, als mich die Depression erwischte. Warum ich?, fragte ich immer wieder. Nun musste ausgerechnet ich immer wieder die Starke sein, war auf mich alleine gestellt, fiel hin, stand wieder auf. ‹Habe ich das nicht toll gemacht?›, ließe sich hier einwenden. ‹Ich habe doch alle Hindernisse gemeistert, sogar die Depression. Ich bin ein Vorbild – oder etwa nicht?› Nein, das bin ich nicht. Am Ende werden wir mit solchen Auffassungen stets scheitern, auch wenn es die einen vielleicht länger durchhalten als andere. Im Ringen mit dem Orkan in unserer Seele aber werden wir ermatten, unter Wasser gedrückt werden und dort ertrinken.

Am Ende, wenn es eine schwere Depression geworden ist, bleiben Sie nur noch im Bett. Niemand kann Sie nunmehr dazu bringen, sich zu bewegen, auszugehen, ins Theater, Kino oder zu anderen Veranstaltungen, die Ihnen vorher Freude bereitet haben.

Die Person ist nicht wiederzuerkennen, isst nicht mehr, schläft Tag und Nacht oder vielleicht gar nicht, ist dauernd betrübt und spricht nicht mal mehr mit ihren nächsten Angehörigen? Die Person hat den Rückzug aus dem Alltagsleben angetreten und isoliert sich? Dann hilft endgültig kein Zureden, kein Schimpfen oder Versuch des Aufmunterns mehr! Alles, was Sie jetzt sagen, kommt nicht oder nur verzerrt beim Erkrankten an!

Dieser Mensch benötigt nun dringend fachkundige Hilfe! Ein Arzt muss die Schilddrüsen, die Hormone und den Vitamin-D-Haushalt prüfen. Ein Psychologe verschreibt Antidepressiva, bis ein Psychotherapeut gefunden ist – und das kann dauern. In der Zwischenzeit können Sie Leben retten und der erkrankten Person wieder Energie und positive Gefühle geben. Auch wenn sie sich nicht den Anschein gibt: Die Liebe, die Sie schenken, die Akzeptanz, die Sie auch für düster Stimmungen, für unüberwindbare Lähmungen aufbringen (auch wenn es Ihnen schwerfallen mag), kommt bei den Leidenden an, und wäre es nur, dass Sie einen Rückzugsort, einen Raum des Vertrauens in einer insgesamt als feindselig empfundenen Welt schaffen.

Depression ist im Grunde genommen das Gefühl, in der Welt, im Leben nicht gut genug zu sein, und deswegen an der Welt, am Leben zu verzweifeln. Ist dieser Grundgedanke wirklich falsch? Was meinen Sie? Seien wir lieber froh, dass wir uns nicht alle ‹so anstellen›. Grund genug hätten einige, jedenfalls mehr, als der Depression schließlich erliegen.

Mir jedenfalls hat Zuspruch, hat Liebe, hat Freundschaft während meines Burnouts geholfen, das Licht am Ende des Tunnels zu sehen. Ich habe nicht geglaubt, dass ich es jemals erreichen würde, aber ich habe es gesehen, und ich habe mitbekommen, dass meine engsten Vertrauten wollten, dass ich es erreiche. Zwar ist ein Burnout nicht dasselbe wie eine Depression. Das Element der Erschöpfung ist stärker, und die Analysefähigkeit bleibt erhalten – daher das Gefühl der Sinnlosigkeit, wohingegen bei einer schweren Depression alle Gefühle erlöschen.

In der Depression ist alles nur noch schwarz. Nichts bereitet einem Freude, das Leben ist hart und ungerecht, die Menschen in der Gesellschaft nur egoistisch. (Ist das wirklich falsch?) Man ist einsam, fühlt sich wertlos und als Belastung für die Allgemeinheit. (Was erwartet die Allgemeinheit von uns?) Der Erkrankte fühlt sich mit allen diesen negativen Gedanken einsam. (Und Sie? Stehen Sie ihm bei, oder lassen Sie ihn alleine? Sehen Sie es nicht selbst so wie die Allgemeinheit?)

Ganze 24 Stunden täglich hört und fühlt man diesen Mist. Die Depression ist wie ein Monster, das sich im Gehirn eingenistet hat und nur noch sein pessimistisches Programm mit Dramen und Ängsten abspielt, so lange, bis kein Gefühl mehr übrig bleibt. Es ist wie ein psychisches Virus, das sich der Zellteilung bemächtigt und nur noch sich selbst ausbrütet – und die von dieser Depression Befallenen bekommen es mit, weil sie gewissermaßen bei lebendigem Leibe aufgefressen werden. Am Ende bleibt nichts, nur Schwärze.

Durch die Antidepressiva spürte ich nach ungefähr drei Wochen erstmals wieder etwas Freude. Auch bei mir schien mal wieder die Sonne, mein Monster erhielt von meinem Kämpfer eine Kündigung und verließ mein Gehirn innerhalb einiger Wochen. Ja, sein Auszug ging langsam. Es hatte sich gut in meiner Seele eingegraben. Aber immerhin lief auch mal ein positiver Film in meinem Kopf. Die Düsternis war nicht mehr allmächtig. Erst auf dieser schmalen Grundlage konnte ich mit Hilfe eines Psychotherapeuten den nächsten Schritt zu meiner Genesung machen, und es wäre ohne diesen nächsten Schritt nicht gegangen, der erst die Wurzel meiner Depression freilegte.

Antidepressiva sind keine ‹Glückspillen für ein neues Leben›, machen nicht gesund, helfen aber zunächst dabei, ein hormonelles Ungleichgewicht zu beheben. Die eigentliche Heilung kann erst danach beginnen. Wichtig ist, die Nebenwirkungen von Antidepressiva im Auge zu behalten, regelmäßig den Hausarzt oder Facharzt zu konsultieren und eine Person des Vertrauens in seiner Nähe zu wissen, die über diese Mittel Bescheid weiß.

Wie auch andere Medikament haben Antidepressiva schwere Nebenwirkungen, und es gibt unterschiedliche Wirkmechanismen, die nicht bei allen Patienten gleich wirken und die auch nicht alle Patienten vertragen – nicht anders als Schmerztabletten, blutdruck- oder blutfettsenkende Mittel. Vor allem sollten Antidepressiva niemals ‹einfach so› von heute auf morgen abgesetzt werden. Doch wenn der Betroffene das Gefühl hat, dass es bald auch ohne geht oder wenn die Nebenwirkungen unerträglich werden, ist ein langsames Ausschleichen der Medikamente unter ärztlicher Anleitung notwendig.

Auch mir haben Antidepressiva in den ersten Wochen nach dem Zusammenbruch geholfen, doch später haben sie meine Selbstmordneigungen sogar noch verstärkt, und in der Rehabilitation habe ich sie vehement abgelehnt. Hören Sie auf Ihre innere Stimme, wenn Sie wieder klarer bei Verstand sind! Sie spüren, was Ihnen guttut und was Ihnen schadet. Sie werden sehen: Ihr Arzt wird Sie darin bestärken. Psychische Störungen sind in der Regel in erster Linie Störungen des Selbstbildes (wenn keine organische oder genetische Ursache dahinter steckt), und so können wir auf ein gesundes Selbstbild stets vertrauen.

Die Weltgesundheitsorganisation sagt inzwischen, dass Depression weltweit die zweithäufigste Krankheit ist und die Zahl der Erkrankungen noch weiter steigt! In Deutschland leidet jeder vierte Mensch inzwischen an einer psychischen Erkrankung. Egal, ob Sie selbst oder Ihr Partner an Depressionen leiden: Sie sind nicht alleine! Die Weltgesundheitsorganisation schätzt, dass weltweit insgesamt 350 Millionen (!) Menschen an Depressionen leiden.*

Depression und der Healy

Als ich meinen Burnout überstanden hatte, schwor ich mir, nie wieder in dieses schwarze Loch hineinzufallen. In vielen Therapien und während der Rehabilitation arbeitete ich mit meinen Therapeuten ein Notfallköfferchen mit Instrumenten aus, um mich zur Wehr setzen zu können.

Natürlich verändern sich auch meine äußeren Lebensumstände zum Besseren – eine nicht zu unterschätzende Ressource. Ich erlangte erneut finanzielle Sicherheit (Krankengeld und Arbeitslosigkeit hatten die letzten Monate überschattet und mich in ein finanzielles Dilemma gebracht), traf mich öfter mit Freunden und Familie. Auf Netzwerkveranstaltungen lernte ich interessante Menschen kennen. Ich betrieb Selbstfürsorge und machte eine Coaching-Ausbildung. Die Sahnehäubchen waren meine veränderte Ernährung, Sport und Lebenseinstellung: Ich wurde zum Veganer und trank weniger Alkohol, mied glutenhaltige Speisen. Ich meditierte täglich mindestens einmal. Der Fernseher blieb aus, ich las Bücher über Buddhismus, Veganismus, Schamanismus und alternative Medizin.

Ich lernte: Das Leben ist mehr, als wir bewusst wahrnehmen, und Mediziner sind keine Götter in Weiß. Qualitätsmerkmale bei Ärzten erkannte ich, wenn ich sie mit

---

* Hier noch zwei leicht fassliche Erfahrungsberichte an Depression erkrankter Männer: Tobi **Katze**, *Morgen ist leider auch noch ein Tag. Irgendwie hatte ich von meiner Depression mehr erwartet*, Reinbek bei Hamburg: Rowohlt Taschenbuch Verlag, 2015. Der Kabarettist Tobi Katze schließt er sich in der Wohnung ein und spricht mit der schmutzigen Wäsche, füllt die innere Leere mit Bier und gibt sich stets gut gelaunt, um in der Öffentlichkeit keinen Verdacht zu erregen. Matthew **Jonstone**, *Mein schwarzer Hund: Wie ich meine Depression an die Leine legte*, München: Verlag Antje Kunstmann, 2008 (Original: *I had a Black Dog*, Robinson: 2007). Bildergeschichte über einen schwarzen Hund, der den Betroffenen langsam unterjocht, seine Gedanken beherrscht, seine Erinnerungen zerfetzt, neben ihm herumlungert, wenn er sich sinnlos betrinkt.

meiner veganen Lebensweise konfrontierte. Von »Das ist total ungesund« bis hin zu »Sie müssen doch Fleisch essen!« hörte ich fast alles. Nur nicht: »Wow, das tut Ihnen sichtlich gut!«

Und siehe da: Mit der veränderten Lebensweise – entgegen ärztlicher Empfehlung – brachte ich meine Depressionen zum Verschwinden, benötigte keine Antidepressiva mehr, verlor über 20 Kilo an Gewicht, und auch meine Schilddrüse erholte sich. Ich will damit nicht sagen, dass die Beschäftigung mit Grenzwissenschaften und eine vegane Ernährung die besten Heilmittel gegen Depression sind und allen Patienten verordnet werden sollten. Aber bei mir war es so, denn endlich erkannte ich, wie toxisch unser zivilisiertes Leben für den Menschen ist.

Wenn wir uns auf uns selbst besinnen und uns unserer Natur gemäß behandeln, lösen sich die Krämpfe, mit denen wir uns gegen ein menschenfeindliches und gesundheitsschädliches Leben wehren. Nur werden wir dann eben auch rasch mit der Feindseligkeit jener konfrontiert, denen nicht an uns, sondern an den eigenen Vorurteilen liegt – in Form von Ärzten, Arbeitgebern, Freunden oder Verwandten.

Lockdown und Covid-19-Erkrankung machten meine Heilungserfolge dann jedoch rasch wieder zunichte, erneut ein schönes Beispiel, dass Medikamente oder Psychotherapie allein gegen Depression nicht helfen, wenn die sozialen und emotionalen Ressourcen fehlen. 2020 verlor ich meinen Teilzeitjob, bildete mich zur Online-Redakteurin weiter, fand auch einen neuen Job, verlor ihn aber sogleich wieder. Dann folgten meine eigene Covid-19-Erkrankung, der Tod meines Stiefvaters, erhebliche Umsatzeinbußen in der Freiberuflichkeit durch Covid 19 und die Folgen des Lockdowns. Das Schlimmste waren für mich der fehlende Sport im Fitnesscenter und die Isolation.

Noch dazu hatte mein Sohn nur noch ‹on/off› Schule (Home Schooling, Wechselunterricht) – und das im Abschlussjahr. Auch er litt psychisch unter dem Lockdown. Seine Stimmung wurde zunehmend schlechter, und ich bekam jede Gefühlsregung und jede Laune ab.

Die Sorgen wuchsen weiter. Die Trennung von meinem narzisstischen Partner brachte erneut viel Wirbel, ein Streit mit der Familie eskalierte und es kam zum Bruch. Die Folge: noch mehr Isolation.

‹Allein› war mein Unwort des Jahres 2021, das mich in den ersten drei Monaten begleitete. Meine Stimmung sank. Existenzangst und Einsamkeit schlichen sich ein, Panik hinsichtlich der Auswirkungen der Lockdowns auf die Zukunft meines Sohnes drückten meine Stimmung zusätzlich. Dazu kamen die Zweifel der Lehrer, ob er überhaupt den Realschulabschluss schaffen würde. Sie wollten uns dazu zwingen, ihn in die Mittelschule abzustufen und brachten uns sogar dazu, ihn für alle Fälle für die Hauptschulabschlussprüfung ‹mit Qualifikation› anzumelden. (Spoiler: Er schaffte die Qualifikation mit einem Notendurchschnitt von 1,33 und den Realschulabschluss mit einem Schnitt von 2,33.)*

Dermaßen von allen Seiten unter Druck gesetzt, von mir Nahestehenden verlassen, spürte ich, wie sich der schwarze Schatten langsam über mich legte. War es die Nachwirkung von Covid-19, der Druck von außen und der verbotene Sport? Ich war erschöpft, fühlte mich dumpf und traurig.

Meine Instrumente aus den letzten Jahren waren in der Pandemie nutzlos. Jegliches Sozialleben war untersagt. Nur fehlte mir die Kraft, sie auszutauschen, wenn es denn überhaupt ging. Sich gesund zu ernähren, gute Musik zu hören und zu meditieren, hebt nicht die Einsamkeit auf, die Arbeitslosigkeit schon gar nicht. Aus schlechter Stimmung wurde langsam, aber sicher eine kleine Depression. Weinen konnte ich nicht, und mein Monster Depression zog wieder ein und machte es sich gemütlich. Es kannte sich bestens bei mir aus, und ich konnte nur zusehen, wie es sich ausbreitete. Ich wollte mich nur noch verkriechen und wurde immer stiller. Ich wusste ja, was auch mich zukam, und ich wusste, dass ich mich unter den gegebenen Umständen nicht dagegen wehren konnte.

Als mich im Februar 2021 Florian Z. anrief – später einige Zeit mein Sponsor – und mir den *Healy* empfahl, der Körperschwingungen misst und beeinflusst, winkte ich ab (verwechselte ihn mit *Hyla*). Nach einigen Tagen rief er erneut an. Ich winkte wieder ab, wusste aber immerhin, was ein *Healy* ist.*

Bei seinem dritten Anruf dachte ich: »Gut, er lässt nicht ab, eine österreichische Ärztin, mit der ich zusammenarbeite, ist total begeistert vom Gerät, und vielleicht hat Gott den hartnäckigen Anrufer gesandt, damit ich nicht wieder so tief wie vor einigen Jahren in das große schwarze Loch falle.« Ein wenig Hoffnung kann nicht schaden, und wäre es nur ein schwacher Funke.

Ich nahm an einer Zoom-Veranstaltung über den *Healy* teil. Florian rief mich als Versuchsperson auf, fragte mich, ob ich feinstofflich sei. Ja, ich bin feinstofflich. Er wollte ein Foto von mir machen. Ich wurde neugierig, was wohl der Glaube der Indianer, dass man mit einem Foto die Seele eines Menschen stehlen könne, mit dem *Healy* zu tun hatte.

---

* In Bayern ist die Mittelschule die frühere Hauptschule, der erweiterte Mittelschulabschluss ‹mit Qualifikation› entsprechend die Förderstufe der Hauptschule nach dem 10. Schuljahr unterhalb eines Realschulabschlusses. Die bayerische Staatsregierung weist Eltern bei der Schulwahl ausdrücklich darauf hin, dass der Mittelschulabschluss nicht als Qualifikation für alle Berufsausbildungen ausreicht und dass für bestimmte Berufsausbildungen ein Realschulabschluss eine zwingende Voraussetzung ist.

MATERIE: KÖRPER UND SEELE

Mit den im Bioresonanzgerät eingebauten Quantensensoren erstellte er auf 20 km Entfernung ein Profil mit meiner Stimmung und meinen körperlichen und seelischen Themen. Ich war verwirrt, begeistert und geplättet zugleich. Der *Healy* erkannte meine Schilddrüsen-Belastung und noch einiges mehr, was Florian nicht wissen konnte – und das in Echtzeit.

»Deborah, ich glaube, dass der *Healy* genau das Richtige für dich ist. Bestell den *Healy*, probiere ihn aus; du kannst ihn nach 14 Tagen zurückgeben, wenn du nicht zufrieden bist«, drängte er abschließend noch einmal. Ich erinnerte mich an die Worte meiner österreichischen Ärztin: »Ich gebe meinen *Healy* nie wieder her!«

Ich litt immer noch unter Covid-Spätfolgen, hatte die leichte Depression, die auszuufern drohte, und kein Arzt half mir, denn alle Ärzte waren mit Impfungen und Covid-Patienten beschäftigt. Meinen nächsten Endokrinologen-Termin bekam ich erst für sieben Monate später – also September. Und ich war wirklich kurz davor, ins schwarze Loch zu fallen, ich spürte förmlich, wie mein Monster hinter mir stand und mich immer wieder schubste.

---

* »Healy ist ein Medizinprodukt zur Schmerzbehandlung bei chronischen Schmerzen, Fibromyalgie, Skelettschmerzen und Migräne sowie zur unterstützenden Behandlung bei psychischen Erkrankungen wie Depressionen, Angstzuständen und damit verbundenen Schlafstörungen«, heißt es auf einer Produkt-Homepage. Der Kern ist ein Quantensensor zur Messung von »Individualisierten Mikrostromfrequenzen … zur Harmonisierung deines Bioenergetischen Feldes … [Er] analysiert in Echtzeit die notwendigen Frequenzen, welche du brauchst, und überträgt diese auf deinen Körper und in deine Zellen. Dorthin, wo Dysbalancen ausgeglichen werden sollen bzw. die Zellen.« Die Programmgruppen decken verschiedene Aspekte der Harmonisierung des Bioenergetischen Feldes ab, z. B. im Anwendungsbereich Schönheit oder Beruf. https://www.absolutebodyspecialist.de/healy/ (zuletzt aufgerufen am 23.09.2023). Unabhängige Darstellungen dieser ‹Frequenzen› und des ‹bioenergetischen Feldes› fehlen. HYLA hingegen ist ein Luftdesinfektions- und Raumreinigungssystem auf Wasserbasis. Beide Produkte werden im Multilevel-Marketing mit einer ähnlichen schwülstigen Rhetorik vertrieben.

Diese Hölle wollte ich nicht noch einmal betreten. Ich kaufte also den *Healy*. Ich entschied ich mich gleich für den *Resonance* – das teuerste und komfortabelste Modell – mit dem Hintergedanken, dass ich ihn ja innerhalb der Rückgabefrist zurücksenden könnte.

Einen Tag vor meinem 51. Geburtstag wurde das gute Stück geliefert. Die Nacht über lud er auf, und an meinem Geburtstag nahmen ihn mein Sohn und ich uns genauer vor. Ich hatte keine Ahnung, was ich tun sollte, geschweige denn, wie er funktionierte. Das Herunterladen der App und Aktivieren des Healy waren eine Herausforderung. Deswegen begleite ich heute als Sponsor alle meine Member und auch Kunden beim ersten Ingangsetzen des *Healy*.

Ich sah mir Videos über die Funktionen an, triezte meinen eigenen Sponsor, recherchierte im Internet und probierte das Gerät aus. Eine Therapeutin begleitete mich. Als ich an schlimmer Migräne litt, half mir das Gerät binnen 15 Minuten – Zufall?

Die Analyse-App empfiehlt einmal wöchentlich eine Analyse. Das Gerät empfahl mir die *Goldzyklus-Programme, Mentale Balance* und das *Toxine-Programm*. Später wendete ich die Programme *Leber, Lymphe, Meridiane 1* und zwei weitere regelmäßig an.

Meine Stimmung und mein Allgemeinzustand wurden besser. Der schwarze Schatten der nahenden Depression zog sich zurück. Und auch wenn ich das System nicht wirklich ‹be-greifen› konnte, wirkte es doch. Mein innerer Kämpfer in Rüstung schien eine neue Geheimwaffe erhalten zu haben.

Ein Placebo-Effekt konnte es nicht sein, denn ich war mehr als skeptisch bei der Anwendung von ‹frequenzbasiertem Mikrostrom›, hatte das Päckchen für den Rückversand immer noch in greifbarer Nähe. Ich testete noch andere Programme. Nach dem Programm Positive

Gedanken war ich so gut drauf, dass mein Sohn mich fragte, welche Drogen ich genommen habe.

Auch hier eine vorsichtige Warnung: Der *Healy* ist ein Hilfsmittel, kein Heilmittel. Schon gar nicht kann der *Healy* Depressionen heilen, weder durch die diagnostischen Programme noch durch Mikrostrom. Wer an Depressionen leidet, benötigt immer eine professionelle medizinische Therapie, bei schweren Depressionen auch entsprechende Medikamente, denn es gibt keine Alternativen. Antidepressiva können Leben retten, so schwere Nebenwirkungen sie auch im Einzelfall haben mögen.

Der *Healy* aber ist als zusätzliche begleitende Maßnahme ein kleiner Schatz. Er ist wie eine Krücke, mit dessen Hilfe man den Fuß wieder belasten kann und erste Schritte tun darf. Aber der *Healy* ersetzt nicht den Therapeuten oder Nahrungsergänzungsmittel oder Medikamente!

Er ist in der Europäischen Union ein anerkanntes Medizinprodukt der Kategorie 2a und zur begleitenden Therapie bei Depressionen, Migräne, chronischen Schmerzen und Fibromyalgie anerkannt. Wenn Sie interessiert sind, nehmen Sie Kontakt mit mir auf. Nach einer eingehenden Beratung können wir gemäß Ihren Bedürfnissen ein maßgeschneidertes Gerät für Sie aussuchen, möglicherweise sogar noch mit einem ganz individuellen Programm, das mit Hilfe von *TimeWaver* – der ‹Mama› des *Healy* – für Sie geschrieben wird.

Nachtrag

Ich habe in den letzten Jahren gelernt, dass mich das Leben trägt und dass ich, wenn ich nicht gegen den Wind kämpfe, sondern mit ihm schwinge, mehr Energie und mehr Optimismus gewinne. Manche Menschen vergleichen das Leben auch mit dem Wellenreiten auf dem Meer. Surfen lernen kann nur, wer sich mit dem Meer auseinandersetzt, denn es wird immer stärker sein als der Wellenreiter. Erst danach kommt die Entwicklung der eigenen Fähigkeiten und Qualitäten.

Als ich lernte, nicht mehr gegen die Dinge zu kämpfen, war ich plötzlich nicht mehr die einsame Kämpferin, ich fand auch andere Heldinnen und Helden, die ähnliche Wege wie ich gegangen waren. Ich entwickelte das Bewusstsein für Authentizität und das Leben im Hier und Jetzt, denn das war mein Lebenselixier, und so war es auch bei den mir Wesensverwandten. Daher ist es nur logisch: Was gestern passiert ist, können wir nicht ändern, was morgen ist, nicht wissen. Wenn wir unser Seelenheil an Zustände hängen, die es nicht gibt, uns ihnen sogar unterwerfen, müssen wir uns verbiegen und werden irgendwann zerbrechen,

Nach der Reha kam die Zeit der Ehrlichkeit. In der Arbeit outete ich mich und erzählte offen und mutig, dass ich einen Burnout erlitten und Depressionen hatte und deswegen einiges in meinem Leben ändern müsse.

Das kam leider gar nicht gut an. Meine perfekte Kollegin sagte mir ins Gesicht, ich hätte sie in Stich gelassen, und für sie gäbe es so etwas wie einen Burnout nicht. Mein Vorgesetzter konnte weder damit umgehen, noch mit mir eine Lösung für eine bessere Arbeitsatmosphäre finden. Der Betriebsrat riet mir, zu kündigen.

Ich war kein Performer mehr, und weniger als perfekt geht eben gar nicht in manchen Betrieben in der freien Wirtschaft. Mir wurde bewusst, dass wir in unserer Gesellschaft noch einiges dazu tun müssen, um ein Umdenken anzustoßen. Manchmal genügt es eben nicht, wenn wir selbst mutig genug sind, aber andere dafür kein Verständnis aufbringen, weil sie nicht damit umgehen können, alle irgendwie Abweichenden vielleicht auch nicht in ihre Nähe lassen wollen. Vielleicht wissen diese Abweichenden ja etwas, was die Selbstsicherheit der Getreuen in Frage stellen könnte. In Deutschland werden wir verurteilt, während in manchen kleinen Völkern Menschen mit Depressionen als Schamanen betrachtet werden.

Ich habe meine Anstellung nach diesem Erlebnis aufgegeben und mir eine freiberufliche Existenz aufgebaut. Weder der Betriebsrat noch mein Arbeitgeber wollten mich unterstützen. Es ging um Leistungskennziffern, die ich nicht mehr erfüllen konnte und damit um Firmenerträge. ‹Human Resources›? Ja, der Mensch ist in Deutschland eine Ertragsressource. Für HeldInnen, die gegen den Strom schwimmen und nach einer anderen Lösung suchen, ist da kein Platz.

Ich blickte nach Italien, Spanien, Portugal. Wie lebten dort die Menschen? Ich spürte die Leichtigkeit. ‹Lebe im Flow› scheint dort das Gesetz zu sein. Das Leben ist ein Geschenk und darf Spaß bereiten. Lass dich tragen ...

Der Blick zurück nach Deutschland erschreckte mich: Verbissenheit, Perfektionismus, keine Fehlerkultur, stattdessen Verbranntsein

MATERIE: KÖRPER UND SEELE

nach einem Scheitern. Das ist hier Normalität und wird von niemandem in Frage gestellt. Ich habe versucht, aufzuklären. Ich habe festgestellt, dass es mit den mir vormals verwendeten Mitteln unmöglich war und meine Strategie angepasst. Wir wollen in Deutschland offenbar mit dem vorherrschenden System freudlos und selbstzerstörerisch leben. Nur wer sich auf dem Altar der Leistungsgesellschaft opfert, ist gut angesehen.

Und doch sehe ich inzwischen Hoffnung – mit den heranwachsenden Generationen Y und Z, mit den Menschen, die ähnlich ticken wie ich.

Ich habe losgelassen, was nicht funktionierte, und bin dahin gegangen, wo ich neue Chancen sah, habe aus meinem persönlichen Scheitern gelernt, mich auch der Spiritualität geöffnet. Ich weiß, dass ich die Ablehnung einer Fehlerkultur und das System des Perfektionismus-Gedankens ändern will, denn dieses ‹deutsche System› schützt nur wohletablierte, alteingesessene Machtinteressen; das Ego ist gegen Erneuerung und vereitelt sie.

Ich habe begriffen: Veränderung und Aufklärung bedürfen Persönlichkeitsentwicklungs- und -entfaltungsmöglichkeiten. Die Lösung liegt in der Bewusstseinsschärfung, wie sich Gesundheit, Glück und Gleichgewicht anfühlen und wie sie zusammenspielen. Es braucht die Erkenntnis, dass sie sich in ihrer Gesamtheit ergänzen. Mit diesen drei Komponenten kommt der Erfolg automatisch, wenn wir im Flow sind – Flow als reale, quasi-materielle Zeitströmung verstanden, nicht als Laune von diesen oder jenen.

Der Mensch verlässt die Komfortzone jedoch erst, wenn es fühlbar ungemütlich wird. Es muss weh tun. Sogar Tony Robbins hat dies festgestellt und lehrt: Gehe in den Schmerz, damit du es wirklich änderst. Nur leben wir in Deutschland anscheinend auch weiterhin wie die Made im Speck und können es uns erlauben, über unser wahres Wohlergehen hinwegzugehen. Diejenigen, die darauf aufmerksam machen, sehen die meisten nicht oder klagen sie als ‹Spinner›, ‹Esoteriker› oder ‹Undankbare› an.

Ich erinnere mich an so manche Momente der inneren Zerrissenheit und Verzweiflung. Doch welche Auswirkungen hätte es auf die nächsten Generationen, wenn immer mehr Menschen die ganzheitliche Gesundheit von Körper, Geist und Seele anstreben und den Perfektionismus hinter sich lassen?

Wissen wir, wie sich geistige, seelische und körperliche Gesundheit anfühlt? Können und wollen wir uns das überhaupt vorstellen? Stellen Sie sich vor, Sie hätten so viel Power und Energie, dass Sie täglich mit Freude aus dem Bett hüpfen, gut gelaunt sind und auch ein schönes liebevolles Gefühl für sich selbst entwickeln könnten, ohne Drogen zu konsumieren.

Angenommen, Ihr Job ist das, was Sie erfüllt und was Sie lieben: Was wäre, wenn Sie Fehler als Möglichkeit zur Weiterentwicklung

sehen dürften? Jedes Scheitern führt schließlich zum Lernen. Stellen Sie sich vor, Sie und jeder Mensch wären ausgeglichen, in Selbstliebe und im Flow. Wäre das die Formel für den Weltfrieden?
Unser Weg in ein ‹Andersdenken› ist noch weit, das Ziel jedoch bereits sichtbar. Unser Beitrag: Tun wir uns zusammen und erlauben unseren Kindern ‹Unperfektsein›, ohne sie zu strafen. Visionäre wie Henry Ford, Albert Einstein, Steve Jobs und Elon Musk zeig(t)en es uns: Wer aus dem Rahmen fällt, erweitert die Grenzen und macht scheinbar Unmögliches möglich.
Scheitern wir also wie ein Profi, denn nur durch Fehler lernen wir. Wie sonst könnten wir eine Situation, ein Produkt, eine Lebensweise verändern? Wenn alles super läuft, bleiben wir in unserer Komfortzone und im Stillstand. Ob es besser geht, würden wir nie erfahren. Lernen wir mit Freude aus unseren Fehlern! Meine Großmutter sagte:»Nur aus Fehlern lernen wir!« Und in der Folge können wir uns weiterentwickeln.
Mein Appell an Sie: Denken Sie anders! Sie kennen jemanden mit Burnout? Haben es ggf. selbst? Jemand in Ihrem Umfeld hat Depressionen? Dieser Mensch lebt nicht im Fluss. Die Ursachen können unterschiedlicher Natur sein, beginnend mit unterdrückten Talenten und Fähigkeiten bis zu Vitamin-D- und Omega-3-Mangel oder einem Darm, der nicht richtig funktioniert.
Möglicherweise ist auch ein Festhalten an der Vergangenheit und ein Hadern mit dem eigenen Schicksal ein Thema – frei nach dem Motto: ‹Warum Ich?› Sie mussten diese Erfahrung machen, um sich weiterzuentwickeln und um denen zu helfen, denen es heute oder morgen ähnlich geht. Leben Sie die Veränderung und denken Sie anders! JETZT!
Heute schrieb jemand auf Facebook:»Das Universum hat mir zum Geburtstag Covid-19 geschenkt. Ganz mein Humor!« Diese Dame hatte nur leichte Symptome. So konnte ich zurückschreiben:»Das Universum hat dir ein Genesenen-Zertifikat für die nächsten sechs Monate zum Geburtstag geschenkt.« Mein Appell: Verändern Sie den Blickwinkel!
Können Sie kochen? Denken Sie daran, wie Sie es gelernt haben. Wie waren die ersten Anläufe? Haben Sie nach dem ersten verbrannten Braten einfach aufgehört zu kochen und zu essen? Nein, Sie haben daraus gelernt und möglicherweise geben Sie gerade jetzt Ihre Erfahrungen, Tipps und Tricks weiter an Ihre Kinder oder Schüler. Sie sind gescheitert, haben aber wie ein Profi daraus gelernt und die Schritte optimiert, möglicherweise Ihr eigenes Familienrezept entwickelt, das von Generation zu Generation weitergegeben werden darf.
Der Auslöser war Ihr erstes Scheitern, ein Missgeschick. Viele Profis und Experten – Edison, Steve Jobs, Ford – scheiterten x-mal, bevor sie Erfolg hatten, Innovationen auf den Markt brachten, die die Welt veränderten, ihre Expertise entwickeln und einbringen konnten.

MATERIE: KÖRPER UND SEELE

Sie sind gescheitert, wieder aufgestanden und haben dazugelernt? Werden Sie Mentor:in für andere Helden. Sie sind eine ganz persönliche Heldenreise gegangen und haben Erfahrungen gesammelt. Jetzt sind Sie so weit, Ihre Erfahrungen und Ihre Weisheit an die weiterzugeben, die jetzt am Boden liegen.

Mein neuer Weg begann 2017 mit meinem Blog ‹Mama brennt› und einer Weiterbildung zum Coach für Stressmanagement. Danach machte ich eine Ausbildung zur Meditationslehrerin, Aromatherapeutin, Hypnotiseurin. Es folgten noch viele andere Ausbildungen, und es werden sicher weitere folgen.

Mir war wichtig, zu verstehen, warum ich den Burnout erlebte, und ich wollte daraus lernen. Nicht erneut den gleichen Weg zu gehen, der in den Untergang geführt hat, ist der erste Schritt. Einen anderen Weg zu wählen, ist mutig, und manchmal weigern wir uns. Denn Unbekanntes macht uns Angst. Diese Angst ist erlaubt und ein Teil unserer Natur. Wenn Sie also mutig genug gewesen sind, nehmen Sie die an die Hand, die jetzt ins Unbekannte gehen.

Kennen Sie die Heldenreise nach Campbell? Jeder Held hat zu Beginn seiner Reise eine ‹Verweigerungshaltung›. Und nun ist es Zeit, aufzubrechen.*

---

* Joseph Campbell gehörte zur Gründergeneration der Ethnografie in Europa und den Vereinigten Staaten. Zugleich spürte er gleichartigen Erzählfiguren in der Mythologie der ganzen Welt nach und arbeitete den Idealtypus der Heldenreise heraus, in Europa aus der Odyssee und aus der Gralssage bekannt, aber auch aus Volksmärchen wie dem tapferen Schneiderlein. Campbell legte seine Erkenntnisse in zwei Hauptwerken nieder: *Der Heros in tausend Gestalten*, Berlin: Insel Verlag, 2022 (Neuübersetzung) (Original: *Hero with a Thousand Faces*, New York: Pantheon Books, 1949) und *Die Masken Gottes*, 4 Bde., Basel: Sphinx Verlag, 1991/92 [I *Mythologie der Urvölker* II *Mythologie des Ostens* III *Mythologie des Westens* IV *Schöpferische Mythologie*] (Original *Masks of God*, 1959–1968). Sein mythologisches Konzept der Heldenreise als kollektiver Geistesgeschichte der Menschheit ist seitdem für die psychologische Alltagsberatung angepasst worden, u. a. unter Rückgriff auf die Tiefenpsychologie von C. G. Jung und die Annahme eines morphogenetischen Feldes als feinstoffliches Substrat z. B. der dort postulierten Archetypen. Es liegt auch meiner eigenen Heldenakademie zugrunde, in der ich Alltagsheld:innen sammle, die ihre Erfahrungen weitergeben und damit anderer Mut machen.

Energie:
Gut und Böse

ENERGIE: GUT UND BÖSE

Spiritualität und Lebenssinn

Esoterik, Glaube, Seelenwelt und Wiedergeburt sind Teil eines großen Ganzen. Der Mensch ist Seele, Geist und Körper und steht in Verbindung mit dem gesamten Universum. Jeder einzelne trägt den Wunsch nach Glück und Liebe in sich.

Epigenetik, unsere Kindheit, die Ernährung, die Erziehung in Elternhaus und Schule, Freunde, traumatische Erfahrungen und besondere Erlebnisse machen uns zu der Persönlichkeit, die wir heute sind. Nicht der Arzt heilt uns von unseren Persönlichkeitsstörungen, wir können selbst heilen, sobald wir die Zusammenhänge begriffen haben, loslassen können, was uns belastet, und daran arbeiten, was uns Heilung bringt.

Für mich ist jeder Tag ein Geschenk, jeder Feind ein Freund. Ich halte es mit dem Dalai Lama: Es gibt keine Feinde, nur Lehrer. Jeder Tag ist eine Herausforderung, etwas Neues zu lernen. Vielleicht aber auch eine neue Möglichkeit, sie und auch uns mit schönen Gefühlen zu beschenken. Jede Begegnung mit einer herausfordernden Persönlichkeit ist für mich ein Geschenk, lehrt mich, mich in Geduld zu üben und zu verstehen, welche unerfüllten Bedürfnisse ich gerade spüre und was mich mein Lehrer lehren will. Was berührt diese Person in mir? Wäre ich gerne genauso, oder würde ich mich gerne abgrenzen?

Auf jeden Fall möchte ich mich vervollständigen, denn unvollständig zu sein, bedeutet, unglücklich zu sein. Unsere Bedürfnisse nach Sicherheit, Liebe, Anerkennung sind der Schlüssel zu einem guten Leben.

Auf der Suche nach Gott – bedingungslose Liebe

Eine verzweifelte Gottsucherin fragte mich: »Deborah, wie hast du zu Gott gefunden? Ich suche ihn und kann ihn nicht finden!« Wir führten ein ehrliches Gespräch; meine Worte kamen aus tiefstem Herzen. Ich fühlte Gottes Führung und seine bedingungslose Liebe in mir und um mich. Er war in diesem Moment so nah bei mir, dass ich das Gefühl hatte, seine Übersetzerin zu sein.

Gott schien durch mich zu sprechen. Ich musste nicht überlegen, was ich sagte. Es war alles da und wollte nur ausgesprochen werden. Ich spürte meine Liebe zu ihm und seine zu mir.

Ich war Gott erstmals in meiner Kindheit in Teheran begegnet, als mein iranischer Großvater im ‹Männerzimmer› seinen Gebetsteppich auslegte, die Tür schloss und laut betete. Ich verstand nicht, was er tat. Ich sah nur, dass er mit Allah alleine sein wollte. Ich wollte auch zu Allah zu beten, doch ich durfte nicht.

Mochte Allah kleine Kinder nicht? Immerhin nahm mich meine iranische Großmutter auf einer Pilgerreise nach Mekka mit. Dort wurden Märtyrer bewundert, die sich für Allah geopfert hatten oder im Kampf um den Glauben gestorben waren.

In der ersten Grundschulklasse in München fiel mir ein Kreuz mit einem Mann auf. Ich fragte, wer das sei, und hörte: Das ist Jesus, Sohn Gottes, er ist für die Sünden der Menschen gestorben. Diese Aussage bewegte mich zu einer neuen Frage: War dieser Gott so wie Allah? Wollte auch dieser Gott, dass sich Menschen für ihn opfern oder andere töteten? Als ich erzählte, dass es im Iran einen anderen Heiligen gebe – Allah – ermahnte mich der Lehrer, dass es nur einen Gott gäbe und sonst keinen anderen Heiligen.

Aber Gottes Bodenpersonal überzeugte mich nicht. In den 1970er-Jahren gab es in Deutschland keinen Ethik-Unterricht. Doch da ich als Schiitin nicht getauft war, passte ich im Religionsunterricht in keine Schublade. Ich konnte mir lediglich aussuchen, ob ich lieber in den katholischen oder den evangelischen Unterricht gehen wollte.

Meine Mutter überließ die Entscheidung mir. Wo lag denn schon der Unterschied zwischen diesen Glaubensrichtungen? Offenbar war es nicht einmal ihr als Christin klar. Ich entschied mich für den gleichen Unterricht wie meine beste Freundin. Und wie sollte es in Bayern anders sein: Sie war katholisch.

So saß ich im Religionsunterricht, ‹bewaffnet› mit einer dicken, schwarzen Bibel mit hauchdünnen Seiten und einem erzkonservativen Pfarrer als Lehrer. Ich saugte alles auf, was der Mann erzählte, las sogar in meiner

Freizeit in der Bibel. Sie war das spannendste Buch, das ich in jenem Alter in Händen hielt.

Die Geschichten waren beeindruckend. Mir war klar: Dieser Gott kann nur Allah sein. Meine Mutter bestätigte: Gott hat viele Namen. Ich fragte sie, ob sie an Gott glaube. Sie ging nie in die Kirche, doch freitags gab es Fisch, denn anders kam man in die Hölle.

Bei den Vorbereitungen zur Erstkommunion wurde vom Pfarrer ‹die Spreu vom Weizen getrennt›. Ich ging anfänglich voller Begeisterung zu den Vorbereitungskursen, wollte alles wissen, was mit Gott zusammenhing. Neugierig fragte ich eine Mitschülerin, was denn diese ‹ominöse Beichte› sei. Die Frage war nicht gewünscht. Der Pfarrer zog mich nach der Stunde zur Seite: Er wolle mich nicht mehr dabeihaben. Ich sei schließlich nicht einmal getauft.

Dieser Moment gab mir einen Stich ins Herz. Da kam Gottes Prediger und untersagte mir den Besuch der Veranstaltungen, die mich näher zu Gott bringen konnten. Ich wurde ausgeschlossen, von Gott und von einem Teil meiner Schulklasse. Als die Schulleiterin mir am nächsten Tag mitteilte, dass ich den katholischen Unterricht ab sofort nicht mehr besuchen durfte, wurde die Türe zu Gott auf dem Wege des Katholizismus abgesperrt.

War ich die Spreu, die vom Weizen getrennt werden musste? Wollte Gott mich nicht bei sich haben? Hatte ich zu viele Fragen gestellt? Doch in meinem tiefsten Innern wusste ich schon damals: Was wir für ‹Gottes Willen› halten, ist der Wille der Menschen. Gott ist nur Liebe. Er stellt keine Bedingungen.

Gott wurde zu meinem täglichen Begleiter. Abgelehnt zu werden, war mir nur allzu vertraut; davon ließ ich mich nicht abschrecken: Bereits als Kind hatte ich Möglichkeiten gefunden, mir Zugang zu meinem geliebten Vater zu verschaffen. Genauso tat ich es nun mit Gott. Er war schließlich auch mein Vater. Ich ging in den evangelischen Unterricht. Die Lehrerin war anders und erklärte uns im Unterricht viel mehr als der Katholik. Das Bodenpersonal war eben doch unterschiedlich, stellte ich fest.

Ich besuchte die Kirche in meinem Ort immer, wenn ich Krisen hatte, und fing an, zu beten. Ich ging immer alleine in die Kirche. Manchmal zürnte ich, wenn die Kirche Öffnungszeiten hatte und diese nicht mit meinen Krisen übereinstimmten. Ich suchte und fand Gott dann in der Natur. Wenn wir zu Hause wieder Gewalt erfuhren, flüchtete ich hinaus, fragte ihn, warum er das zulasse, und betete, er möge uns beschützen und unseren Peiniger hart bestrafen.

Er hörte mir immer zu und manchmal träumte ich von ihm. Als meine deutsche Großmutter starb, wusste ich es bereits 24 Stunden vorher und durfte mich rechtzeitig von ihr verabschieden. Als sie von uns ging, bemerkte ich in derselben Nacht, noch bevor wir über ihren Tod informiert wurden, ihre Seele in unserem Kinderzimmer und wusste, sie war bald bei Gott und es würde ihr sehr viel besser gehen bei ihm.

Erst in meinem ‹Scheidungskrieg› kamen Zweifel an Gott in mir auf. Immer wieder stellte das Leben Hürden vor mir auf, als dürfe ich niemals glücklich sein. Ich hatte auf der Suche nach einer intakten Familie meinen Ehemann gefunden und mein Wunschkind bekommen. (Unbewusst hatten wir ihm einen biblischen Namen gegeben.) Warum also scheiterte meine Ehe dann? War es mir nicht vergönnt, glücklich und geliebt zu sein? Was waren die Gründe für meine Trennung? Was brachte in mein Leben so viel Wut und so viele Drohungen? Ich haderte mit mir, Gott und der Welt.

Als ich erschöpft und fürchterlich traurig von einem Termin mit der Scheidungsanwältin zurückkehrte, kamen

ENERGIE: GUT UND BÖSE

mir am U-Bahn-Gleis Suizidgedanken: nur ein kleiner Schritt, und ich hätte endlich Ruhe. Der Gedanke an Aufgabe war so präsent wie noch nie. Doch dann erklangen die Worte des erzkonservativen Pfarrers aus meiner Kindheit in meinem Kopf: Selbstmord ist eine Todsünde. Nein, ich konnte keine Todsünde begehen! Heute bin ich unendlich dankbar für die Begegnung mit diesem katholischen Pfarrer aus meiner Kindheit, dessen einzige Aufgabe es war, mir einen Satz für mein Leben mitzugeben, der mich in meinem schlimmsten Moment davon abhielt, meinem Leben ein Ende zu setzen.

Weinend kam ich zu Hause an, stellte mich in die Küche, um mir eine Suppe zu kochen. Nach diesem Erlebnis fror ich ziemlich, fühlte mich verloren und fragte leise: »Lieber Gott, kann mein Leben nicht endlich mal gut laufen? Warum gibt es immer wieder diese schlimmen Erlebnisse? Ich ertrage das alles nicht mehr! Wo bist du? Warum tust du mir das an?«

Um mich von den dunklen Gedanken abzulenken, schaltete ich das Radio an: Der Song *Rose Garden* von Dolly Parton klang laut aus den Lautsprecherboxen: »*Along with the sunshine there's gotta be a little rain some time.*« Ich starrte auf das Radio und hörte das Lied. Dankbar nahm ich wahr: Gott hatte einen neuen Weg gefunden, mit mir zu kommunizieren. Er hatte diesen Weg gewählt, weil ich nicht mehr bei mir selbst war und nur noch im Außen funktionierte. Ich hatte ihn und seine Zeichen nicht mehr erkannt.

In den nächsten Monaten erlebte ich ähnliche Momente mit Gott im Radio. Als ich eines Tages fragte, ob ich mein Ziel, einmal richtig gut zu schreiben, erreichen würde, erklang der Song *You can get it if you really want* von Jimmy Cliff. Im Jahr 2017 begann ich mit meinem Blog, 2018 durfte ich bei meiner Lieblingszeitung in Elternzeitvertretung in der Redaktionsassistenz arbeiten, da mein Blog überzeugt hatte, erhielt 2020 die Möglichkeit für eine Weiterbildung zur Online-Redakteurin.

Auch der Regionalleiter einer Tageszeitung bestätigte mir, dass ich eine ‹gute Schreibe› hätte. Meine Alpträume packte ich in Kurzgeschichten, die in Anthologien des Genres Horror unter einem Pseudonym veröffentlicht wurden.

Gottes Zeichen
Ein Mann ist in einem Dorf, das durch eine große Überschwemmung bedroht ist. Alle Bewohner verlassen ihre Häuser bis auf ihn. Er steigt auf das Dach seines Hauses und sagt: »Ich glaube an Gott, er wird mich retten.«

Als das Wasser fast das Dach erreicht, kommt ein Boot mit Nachbarn vorbei. Die Menschen rufen ihn und wollen ihn mitnehmen. Er aber sagt: »Gott wird mich retten.« Ein Feuerwehrboot kommt vorbei. Auch hier will der Mann nicht einsteigen und er wiederholt: »Gott wird mich retten.« Als er die Wasserwacht vorbeiziehen lässt und auch hier nicht einsteigen will, ist es zu spät und der Mann ertrinkt.

Im Himmel steht der Mann vor Gott und klagt: »Warum hast du mich nicht gerettet?« Gott schüttelt verzweifelt den Kopf und sagt: »Ich habe dir zuerst die Nachbarn vorbeigeschickt, dann die Feuerwehr und zu guter Letzt die Wasserwacht. Du wolltest aber nirgends mitfahren und hast mir keine Chance gegeben, dich zu retten.«

Ein besonderer Traum
Ich habe oft darüber nachgedacht, mich taufen zu lassen. Aber ich fand entweder nicht den richtigen Pfarrer oder nicht den richtigen Moment. Als meine Scheidung gerade rechtsgültig geworden war und ich damit einen Lebensabschnitt abgeschlossen hatte, hatte ich einen ganz besonderen Traum:

ENERGIE: GUT UND BÖSE

In diesem Traum war ich auf dem Weg zu meiner Hochzeit mit einem Mann, den ich nicht kannte. Wir fuhren in einer Limousine zur kirchlichen Trauung. Als ich ausstieg, trug ich eine dunkelblaue Jeans und eine weiße Bluse – wie unpassend! Meine Mutter, stets auf Etikette bedacht, zürnte: »Wie kannst du nur so zu deiner Hochzeit erscheinen?« Ich antwortete: »Das ist doch meine Hochzeit, da ziehe ich an, was mir gefällt!«

Wir gingen gemeinsam in die Kirche, hinter mir tuschelte meine Mutter mit meiner zukünftigen Schwiegermutter, die sich ebenfalls über meinen Aufzug echauffierte. In der Kirche standen mein zukünftiger Ehemann und ich am Altar vor einem sehr sympathischen Pfarrer, der mich aber erst taufen musste, bevor ich die Ehe schließen konnte.

Die Taufe war für mich ergreifend; ich war sehr glücklich. Als die Taufzeremonie fertig war, fühlte ich bedingungslose Liebe in mir und strahlte innerlich wie noch nie. Ich sah an mir herunter und bemerkte, dass ich plötzlich ein traumhaft schönes weißes Hochzeitskleid und eine silberne Kette mit einem silbernen Kreuz trug. Das Gefühl, das ich dabei spürte, war wunderbar. Ich drehte mich zu den Gästen um und sagte, ich wolle nicht mehr heiraten, denn ich sei jetzt mit Gott zusammen und so glücklich wie noch nie in meinem Leben.

Wieder war meine Mutter erzürnt. Sie fragte: »Was sollen wir nun mit dem ganzen Essen und den Gästen machen?« Ich antwortete: »Wir feiern! Denn jetzt gibt es wirklich etwas Wunderbares zu feiern. Gott ist bei und mit mir!« Als ich aus der Kirche ging, drehte ich mich um und fragte meine Freundin, was das für eine Kirche sei. Sie antwortete: »Eine evangelische.«

Beim Aufwachen bemerkte ich, wie ich weinte, und ich wusste: Ich musste mich taufen lassen. Der Zeitpunkt war gekommen. Ich setzte mich an den Computer und suchte nach der evangelischen Kirche in Ismaning. Ich fand sie und telefonierte mit dem sehr freundlichen Pfarrer – der Stimme nach zu urteilen im fortgeschrittenen Alter. Ich fragte vorsichtig, ob er auch Erwachsene taufe: Selbstverständlich tue er das. Wir vereinbarten noch am selben Tag ein persönliches Gespräch.

Dort angekommen wusste ich nicht, wer der Pfarrer war. Ein junger Mann erschien im Verwaltungsgebäude und fragte mich, ob ich Frau Bichlmeier sei. Der Stimme zufolge konnte es nicht der Pfarrer sein. Er richtete aus, Pfarrer Blechschmidt verspäte sich etwas; ob ich im Vorraum warten wolle. Ich nickte.

Das Nebengebäude der evangelischen Kirche hat schöne große Fenster; daher konnte ich in den Vorhof des Eingangsbereiches blicken. Dort näherte sich ein älterer Mann auf einem Fahrrad. Er sah aus wie der Pfarrer, der mich im Traum getauft hatte. Er hielt an, stellte sein Fahrrad ab und betrat den Raum, in dem ich wartete.

»Frau Bichlmeier? Ich bin Pfarrer Blechschmidt, bitte entschuldigen Sie meine Verspätung.« Noch deutlicher konnte Gott nicht sagen, dass er mich geführt hatte. Als ich Pfarrer Blechschmidt meinen Traum erzählte, in dem er der Pfarrer gewesen war, sagte er mit Freude: »Ja, dann muss ich Sie taufen!«

Gott ist überall, auch bei Gottvergessenen
Einst ging ich an einem Erntedankfest in einer fremden Stadt bedrückt aus meinem Hotel, da ich tags zuvor ein unschönes Erlebnis gehabt hatte. Ich hatte das Erntedankfest auch gar nicht mehr auf dem Bildschirm; für mich war es ein ganz normaler, wenngleich trauriger Sonntag. Plötzlich ertönten die Kirchenglocken einer katholischen Kirche so laut, dass ich sie nicht überhören konnte. Ich folgte ihrem Klang, und sie hörten überraschenderweise erst dann auf, als ich die Kirche gefunden hatte und vor dem Tor zum Vorhof stand.

Ich ging hinein und suchte mir einen Platz in diesem schönen und freundlich geschmückten Gebäude, mit vielen

Menschen, die das Erntedankfest begehen wollten. Damals hatte mich Gott zu einem der schönsten Feste eingeladen und ich nahm die Einladung an. Nach dem Gottesdienst war ich wieder in meiner Mitte und glücklich. Für mich ist mein Glaube eines meiner Instrumente gegen die Depression und für meine Stabilität.

Auch wenn wir das Gefühl haben, Gott verloren zu haben, ist er trotzdem da. Für mich ist die Suche nach Gott auch die Suche nach uns selbst und die Suche nach bedingungsloser Liebe. Alles ist in uns.

Das Leben – Aufstieg zum ‹Next Level›

Würden wir keine Fehler machen, wären wir Götter und hätten ein anderes Dasein. Doch wenn wir Veränderungen, Stürme und Umschwünge überleben, gehen wir gestärkt daraus hervor und tragen den Kopf ein Stückchen höher.

Das Leben ist eine Bilanz von Haben und Soll. Ist sie nicht ausgeglichen, sind wir im Ungleichgewicht. Wir können die Bilanz zu unseren Gunsten ändern und damit unsere Mitte finden, oder wir scheitern. Es hängt von uns selbst und unseren (gedanklichen) Grenzen ab. Wir sind immer Herrin unseres Lebens, entscheiden, ob wir weitermachen oder nicht, gleichgültig, wie das Umfeld ist. Wenn wir in einem schlechten Umfeld sind, können wir selbst entscheiden, ob wir es verlassen oder nicht. Zumindest als Erwachsene. Für Kinder oder Jugendliche ist das anders.

Auch Beziehungen sollten ausgeglichen sein. Eine Beziehung zu unterhalten, bedeutet, täglich an ihr zu arbeiten, den anderen nicht höher oder niedriger zu stellen als sich selbst oder gar das eigene Glück in Abhängigkeit vom Partner – oder anderen Personen – zu sehen. Um die eigene Mitte bzw. den Ausgleich zwischen den Partnern zu schaffen, bedarf es immer der Eigeninitiative.

Beziehungen sind nie von Dauer. Sie beginnen mit unserer Geburt und werden spätestens durch den Tod beendet, es sei denn, wir selbst oder die anderen ziehen vorher einen Schlussstrich.

Wir sind nur uns selbst und dem Planeten verpflichtet. Eltern und Pädagogen tragen eine ganz besondere Verantwortung für Kinder und Jugendliche. Das ist die größte Verantwortung – Generationen und deren Zukunft. Bis Kinder sich selbst gefunden haben, erwachsen sind und das Nest verlassen, beeinflussen wir sie außerordentlich. In einer Paar-Freundschaft kann der Partner Antworten geben auf Fragen, die wir stellen. Oder uns stützen.

Ist das alles wirklich so? Haben wir es wirklich mit unumstößlichen Gesetzmäßigkeiten zu tun? Und wenn eine Beziehung tatsächlich einmal anders funktioniert? Wenn sich ein Teilchen im Universum in eine andere Richtung bewegt, verändert sich auch der Lauf aller anderen Teilchen. Setzen wir uns also vielleicht Grenzen, die es nicht gibt? Sprechen Buddhisten nicht immer von Ursache und Wirkung? Wenn das so ist, hat doch auch das Tun oder Nichttun von anderen auf uns einen direkten Einfluss, ob es nun einem Modell oder Idealtypus entspricht oder nicht.

Und wer denkt nicht gelegentlich in schlechten Zeiten: »Ich mag nicht mehr! Ich kündige dieses Leben«? Meine Überzeugung ist, dass wir nur so viel aufgebürdet bekommen, wie wir ertragen können. Und bevor wir dieses Leben begonnen haben, haben wir die Regie und die Regeln dafür selbst geschrieben und uns die Umgebung dabei ausgesucht. Wir wollten jede einzelne dieser Erfahrungen sammeln, jede Freude und jedes Leid spüren und jedes Hindernis auferlegt bekommen und dürfen es nun auch. Ohne Wenn und Aber.

ENERGIE: GUT UND BÖSE

Vielleicht haben wir noch aus dem letzten Leben eine Aufgabe mitgenommen, die wir nicht gelöst haben. Wer genauer wissen möchte, welche Aufgabe er in einem seiner Leben nicht erfüllen konnte, kann es mit einer Rückführung versuchen. Ich habe es getan und viel erfahren.

Eine Schamanin erzählte mir: Wenn wir sterben, gehen unsere Seelen in den Himmel. Wir erfahren unendliche Liebe, so viel, wie wir nie erhofft haben. Wir dürfen sie einige Zeit annehmen und aufnehmen. Wenn wir genug Liebe erfahren haben, spüren wir das Bedürfnis, wieder auf die Erde zu gehen. Wir treffen uns mit den anderen Seelen und schreiben unser eigenes Regiebuch für unser nächstes Leben. Wir suchen unsere Helfer untereinander aus und auch die, denen wir im neuen Leben helfen wollen.

Manche Seelen möchten auf die Erde kommen und erfahren, wie es sich anfühlt, Hunger und großes Leid zu spüren, mit allem Drum und Dran, andere wollen wissen, wie es sich anfühlt, großen Reichtum zu besitzen, mit allen Vor- und Nachteilen und so weiter. Wir nehmen eine Aufgabe mit, die wir lösen wollen, vielleicht eine aus dem Leben zuvor. Jede Seele, die wiedergeboren werden will, ist mutig. Ganz besonders mutig sind diejenigen, die zu Zeiten von Krisen und Krieg hinuntergehen.

Wir verabreden uns mit den anderen Seelen und gehen hinunter auf die Erde und lassen uns in die Familie hineingebären, die uns die gesuchten Erfahrungen geben kann bzw. uns die Richtung weisen wird. Vom ersten Atemzug an übernehmen wir unsere Aufgabe, die wir uns gestellt haben, und akzeptieren die Umstände, erkennen, wenn wir hinsehen, unsere Verbündeten – die anderen Seelen –, die uns unterstützen sollen, wenn wir sie rufen, oder denen wir in Zeiten der Not helfen wollen.

Babys und Kleinstkinder erinnern sich noch an ihr vorheriges Leben und an alles, was mit der Wiedergeburt zusammenhängt. Ab drei Jahren jedoch vergessen es die meisten wieder und damit auch ihre Aufgabe. Das Spiel beginnt und bereitet uns jeweils unsere ganz besonderen Herausforderungen, die wir brauchen, um die selbstgestellen Aufgaben zu bewältigen.

Der ‹ESO-Stempel›
Zuletzt habe ich mehrfach in den Sozialen Medien und im Umfeld gehört: ‹Du bist mir zu esoterisch, damit kann ich nichts anfangen!› Manchmal hat es mich getroffen, manchmal nur verwirrt, denn meine Kritiker kannten mich nicht persönlich, sondern über die Sozialen Medien. Ich wurde also wahrgenommen, aber nicht so, wie ich bin oder wahrgenommen werden möchte.

Habe ich ein falsches Bild von mir oder trage in den sozialen Medien eine Deborah in die Öffentlichkeit, die missverstanden wird? Möglicherweise sollte ich an meiner Kommunikation arbeiten? Oder wird der Ausdruck ‹Esoterik› missverstanden? Manche halten Esoteriker für Verrückte, Spinner und Lebensferne. ‹Du bist esoterisch› ist vielleicht aber auch nur eine Beleidigung für Frauen und ihre Empathie. Doch was ist Esoterik, und warum ist sie so negativ behaftet.

Esoterik (von altgriechisch ἐσωτερικός esōterikós ‚innerlich', ‚dem inneren Bereich zugehörig') ist in der ursprünglichen Bedeutung des Begriffs eine philosophische Lehre, die nur für einen begrenzten ‹inneren› Personenkreis zugänglich ist, im Gegensatz zu Exoterik als allgemein zugänglichem Wissen. Andere traditionelle Wortbedeutungen beziehen sich auf einen inneren, spirituellen Erkenntnisweg, etwa synonym mit Mystik, oder auf ein ‹höheres›, ‹absolutes› Wissen.

ENERGIE: GUT UND BÖSE

Heute gibt es weder im wissenschaftlichen noch im populären Sprachgebrauch eine allgemein anerkannte Definition von Esoterik beziehungsweise esoterisch. In der Wissenschaft haben sich zwei grundlegend verschiedene Verwendungen dieser Bezeichnungen etabliert: Die Religionswissenschaft beschreibt und klassifiziert verschiedene Formen religiöser Aktivität, die sie als Esoterik zusammenfasst. Die Geschichtswissenschaft befasst sich hingegen mit bestimmten Strömungen der westlichen Kultur, die gewisse Ähnlichkeiten aufweisen und historisch miteinander verbunden sind.

Im populären Sprachgebrauch versteht man unter Esoterik vielfach ‹Geheimlehren›. Ebenfalls sehr gebräuchlich ist der Bezug auf ‹höhere› Erkenntnis und auf Wege, welche zu dieser führen sollen. Des Weiteren wird das Adjektiv ‹esoterisch› häufig abwertend im Sinne von ‹unverständlich› oder ‹versponnen› verwendet. (Quelle: Wikipedia)

In welcher kuriosen Schublade war ich da gelandet? Ich habe mich der Suche nach meinem ‹wahren Ich› als Erwachsene das erste Mal ernsthaft im Burnout gestellt. Ich wusste als Erkrankte nicht mehr, wie mich meine Umwelt wahrnahm, war in einer Blase gefangen – ohne Gefühl und ohne die Fähigkeit, die Realität zu erkennen. Der Spruch ‹Die Gesunden und Kranken haben ungleiche Gedanken› war Programm. Ich dachte über die Sinnhaftigkeit meines Seins nach, stellte alles und jeden in Frage, auch die Berechtigung meiner eigenen Existenz. Meine Fragen waren: ‹Wer bin ich?› und ‹Ab wann bin ich es wert, geliebt, respektiert und anerkannt zu sein?›

Ich las Bücher oder hörte Hörbücher, entdeckte Veit Lindau. Heute liebe ich seine Bücher und empfehle sie gerne weiter, wenn es passt. Sie haben mir schon über einige Krisen hinweggeholfen. Seine Meditationen sind umwerfend (auf *YouTube* zu finden).

Veit Lindau bezeichnet den Menschen, wenn er auf die Welt kommt, als ‹Fleischklöpschen›. Bereits in Werde Verrückt bin ich über diese Bezeichnung gestolpert und war unsicher, ob ich es so annehmen kann und will. Inzwischen gebe ich ihm teilweise recht. Zu Beginn unseres Daseins haben wir kein ‹Ich-Bewusstsein›, das uns zu Individualisten macht. Auf der anderen Seite sind wir eins mit allem.

Seitdem ich auch *Genesis* höre, frage ich mich, ab wann wir unsere Grenzen (oder die Grenzen unseres Kollektivs) wahrnehmen und als ‹richtig› akzeptieren. Ab wann sind wir ‹wir selbst› und nicht ‹die anderen› (unsere Eltern, Freunde, Kirchenvorstände)?*

Ich bezweifle, dass wir jemals 100 % ‹ich› sind. Das Bewusstsein unserer Individualität und des Kollektivs ändert sich im Laufe unseres Lebens mehrfach. Geschieht dies allerdings nur durch Leid oder auch durch andere Faktoren? Viele Menschen haben wie ich eine Veränderung erst dann angestoßen, als das Leid unerträglich wurde – es fühlt sich an, als ob wir wie Diamanten sind, die nur unter ungeheurem Druck entstehen.

Als ich mehr über das morphogenetische Feld (vgl. Veit Lindau, C. G. Jung, Sheldrake) erfuhr, das uns alle miteinander verbindet, wurde ich neugierig.[†] Ich kannte das Einheitsbewusstsein bereits aus der Meditation. War das hier so ähnlich, nur sogar physikalisch messbar?

---

* Veit **Lindau**, *Werde verrückt! Wie du bekommst, was du wirklich willst*, München: Goldmann Verlag in der Verlagsgruppe Random House GmbH, 2019; ders., Genesis. Die Befreiung der Geschlechter, München: Gräfe & Unzer, 2021.

† Das ‹morphische Feld› ist ein feinstoffliches Formideal, das realen Daseinsformen zugrunde liegt und in das diese sich bei ihrer Ausbildung gewissermaßen als Gussmasse ergießen. Dies gilt für die gesamte stoffliche Welt, ob biologische Phänotypen, Kristallstrukturen oder

ENERGIE: GUT UND BÖSE

Ich erinnerte mich an eine Aufstellung mit Prof. Dr. Franz Ruppert in München, bei der ich Zuschauerin war. Jeder Teilnehmer, der als Stellvertreter eines Patienten oder Klienten ausgesucht wird, verkörpert ein Wort aus der von diesem Patienten gestellten – und gut sichtbar auf ein Flipchart geschriebenen – Frage.*

Eine junge Frau hatte damals bei meinem Erlebnis die Frage gestellt: »Warum habe ich den Unfall überlebt?« Niemand wusste, was gemeint war, und sie sprach zunächst auch nicht darüber. Sie hatte einfach nur diese Worte an die Tafel geschrieben. Die Anwesenden sollten nicht beeinflusst werden.

Eine Stellvertreterin stand für das Wort WARUM, eine andere für UNFALL usw. – und es machte etwas mit ihnen. Die Verkörperung des Wortes ÜBERLEBT berichtete, sie könne sich nicht mehr bewegen und habe das Gefühl, irgendwo festzustecken. War es Einbildung? Show? Al-

---

Lernschritte. Es handelt sich nicht um einen Idealtypus – ein aus der Fülle der realen Varianten abstrahiertes, rein erdachtes Modell –, sondern um eine reale, gewissermaßen ‹mehr als reale› Grundform, der die Einzelexemplare einer Gattung bei ihrer Entstehung nacheifern. Die Theorie wurde von dem britischen Biologen Rupert Sheldrake als Gegenentwurf zur materialistischen Naturauffassung entwickelt und in zwei Werken niedergelegt: Rupert **Sheldrake**, *Das schöpferische Universum. Die Theorie des morphogenetischen Feldes*, München: nymphenburger in der F. A. Herbig Verlagsbuchhandlung GmbH, 1988 (Original: *A New Science of Life. The Hypothesis of Formative Causation*, London: Blond & Briggs Ltd., 1981); ders., *Das Gedächtnis der Natur. Das Geheimnis der Entstehung der Formen in der Natur*, Frankfurt am Main: Scherz Verlag in den S. Fischer Verlagen, 2011. (Original: *Presence of the Past: Morphic Resonance and the Habits of Nature*, s. l.: Collins, 1988). Sie ist nicht mit dem morphogenetischen Feld der Entwicklungsbiologie zu verwechseln und hat nichts mit einem ‹kollektiven Unbewussten› und seinen Archetypen zu tun.

* Prof. Ruppert nennt seine Methode ‹Anliegen aufstellen› und beschreibt sie im Sammelband: Franz **Ruppert**, Harald **Banzhaf** (Hg.), *Mein Körper, mein Trauma, mein Ich – Anliegen aufstellen, aus der Traumabiografie aussteigen*, München: Kösel in der Verlagsgruppe Random House GmbH, 2017. Die Methode hat nichts mit Familienaufstellungen und damit der Verkörperung von Rollen durch die Anwesenden zu tun.

lerdings fühlte ich als Zuschauerin auch eine gewisse Bedrückung und Einengung.

Die Lösung am Ende der Aufstellung verursachte mir eine Gänsehaut: Die Fragestellerin war während der Geburt im Geburtskanal ihrer Mutter steckengeblieben und musste mit einer Saugglocke befreit werden. Weder die Stellvertreterin noch die Fragestellerin hatten sich jemals zuvor gesehen oder gekannt.

Wirkte hier tatsächlich ein Kollektivbewusstsein? Und gibt es morphogenetische Felder tatsächlich? Die Quantenphysik – in ihrer heutigen kreativen Übertragung auf feinstoffliche Gegebenheiten – überrascht uns mit immer wieder neuen Erkenntnissen. Warum sollte es also kein Kollektivbewusstsein geben?

Jeder hat schon einmal die Stimmung anderer Menschen sofort wahrgenommen – Resonanz. Auch wenn wir uns dieser Erkenntnis gerne verweigern, es ist Fakt: Wir sind alle miteinander verbunden; die Resonanz ist da. Wer sich mit Meditation und Spiritualität auseinandersetzt, kennt die Kraft der Resonanz und des Einheitsbewusstseins.

Ich fühle mich also mit allen Frauen verbunden, die die Bezeichnung ‹esoterisch› als Herabsetzung und Ausschluss ihrer Persönlichkeit als vollwertige Frau in unserer Gesellschaft empfinden – im Sinne von: ‹Ich bin nicht in Ordnung, so wie ich bin und ticke›. Was in unserer Gesellschaft nicht erwünscht ist, gibt es tatsächlich; es mit einer verächtlichen Handbewegung abzutun, wird daran nichts ändern,

Ein anderes Beispiel: Nach der Reha durfte ich vor einigen Jahren in München bei einer großen Veranstaltung mit Veit Lindau in einem Raum mit über 50 Teilnehmern meditieren. Während dieser Meditation erlebte ich die Erleuchtung, wonach viele Meditationsschüler sich sehnen, und mit der ich hier sicher nicht gerechnet

ENERGIE: GUT UND BÖSE

hatte. Mein Geist verließ während der Meditation meinen Körper. Ich spürte das Verlassen meiner ‹Hülle› und das Aufsteigen in das Universum. Glück, bedingungslose Liebe, Vollkommenheit, Freiheit und die Grenzenlosigkeit des Universums durchströmten mich.

Ich sah Sternenkonstellationen, die ich Jahre später erst im Planetarium in Garching auf Fotos wieder sah und erkannte. Es gab diesen einen Augenblick, in dem ich nicht wieder in meinen Körper zurückwollte. So viel Freiheit, Leichtigkeit und Liebe hatte ich noch nie erlebt. Noch heute ziehe ich Kraft aus dieser Erinnerung. Diesen Zustand habe ich seitdem leider nicht mehr erreicht.

Ernsthafte Esoteriker, die sich auch selbst als solche betrachten und nicht nur so genannt werden, wandeln in anderen Welten. Für sie ist das Verlassen des eigenen Körpers und der Aufstieg zu den Sternen nicht erstaunlich. Ich hingegen befinde mich in zwei Welten, teils ‹hier›, teils ‹dort›. Auch wenn ich Hellsehern und Heilern begegnet bin, bin ich immer noch ‹Realist› oder in deren Augen ‹Sucher oder Zweifler›. Auch die Erleuchtung stellte ich in den Jahren meiner Meditationsübungen in Frage, bis ich sie selbst erlebte. Genauso verhielt es sich mit Resonanz, Quantenphysik, frequenzbasiertem Mikrostrom, und immer wieder bin ich belehrt worden, dass unsere sichtbare Welt von Energielinien durchzogen wird, die ich zuvor für unvorstellbar gehalten hätte.

Wenn ich also zukünftig als ‹Esoterikerin› beschimpft werde, freue ich mich und wünsche mir, dass diese Person einmal ihre Komfortzone verlässt und ihre Grenzen überschreitet. Wir mögen für manche ‹ver-rückt› sein. Das ist aber nur so, weil wir abgerückt sind von dem, was innerhalb unserer engen, praktischen Grenzen liegt. Was schwarz auf weiß steht, ist immer nur so lange die Wahrheit, bis etwas anderes ‹bewiesen› ist.

Schließlich glaubte die Menschheit auch Jahrtausende, die Welt sei eine Scheibe, bis man dann etwas anderes herausfand.

Dass die Wahrnehmung von ‹Ver-Rückten› oder auch nur Entrückten aktuell noch nicht wissenschaftlich fundiert schwarz auf weiß in den Lehrbüchern steht, heißt nicht, dass es ‹Spinnereien› sind. Wer hätte jemals gedacht, dass wir einmal mit schnurlosen Telefonen telefonieren oder Raketen uns zu den Sternen bringen?

Was hat die Menschheit nicht bereits geschafft, bloß weil es ‹verrückte Menschen› gegeben hat? Auch heute sind Menschen wie Dr. Joe Dispenza aktiv dabei, unser Bewusstsein für das SEIN zu verändern. Sie zeigen uns Dinge, die wir nie für möglich gehalten hätten. Auch Clemens Kuby, der sich von seiner Querschnittslähmung heilte, zeigt uns: Da ist erheblich mehr, als wir sehen, wissen und als ‹gegebene Wahrheit› akzeptieren.*

Burnout und Wiedergeburt
Ich habe meine Gedankenfreiheit erst im Burnout gewonnen, meine Fesseln gesprengt und meinen Geist befreit. Heute bin ich dankbar über jeden Lehrer, der mir begegnet, auch wenn er mich erst einmal wütend oder traurig macht. Sie machen mich darauf aufmerksam, was mich noch da festhält, wo eine Weiterentwicklung für mich

---

* Der US-Chiropraktiker Joe **Dispenza** (der hierzulande zu Werbezwecken zu Unrecht als Arzt ausgegeben wird) studierte nach Erfahrungen mit seinen eigenen Selbstheilungskräften nach einem schweren Sportunfall Beispiele über unmöglich erscheinende Genesungen aus den Vereinigten Staaten und baute darauf in einer Serie von Workshops seine Lehre von den weitgehenden Selbstheilungskräften des Menschen und der Materialisierung der Gedanken auf. Sein bekanntestes Werk ist: Joe **Dispenza**, *Werde übernatürlich. Wie gewöhnliche Menschen das Ungewöhnliche erreichen*, KOHA-Verlag, 2017. Die erste zusammenhängende Darstellung der Methode war: Joe **Dispenza**, *Du bist das Placebo. Bewusstsein wird Materie*, KOHA-Verlag, 2014.

noch nicht möglich ist, alte Glaubenssätze oder Ängste hochkommen, ich nicht so frei bin, wie ich mir wünsche.

Mein Leben veränderte sich nach meinem Burnout radikal. Ich absolvierte nach meiner Genesung Kurse und Ausbildungen. Ich wurde zum Coach für Stressmanagement und Burnout-Prävention. Während dieser Weiterbildungsmaßnahmen durchlebte ich meine Hölle ein weiteres Mal, aber diesmal unter dem Blickwinkel der Fachfrau. Ich verstand, was schiefgelaufen war, wo ich früher die Abzweigung hätte nehmen müssen und wie ich für Außenstehende als Kranke gewirkt haben muss.

Mit meiner Ausbildung zur Hypnotiseurin und zur Aromatherapeutin ergänzte ich mein Know-how und mein Portfolio. Ich begreife heute, dass der Mensch nur ganzheitlich betrachtet werden darf und wir intuitiver agieren müssen, als uns in der Schule beigebracht wird.

Unser Gesundheitssystem funktioniert nicht; viele haben nicht verstanden, dass alles in seiner Komplexität nur als großes Ganzes zu betrachten ist. In der traditionellen chinesischen Medizin und in der ayurvedischen Medizin verhält sich das anders. Warum übernehmen wir nicht jahrhundertealtes Wissen und ergänzen es?

In der Allgemeinmedizin hat der Arzt (bei gesetzlich Versicherten) 4,5 Minuten Zeit für Anamnese und Diagnose. Zuhören und Anteilnehmen ist in dieser Zeit nicht möglich. Also werden von Patienten schnell Symptome beschrieben und vom Arzt Medikamente verschrieben. Nach den Ursachen wird nicht geforscht. Wie denn auch, wenn die Zeit dazu fehlt?

Wenn ein Arzt sich aber die Zeit für seine Patienten nimmt, wird er auch nicht bezahlt. So ist das System – sagen Ärzte, die aus dem System ausgebrochen sind, weil sie es mit ihrem Hippokratischen Eid nicht mehr vereinbaren konnten.

Medikamente unterstützen den Körper, aber weder die Ärzte noch die Medizin heilen. Heilung ist ein Prozess, der individuell stattfindet. Wir sprechen von Selbstheilungskräften. Zudem haben Ärzte wie Dr. Joe Dispenza, Prof. Dr. Dr. Christian Schubert (Lehre der Psychoneuroimmunologie)* und Dr. Rüdiger Dahlke† begriffen, dass wir krank werden, wenn das Umfeld nicht passt, die Gedanken und das Herz nicht im Reinen sind und wir entgegen unserer Natur und unseren Talenten leben. Auch in der Epigenetik hat die Wissenschaft viele neue Erkenntnisse gewonnen, die aber kaum bei den Ärzten ankommen – somit auch nicht bei den Patienten. Hier hoffe ich auf die frisch gegründete *HealVersity* von Dr. med. Manuel Burzler und Coach Timo Janisch, die sich vorgenommen haben, die jüngsten Erkenntnisse in diesem Feld zu verbreiten. (Sie stellen sich auf der folgenden Seite vor.)

Wer einen Burnout erlebt, hat zuvor für etwas gebrannt und ist dann ausgebrannt? In Wirklichkeit hat er nie gefunden, was ihn zum Leuchten bringt, ist mehr auf der Suche gewesen als auf dem für ihn passenden Pfad gegangen, bzw. er hat die Flamme, die ihm Zufriedenheit, Glück hätte bringen können, klein gehalten oder selbst gelöscht, weil es einfach nicht in diese Welt gehört. Unsere Fähigkeiten und Talente werden in unserer Welt nicht als ‹richtige Arbeit› anerkannt und daher unterdrückt.

---

* Zu Christian Schubert s. o., Fn. S. 93, zu Joe Dispenza s. o., Fn. S. 235.
† Rüdiger Dahlke ist Anhänger thulischer esoterischer Vorstellungen, hält alle Krankheiten für seelisch bedingt und alle Schicksalsschläge für selbstverschuldet, teils in Verbindung mit früheren Leben. Kopf- und Körperformen geben s. E. Aufschluss über Intelligenz oder Persönlichkeitseigenschaften. Er versucht keinen Brückenschlag zur modernen Naturwissenschaft. Sein 1990 gegründetes Heilkundezentrum in Johanniskirchen in Niederbayern beruhte auf den magischen Prinzipien des Hermes Trimegistos, wie sie letzten Endes (wenn auch heute uneingestanden) auch der Anthroposophie und damit der Homöopathie zugrunde liegen.

ENERGIE: GUT UND BÖSE

Ein Beispiel: Meine Mutter sagte mir einst, ich könne mit dem Schreiben kein Geld verdienen, andere bestätigten das, und ein besonders hartnäckiger Glaubenssatz wurde geboren. Obwohl ich mit Leichtigkeit schreibe, es liebe, Gedanken und Visionen in Worte zu fassen, glaubte ich jahrzehntelang, dass ich damit kein Geld verdienen könne und tue es teilweise an schlechten Tagen heute immer noch.

Auch in der Zeit, in der ich als Redaktionsassistentin für eine große Tageszeitung arbeitete und kleine Beiträge redigierte, glaubte ich, dass ich mit dem Schreiben kein Geld verdienen könne. Und das, obwohl ich Monat für Monat ein Gehalt dafür bekam, dass ich Texte kürzte, redigierte und neu verfasste. Und das, obwohl ich täglich mit Journalisten zusammenarbeitete, die mit dem Schreiben Geld verdienten. Das ist verrückt, und nichts anderes!

Solche Glaubenssätze können eine der Ursachen für einen Burnout sein. Aber welcher Allgemeinarzt befasst sich schon mit Glaubenssätzen, wenn wir Symptome wie dauernde Erkältungen, plötzlich auftretende Allergien, chronische Rückenschmerzen, heftige Migräne, schmerzhafte Verspannungen oder Magen-Darm-Probleme beschreiben? Niemand!

Der Weg zum Burnout ist lang und kann unter anderem mit den beschriebenen Symptomen einhergehen. Der Beginn ist immer ein Glaubenssatz, der mit unseren tiefsten Wünschen und Visionen kollidiert, im Umfeld nicht funktioniert und uns innerlich stresst und kaputtmacht. Und jedes dieser Stresssymptome ist ein weiterer kleiner innerer Druck, der uns krank macht: Zuerst wird das Immunsystem geschwächt, dann läuft unser innerer Motor auf Hochtouren, um ein Gleichgewicht zu erhalten, uns zu schützen, bis er schließlich kollabiert. Und wir laufen mit Erkrankungen zum 4,5-Minuten-Termin, bekommen

HealVersity

HealVersity, eine Gründung von Arzt Dr. med. Manuel Burzler und Coach Timo Janisch, bietet eine 6-monatige Weiterbildung als Epigenetik-Coach für ärztliche und nichtärztliche Heilberufe (in Deutschland, der Schweiz und in Österreich anerkannt). Weitere Informationen sind im QR-Code hinterlegt. Dort kann auch ein Beratungsgespräch vereinbart werden.

Medikamente, werden nach Hause geschickt und dürfen die Pharmaindustrie beglücken. Aber der Stress bleibt, denn es sind ja nur die Symptome, die behandelt werden, nicht die Ursachen.

So geht es weiter bis zum größten annehmbaren Unfall: Wenn der Druck immer größer wird, entstehen ernstere Erkrankungen wie Krebs, oder die Psyche leidet. Depressionen und Angststörungen werden unsere täglichen Begleiter. Wir sind dann überrascht, wie das ‹so plötzlich› passieren kann. Dabei hat es doch Jahrzehnte gedauert und unser Körper hat nun durch den Geist die Notbremse gezogen, um uns zu dem Stillstand zu zwingen, den wir bereits vor x Jahren gebraucht hätten.

Dieser Stillstand soll uns zum Reflektieren bringen und im Hier und Jetzt zu mehr Achtsamkeit mit uns, unserem inneren Kind und unserem Umfeld zwingen, weil wir es zuvor nicht freiwillig gemacht haben. ‹Mensch, du bist manchmal so engstirnig und blöd!›

Als ich feststellte, dass etwas mit mir nicht stimmte, hörte ich von den Ärzten viel, aber nichts half. Intuitiv wusste ich: Ich brauche andere Hilfe. Aber ich wusste nicht, welche. Woher denn auch? Meine Eltern, mein Umfeld und meine Ärzte sagten Dinge, die sie von der Schule und von denen wussten, denen sie selbst schon immer vertraut hatten.

Ob sie selbst gesund oder krank waren, war gleichgültig. Es konnte nur das stimmen, was schwarz auf weiß in den Büchern steht. Aber das half mir nicht. Ich musste aufbrechen in andere Ebenen, das war mir klar.

Dann ging ich meinen Weg alleine: Ich suchte mir Experten, die anders arbeiteten und die auch selbst einst durch die Hölle gehen mussten. Aus dem Bauch heraus wusste ich: Wer selbst das Schlimmste überwunden hat, kennt die Wege, die auch mich führen können. Heute kann ich bestätigen, dass die Zusammensetzung derjenigen, die mir aus der Tiefe herausgeholfen haben, genauso bunt wie ein Frühlingsstrauß ist.

Natürlich habe ich nicht nur neue Verbündete, sogar einen gänzlich neuen Blick auf unser Leben gewonnen. Ich musste auf diesem neuen Weg auch Freunde und Familienmitglieder hinter mir lassen, die meinen Weg nicht akzeptieren wollten und immer wieder versuchten, mich ins alte Fahrwasser (Leistungsgesellschaft und Glaubenssätze, die ich losgelassen hatte) zurückzuholen. Vielleicht glauben sie ja wirklich, dass man anders in dieser Gesellschaft nicht leben kann, aber die Vehemenz, mit der sie diese Überzeugung auch denjenigen gegenüber vertreten, die ein solches Leben nachweislich zerstört, ist immer wieder erstaunlich.

Corona

Wahre Freunde und wirklich wichtige Dinge im Leben
2020 entstand in Wuhan in der Volksrepublik China ein Virus und überrannte uns, brachte Chaos und Leid. Dies nicht einmal so sehr durch die Krankheitsfälle als solche, auch nicht die Todesfälle, die nun rasch in weiten Teile der Welt auftraten. Als weit größer hat sich die kulturelle Bedrohung erwiesen; das Virus spiegelte uns unsere eigene Geschichte, unsere moralischen und ethischen Grundsätze und nahm uns die Normalität im Alltag, die wir heute als Luxus erkennen: Unsere Freiheit, überallhin zu reisen, nach Lust und Laune zu shoppen, regelmäßig zum Friseur oder zur Pediküre zu gehen.

Das Virus konfrontierte Wissenschaftler und Politiker mit Herausforderungen, die sie sich nie vorgestellt hatten und angesichts derer die Politik erkennbar an die

ENERGIE: GUT UND BÖSE

Grenzen ihres Anspruchs geraten ist, das gesellschaftliche Zusammenleben vernünftig zu gestalten. Nicht einmal als der HI-Virus aufkam oder Rinder-, Schweine- und Vogelgrippen uns ereilten, war es eine solche Herausforderung für die ganze Welt. Wissenschaftler teilten uns nunmehr tagaus, tagein mit: Jede neue Mutation kann wieder gefährlich sein, wenn wir gerade wieder etwas Normalität genießen. Denn der Stamm des Virus war die Grippe, und Grippeviren mutieren gern und schnell und verändern dabei jedes Mal ihre Ausbreitungsgeschwindigkeit. Nur dass diesmal an einer solchen Laborvermutung das gesamte gesellschaftliche Leben hing.

Oder hatte vielleicht gar nicht das Virus die Herrschaft angetreten, sondern die Virologen nutzten ihre neue gewonnene Deutungsmacht, der sich die Politik nur zu gerne unterwarf? Tatsächlich hatte niemals das Virus als solches ein einheitliches Bedrohungspotenzial, und es gab zunächst auch keine einheitliche Bedrohungseinschätzung.

Erst wurde das Virus verharmlost, dann alles dichtgemacht: Hausarrest, Lockdown, Ausgangssperren gegen ein ‹Spätzündervirus›, das ab 21 Uhr aktiv ist. Büroarbeit, Kulturveranstaltungen, Gastronomie wurden verboten. Das Virus darf sich bei der Ausbreitung nicht amüsieren, ist nur im überfüllten Supermarkt erlaubt. Am Ende durften Schüler nicht mehr in die Schule, Kleinkinder nicht mehr in Horte und Kindergärten.

Mit Mundschutz in Form von FFP2-Masken und Desinfektionsmittel bewaffnet ging der ‹Überlebenskampf› los, den wir uns wohlgemerkt selbst eingebrockt hatten. Keine Seuche zwang uns dazu. Politiker und Wissenschaftler machten unterdessen weiter mit dem ‹Schwurbeln›. Nun gut, es war eine Ausnahmesituation. Es fehlte an Erfahrungen. Minister und Bundeskanzlerin beriefen sich auf Wissenschaftler und deren angeblich unstreitige Ergebnisse (was sie bei der Klimakrise nie tun). Aber welche Statistiken stimmten? Nun, das entschied im Zweifelsfall die bayerische Staatsregierung auch gegen den Willen des Statistischen Landesamts.

Beim Impfen wurden dann – wie zum Hohn – alle Rahmenbedingungen und Richtlinien zum Schutz unserer Gesundheit gestrichen. Es musste schnell gehen, obwohl manches eben nicht einfach dahingerotzt werden kann, weil es dann schiefgeht. Aber vielleicht ging es ja auch gar nicht um den Impfschutz, sondern um die Demonstration von Handlungsstärke gegen alle Widerstände. Inzwischen wurde für dieses Verständnis von ‹Durchregieren› die stolze Bezeichnung ‹Deutschlandtempo› geprägt.

Kinder, Jugendliche, Einsame, Singles blieben auf der Strecke. Menschenverstand, Achtsamkeit? Fehlanzeige! Einst wollten wir Familienlose, haltlose Jugendliche und Kinder, Singles, Depressive nicht vereinsamen lassen oder der Gewalt ausliefern, haben Vereine und Jugendzentren gegründet, Horte und Spielgruppen für die Kinder, Kuschel-Cafés für die Einsamen.

Wer allein war, sollte wenigstens ein bisschen soziales Miteinander, Kunst und Kultur erfahren, Sicherheit, Respekt, Verständnis und Geborgenheit. Nun packten wir alle wieder in die Situationen, die krank machten und gefährlich waren.

Viele Ältere leben alleine, erfahren bestenfalls in Seniorenvereinen Zuspruch. Die Familie kümmert sich nicht um sie, und sie wollen sich ja auch nicht beklagen. Das hat es uns vor Corona leichtgemacht, über sie hinwegzusehen, denn wir waren shoppen. Das Virus hat uns nun aber gezwungen hinzusehen, sogar hineinzuspüren, weil es nämlich auch uns getroffen hat – alleine im Home-Office, überfordert mit Home-Schooling, einsam in der Quarantäne. Und dafür haben wir nun all die Jahre geschuftet? Unser Lebensgenuss platzt wie eine Seifenblase. Jetzt sind wir alle Hartz IV (Bürgergeld) oder sozial schwach: kein Friseur, Wellness- und Fitnesscenter, Urlaub in Balkonien statt in Griechenland oder auf Mallorca. Ein Regierungsdekret hat genügt.

»Wie fühlt es sich an?«, fragt uns das Virus leise. »Wer sind deine Freunde, und was macht noch Sinn?« Was wir bisher für wichtig gehalten haben, ist offenkundig nicht von Dauer. Fragen wir uns lieber nicht, was unter diesen morschen Planken zum Vorschein gekommen ist. Nutzen wir die Krise als Chance und fragen uns: Wohin muss sich unsere Gesellschaft nach diesem heilsamen Schock verändern, was ist im Leben wirklich wichtig? Wer besitzt in Familien, im Freundeskreis die Stärke, mit der Situation zurechtzukommen, ohne daran zu zerbrechen?

Unsere Großeltern haben einen Krieg erlebt. Wir haben ein Virus. Im Krieg waren es Soldaten, Panzer und Bomben, das Virus dagegen ist leise und unsichtbar. In beiden Fällen bringt es wenig, sich zu verstecken, und in beiden Fällen ist Widerstand zwecklos. In beiden Fällen hinterlässt schuldlos und hilflos eingesperrt zu sein posttraumatische Spuren.

Dem Krieg kann man abschwören, aber einer Pandemie? Welche langfristigen seelischen Schäden werden unsere Kinder von der Schließung einer ganzen Gesellschaft zurückbehalten? Sie haben in dieser Krise ein für alle Mal gelernt, dass die Verantwortung für das gesellschaftliche Leben nicht in der Hand der Bürgerinnen und Bürger liegt, ein ganzes Volk auf einmal wie Gefängnisinsassen behandelt wird, die sich nicht einmal mit ihren engsten Angehörigen treffen dürfen.

Wie werde ich persönlich auf lange Sicht mit den Existenzängsten umgehen können, wenn Politik und Wissenschaft schon für Juni 2021 vor einer vierten Welle warnen? Fast scheint es ihnen eine Lust zu sein, uns für immer in Geiselhaft zu halten, vor allem aber selbstherrlich bestimmen zu können, wann auch nur kleine Freiheiten wiedereingeführt werden. Ich durfte fast das ganze Jahr 2020 nicht arbeiten, erlitt einen Einbruch in meinen Einnahmen, mit dem ich in dieser Art nie hatte rechnen können. Aus der Freiberuflichkeit suchte ich mir im September 2020 wieder eine Festanstellung.

Ich erkrankte Ende November 2020 selbst an Covid-19, wurde 2021 erneut arbeitslos, meine Achtsamkeits-Kurse fielen auch weiterhin aus, und mein Sohn landete vor den Abschlussprüfungen im letzten Schuljahr im Home-Schooling, wo man doch gerade ihm den Schulabschluss schon zuvor möglichst schwer gemacht hatte – ein Berg von Herausforderungen, doch es gibt Schlimmeres. Wir haben es am Ende irgendwie geschafft, sind wohl nur alle etwas ärmer, etwas einsamer und ein gutes Stück desillusionierter geworden.

Aber kann unsere Gesellschaft nach oder mit dem Virus einfach so weitermachen wie zuvor? Irgendwann werden alle Festivals, Messen und Festivals wieder stattfinden, wird wieder Reisefreiheit herrschen, zumindest in Europa. Bereits mit der abflauenden Pandemie lese ich: »Ich will mein altes Leben zurück« oder: »Ich möchte wieder reisen können«.

Das nächste Virus wartet vielleicht schon an der Tür, im nächsten Schweinestall oder im schmelzenden Gletscher. Womöglich wird in einem Biowaffenlabor ein neues Virus erschaffen oder ein bisher harmloser Erreger scharfgeschliffen, oder er entsteht erst durch unsere heutige Lebensweise, ganz neu vielleicht auch durch Genmanipulationen oder anderen Taten, die das Leben verlängern, erleichtern oder finanzieren sollen. Blicken wir den Tatsachen ins Auge: Nicht nur das Corona-Virus ist von nun an für immer unser ständiger Begleiter, und es wird wie das Grippe-Virus Jahr für Jahr mutieren und Jahr für Jahr Tote fordern. Vor allem werden wir diese Art von Bedrohung nicht mehr loswerden, und sie wird sogar immer schlimmer werden – immer wieder dieselbe Hysterie, stets die Drohung mit der Schließung der Öffentlichkeit und irgendwann vielleicht einmal ein wirklich gefährliches Virus mit zahlreichen Toten oder Behinderten.

Wollen wir also wirklich unser altes Leben zurück? Es ist längst nicht mehr möglich – es sei denn, man trägt Scheuklappen. Zumindest ich für meinen Teil möchte einiges anders machen. Ist es wirklich erstrebenswert, wenn wir dann in der Not doch nur wieder diejenigen vergessen, die unsere Vergangenheit, Gegenwart und Zukunft gestaltet haben und gestalten werden – die Alten, die nicht per Internet mit der Außenwelt in Kontakt treten oder sich während einer Quarantäne verpflegen können; Kinder und Jugendliche, denen eingeredet wird, sie seien als Zwischenwirte ohne es zu wissen eine tödliche Gefahr für ihre Großeltern; Familien, die in Gewalt oder Sucht abrutschen.

Die Pandemie hat uns die Augen geöffnet, dass bei weitem nicht alle an den Segnungen und Vergnügungen des modernen Lebens teilhaben, dass wir oft genug sogar unsere elementaren sozialen Beziehungen wohlweislich ignorieren, weil sie uns vielleicht langweilig oder zu hässlich sind. Wollen wir diese Praxis nun einfach bruchlos wieder aufnehmen, oder was haben wir über den Wert unseres Zusammenlebens gelernt?

Der Mensch ist ein soziales Wesen. Er lebt nicht vom Brot allein, sondern braucht eine Gesellschaft um sich. Wir müssen uns umeinander kümmern, um nicht zu verkümmern. Doch einige verhalten sich eher ‹asozial› und materialistisch, wollen erst einmal ihr eigenes Leben genießen, bevor sie sich mit anderen einlassen. Aber Egoismus ist nur dann gesund, wenn er anderen keinen Schaden zufügt, und das ist regelmäßig der Fall, wenn wir keine Rücksicht auf unsere Mitmenschen nehmen.

Das kann nicht die Normalität sein, zu der wir zurückkehren wollen. Hören wir einmal nicht auf die, die wieder Party machen wollen, als sei nichts gewesen. Hören wir auf die, die aus der Bahn geworfen worden sind. Freunde, Nachbarn und Singles fühlen sich einsam; manche sind still, andere rufen nach Hilfe. Sie sind eingesperrt, haben ihre Mitte verloren oder hatten sie nie gefunden. Andere schweigen, auch wenn es ihnen ähnlich geht. Sie prägen nicht die Stimmung, aber sie prägen das Land. Und auch die Stimmung hat sich irgendwie geändert. Auch wenn das Virus gerade nicht wütet, sind die Folgen der letzten Monate gravierend. Wir haben uns alle nicht mit Ruhm bekleckert. Wir haben alle versagt. Und nun fragen sich manche: Soll das nächste Virus, der nächste nationale Notstand ebenso chaotisch und fragwürdig vonstattengehen?

Dabei werden uns die Auswirkungen von Corona noch lange begleiten. Es wird Insolvenzen geben, Panikstörungen und Depressionen hören nicht einfach auf, wenn der Lockdown zu Ende ist, im Gegenteil: Diese Erfahrungen, die einige in der Zeit der Pandemie machen mussten, sind traumatisch für viele und werden ihre Spuren noch viele Jahrzehnte hinterlassen. Die Weltgesundheitsorganisation stellt weltweit höhere Zahlen an Suiziden und psychischen Erkrankungen fest.

Nach dem großen Brennen in vielen Berufsgruppen, die vorbildlich und aufopferungsvoll ihre Pflicht getan haben, teils gegen Anfeindungen, folgt ein Ausbrennen (Burnout) – zumindest eine Kündigungswelle. Klinik- und Pflegepersonal, teils auch das Erziehungspersonal mussten weit über ihr Limit gehen und ihre eigene Gesundheit aufs Spiel setzen. Das wird sich rächen – ein marodes Schulsystem: unhaltbare sanitäre Zustände, überfüllte Klassenzimmer, ein veraltetes gegliedertes Schulsystem, rückständige Pädagogik; ein Gesundheitssystem, das nicht der Gesundheit, sondern der Pharma-Lobby und den Privatinvestoren dient – und auf Kosten von Patienten und Pflegepersonal weiterhin gut verdient. Ganzheitliche Gesundheit beginnt da, wo wir mit der Umwelt in Kontakt sind, und endet bei uns auf dem Teller und auch bei unseren Handlungen.

Vollends ist der Umgang der Arbeitsverwaltung und der Sozialverwaltung mit Covid-Langzeitfolgen, ob wirtschaftlichen oder gesundheitlichen Folgen. Manchmal fühlen sich die Menschen wie auf einem undurchsichtigen Verschiebebahnhof für Arbeitslose, denn sie werden zu den Krankenkassen und von dort entweder wieder zurück zur Agentur für Arbeit oder zum Medizinischen Dienst der Krankenhassen oder zum Rentenversicherungsträger geschoben, weil niemand die Covid-Langzeitkosten tragen will – alles streng nach Gesetz.

»Unsere fünffach gestaffelte Impfkampagne hat alle vor dem Virus geschützt und die Seuche besiegt. Wer jetzt immer noch Schäden geltend machen möchte, ist selbst schuld und hat vermutlich die Anweisungen der Behörden nicht befolgt.« – Das scheint die Devise zu sein, mit der man sich nun aus der Veranstaltung stehlen möchte.

Politiker sind Angestellte der Gesellschaft, sollten im Grunde genommen uns und unsere Kinder schützen, aber nicht ihren eigenen Geldbeutel füllen und ihre Wählerschaft und Spender bei Laune halten. Sie werden von unseren Steuern bezahlt. Wir sind ihr Arbeitgeber.

Das Lob für den herausragenden Einsatz von Hilfskräften, Pflegekräften, Lehrkräften, ist vergiftet, dient nur der Beschwichtigung. Es hat weder dem Gesundheitswesen noch dem Schulsystem geholfen, geschweige denn Pflegern, Krankenschwestern oder Altenpflegern, Kassierern oder Paketfahrern mit ihren Mindestlöhnen. Die, die ganz unten sind, die Arbeiterklasse, war in der Pandemie unser wichtigster Anker. Ohne sie wäre alles zusammengebrochen. Gedankt hat es ihnen niemand. Die Gehälter sind nach vor wie elend, und es werden nur die unabdingbar nötigen Stellen besetzt. Gleichzeitig haben die Banken Kleinunternehmern oder Arbeitslosen den Geldhahn zugedreht. Wer unten ist, soll gefälligst schuften, nicht aufmucken, nicht nach Höherem streben, und wer beruflichen Schnickschnack verfolgt – etwa im Gastgewerbe, im Schönheits- oder Unterhaltungsgewerbe hat nicht verstanden, was in Deutschland heute erwartet wird.

Es war eben nicht nur ein Virus. Es war nicht nur eine gesellschaftliche Krise. Ein ganz anderes Ungeheuer hat hier seinen hässlichen Schädel aus dem Sumpf gereckt. Wiederholte sich das, was ich in meiner Kindheit und Jugend in meiner fernen Heimat in kleinem Rahmen erlebt hatte, heute in einem der am höchsten zivilisierten Länder der Welt vor meiner Haustür – Errichtung einer Ordnung des Wohlverhaltens und Verfolgung der Gegner?

Wiederholte sich eine erschreckende Bewegung, von der mir meine Großmutter einst erzählt hatte? Ihre Berichte aus ihrer Jugend in der Hitler-Ära kamen mir auf einmal wieder zu Bewusstsein, doch niemand schien das Offensichtliche zu sehen! Auch damals war ‹falsches Gedankengut› durch Manipulation gestreut worden, vermeintlich wissenschaftlich belegt, hatte ein ganzes Volk beeinflusst, vermeintlich Kranke und Zurückgebliebene verstümmelt und ein anderes Volk in Konzentrationslager und Gaskammern gebracht.

ENERGIE: GUT UND BÖSE

Das deutsche Volk hatte die antisemitische Propaganda damals dankbar aufgesaugt, alles aus Angst und im Mangel. Musste nicht auch diesmal auffallen, wie begeistert eine übergroße Mehrzahl den Diskurs der Ausgrenzung aufgenommen und die neuen ‹Volksschädlinge› als Verderber der Volksgesundheit gebrandmarkt hat? Diesmal waren die Ausgegrenzten nicht die Juden, sondern die Schwurbler, Aluhüte und Ungeimpften.

Mit welchem Hass und welcher Angst wurden sie bedacht! Doch wenn Menschen angegriffen und ausgeschlossen werden, ihre Würde und der Wunsch nach Unversehrtheit des eigenen Körpers nicht mehr gilt, sehe zumindest ich mich verpflichtet, einzugreifen. Ich spüre das Leid. Und ich lernte früh: Wenn ich nicht selbst für meinen eigenen und den Schutz der Schwächeren einstehe, wird es böse enden, denn außer mir bewegt es niemand.

Der ‹Makel› als ‹Kämpferin gegen das Böse› blieb bis ins Erwachsenenalter an mir haften, doch wie ich seither gelernt habe, ist jeder ‹Kampf gegen etwas› aussichtslos, da von niedriger Frequenz. Sich *für* einen Glauben oder *für* Menschenrechte einzusetzen, hat größere Erfolgsaussichten.

Wer gegen etwas ist, verbreitet negative Schwingungen, wer kämpft, ebenso. Die Welt ist voll von diesen niedrigen Frequenzen. Gerade deswegen ist sie so, wie sie ist. Ich soll immer noch handeln wie schon als Kind, doch heute weiß ich: Die Aufgabe liegt darin, für mehr Akzeptanz, Gleichheit, Gemeinsamkeit und Liebe einzustehen! Noch immer überwältigt mich manchmal der alte Zorn, doch in solchen schwachen Momenten fleht mein Herz: Schwingt anders und höher!

Ich habe eine Vision: Unsere stärkste Kraft sind Liebe, Einheit und Gemeinschaft! Sogar eine große Werbefirma hatte das begriffen, als sie einst lustige Werbefilme über das ‹travel in groups› erstellte und erschuf. Hier taten sich Krebse, Pinguine und Ameisen zusammen, um gegen die Angreifer bestehen zu können.

Also geht es doch grundsätzlich um Angreifer, die man bekämpfen, gegen die man sich wehren muss? Wir begreifen: Es geht immer um Ursache und Wirkung. ‹Tue ich etwas, was anderen Leid zufügt, kommt es zurück.› Nicht nur zu mir, sondern auch zu allen anderen, die beteiligt oder in nächster Nähe sind oder waren.

Bereits Nikola Tesla sagte einst genauso wie heute Dr. Joe Dispenza: ‹Alles ist Schwingung und Energie›. Nach meinem Burnout habe ich gelernt, meine geistige und körperliche Fühlung mit den Schwingungen und Frequenzen wiederzufinden, mich auf sie einzulassen und sie anzunehmen. Doch wie es mit Yin und Yang so ist: Ich spüre auch Ängste, Wut und andere für meine Werte hässliche Emotionen der Menschheit.

Die Angst, Wut und Schuldzuweisungen draußen zerreißen mir das Herz, sie sind wie ein Spiegel aus meiner eigenen Vergangenheit. Und wenn ich aus meiner Vergangenheit gelernt habe, wie zerstörerisch solche Verhaltensweisen sind, auch wenn sie vermeintlich einer guten Sache dienen, dann müssen das doch auch alle anderen gelernt haben.

Doch wenn mein Kind bei diesem verheerenden gesellschaftlichen Sturm erfasst wird, kann ich mich nicht mehr abgrenzen, dafür bin ich zu sehr Mutter. Ich weiß, wie wichtig Selbstfürsorge ist, und entferne diejenigen, die mir Vorwürfe machen, aus meinen Freundes- und Kontaktlisten oder ziehe mich aus diesem Freundeskreis zurück. Aber ich weiß, dass es immer beide Seiten im Leben geben wird: Licht und Schatten.

Es macht mir dennoch Schwierigkeiten, Mitgefühl zu

empfinden mit den Regierungen, rechts- oder linksextremistischen Parteien und Medien, die die Spaltung der Gesellschaft noch vertiefen. Wie soll man den Urhebern solch einer schmutzigen Propaganda vergeben? Wie können wir uns davor schützen, von Strippenziehern instrumentalisiert zu werden, denen es nur um ihr eigenes Wohl geht? Wissen sie wirklich nicht, was sie tun, oder sind ihnen die sozialen Zerstörungen, die sie anrichten, gleichgültig? Oder geht es lediglich darum, die Polarität zu leben und aufzuzeigen?

Es geht nicht um Richtig oder Falsch, das habe ich als Coach und Meditationstrainerin schon lange begriffen. Alles ist eine Angelegenheit des persönlichen Standpunktes, gleichgültig welche Zahlen und Fakten auch vorliegen. Übrigens: Auch Zahlen sind interpretierbar! Und was wir heute für richtig halten, kann morgen falsch sein, wenn Ethik und Moralvorstellungen sich verschieben oder verändern.

Umso mehr schmerzt mich die Spaltung zwischen ‹Geimpften› und ‹Ungeimpften›. Emotionen wie Wut oder radikale Trauer ereilen mich, wenn ich die Angst spüre oder nicht verstehen kann, was gerade passiert. Gerade auch wenn mein Sohn und ich selbst angegriffen werden, wird es schwierig, die Fassung zu bewahren. Niemand muss meinen Standpunkt gutheißen, aber zwingt mich bitte nicht zu Dingen, die sich weder für mich noch für mein Kind gut anfühlen. Seid bitte respektvoll allen Wesen gegenüber!

Eine gerechte Strafe?
Ich werde sterben! Aber nicht gleich. Snoopy würde sagen: Ja, aber an allen anderen Tagen lebe ich. Die Annahme, wir seien unsterblich, war ein tragischer Irrtum, ein Meisterstück der menschlichen Einbildungskraft, die

davon ausgeht, wir beherrschten unsere Welt, planten für die Zukunft und schafften für die Rente. Dabei genügt ein Moment der Unachtsamkeit, und beim Verlassen der Wohnung überrollt mich der Amazon-Lieferwagen, der mir meine Klopapierbestellung bringt – Ironie des Schicksals.

Ich überlebte Zigarettenkonsum und Alkoholexzesse meiner schwangeren Mutter und erblickte im März 1970 das Licht der Welt, besitze also schon immer einen starken Überlebenswillen. Meine Kindheit war voller Gewalt, psychischem Druck und Tyrannei. Als junge Frau erlebte ich sexuelle Belästigungen, die die Täter heute vor Gericht bringen würden.

Als ich mit drei Jahren im Schwimmbecken zu Boden sank und vor dem Ertrinken gerettet werden musste, als mich mit sieben Jahren ein Auto erfasste oder als mich Mitte zwanzig ein fremder Mann in seine Wohnung sperrte, hätte ich sterben können. Aber ich tat es nicht, denn ich war eine Kämpferin. Gerade deswegen konnte ich immer wieder zu meiner Lebensfreude zurückfinden, denn wer Leid kennt, weiß Freude zu schätzen.

Heute sehe ich das Leben als Spiel mit interessanten Regeln und der Möglichkeit, mit Kreativität und Überlebenswillen zu trumpfen. Ja, ich bin eine Lebenskünstlerin. Wenn ich am Boden liege, stehe ich wieder auf – wie ein kleines Kind, das laufen lernt. Leben ist ein ständiger Lernprozess für mich. Es ist auch wie eine Achterbahnfahrt. Geht es zu schnell in die Tiefe, wird einem schlecht. Aber am Ende kommt man wieder an, steht mit wackligen Beinen auf und betritt die Welt mit dem Wissen: ‹Es kann auch anders sein!›

Das innere Kind in mir ist immer wieder aktiv. Mein Sohn ist überzeugt, dass ich eines Tages tödlich überfahren werde, nur das Wann ist nicht klar. So ein Unglück könnte durchaus passieren, wenn das kleine Kind in mir draußen die Schönheit der Natur und der Welt fasziniert wahrnimmt und dabei alles um sich herum vergisst. Dann soll es eben so sein. Mein Leben ist endlich. Ich habe keine Angst davor, zu sterben, und mein Wunsch, wenn ich tot bin, steht fest: Leute, feiert Party, denn ich bin eins mit allem und dem Universum. Und wehe einer kommt in schwarzen Klamotten zur Feier! Ein Grab will ich nicht, denn wer mich im Herzen behält, trägt mich überallhin. Das ist die Weltenbummlerin in mir.

In der Pandemie denke ich oft an das Leben und den Tod. Seit zwei Jahren fast beherrscht uns Corona. Als hätte es das Ding nicht vorher schon gegeben! Dieses Virus ist der Stamm aller Grippe-Viren, habe ich vor einem Jahr recherchiert und von einer Allgemeinärztin bestätigt bekommen. Doch man will uns Angst machen und verkündet: Wenn du es bekommst, wirst du sterben.

»Dir werd ich's zeigen, Ketzerin!«, rief Corona erbost, und im November 2020 bekam ich auf einer Firmenveranstaltung meines Arbeitgebers Covid-19. Ich war damals unglücklich und in einer Umgebung, die mir nicht guttat. Nicht die Angst vor dem Virus brachte mich zu Fall, sondern ein gestresster, unglücklicher Körper, dessen Immunsystem heruntergefahren war (Stresssymptom!).

Ich bin nicht gestorben, ich war ungeimpft und nicht einmal im Krankenhaus. Aber ich kam in Quarantäne, wurde isoliert und alleingelassen. Das war das Schlimmste an dieser Krankheit! Es war regelrecht die Hölle und absolut kontraproduktiv für den Heilungsprozess. Diese Isolation legte mich lahm und veranlasste mich, meine Beziehungen und mein Leben im Allgemeinen in Frage zu stellen.

Im Januar 2021 trennten mein ängstlicher narzisstischer Partner und ich uns. Dieser Schritt war wichtig für meine Zukunft, und dennoch war er schmerzlich.

Meine Freiheitsliebe und mein Unverständnis, warum er immerfort an seiner Angst vor dem Tod festhielt und nicht loslassen wollte, brachten ihn und mich zu einem einzigen Schluss: Wir taten einander nicht gut. Vielen erging es wie uns. Was marode war, barst auseinander wie eine volle Flasche Sekt in der Tiefkühltruhe. Der Druck war zu groß.

Ein Jahr später: Immer noch Angstmache durch Politik, schlechte Vorbereitung auf den Winter und niedrige Schwingungen. Drohungen mit Lockdown für ‹Ungeimpfte›; erneute Absagen von Veranstaltungen. Hat die Menschheit ihre Sterblichkeit vergessen? Wir haben ein Datum ‹zu genießen bis ...› Nach dem Ablaufdatum sind wir tot. Der Datumsstempel fehlt, aber das Ablaufdatum steht fest.

Ist ein Leben in diesem Zustand der Angst(mache), Wut und Panik noch lebenswert? Ich erinnere mich viel zu oft an meine Kindheit, in der ich Gewalt und Angstmache erlebte und erst dann einschlafen konnte, wenn mein Stiefvater zu schnarchen begann.

Auf *Facebook* wünschte mir jemand, dass ich nach Luft röchelnd verrecken möge, weil ich mich nicht impfen lassen, jedem die Selbstbestimmung über seinen eigenen Körper überlassen wollte. Und mein Ex-Partner beschimpfte mich zu guter Letzt vor einigen Wochen als Mörderin. Fassungslos las ich diese Worte zweimal, dreimal und begriff es erst, als ich im Geiste einen Schritt zurücktrat. Was haben manche Menschen bloß für eine Angst vor dem Tod?

Ich schob meine Wut beiseite und versuchte mich in Vergebung und Mitgefühl, auch wenn es mir schwerfällt, seit solche Angriffe sich häufen.

Warum ich mich nicht impfen lasse, geht niemanden etwas an. Offenbar sollte ich meine Krankenakte auf allen Social-Media-Kanälen hochladen, um wieder ohne Anfeindungen zu leben. Aber ich bleibe mir lieber treu und bin klar in meinen Entscheidungen und Handlungen. Am Ende treffe ich die Entscheidung, die sowohl für meinen Körper als auch für meine Familie die richtige ist.

Die Politik versagt auf ganzer Linie und sät Zwietracht zwischen den Menschen. In Anbetracht der aktuellen Situation in Deutschland und Österreich frage ich mich: Warum wird hier so ein Versuch gestartet? Das Virus hat nicht Millionen dahingerafft, doch die Begleitumstände zwingen viele in die Knie. Das nach Jahrzehnten der Sparpolitik marode Gesundheitssystem, Lockdowns und Anschuldigen, folgende psychische und finanzielle Nöte, die Isolation, sind der größte anzunehmende Unfall.

Gibt es etwa keine normale jährliche Sterblichkeit? Der natürliche Tod, der uns früher oder später ereilt, gehört dazu. Wir erleben den Tod regelmäßig: die geliebte Großmutter im stattlichen Alter, die Freundin im Freitod. Der Tod ist unser Begleiter wie die Geburten der Kinder und Enkel und auch der Frühling, der uns jedes Jahr zeigt: Was vergeht, kommt wieder. Energie und Schwingung ist immer da.

In der Bibel heißt es: ‹Ihr seid das Salz der Erde.› Als Kind habe ich gelernt: Ein Essen ohne Salz ist fad. In meiner kindlichen Art verstand ich es als Würze und als Hinweis darauf, dass diese Welt ohne uns langweilig sein würde. Man kann das Essen aber auch versalzen. Wir haben eine Überbevölkerung. Ist das Virus die Kartoffel, die das versalzene Essen retten soll? Ist also ein Virus die Geheimwaffe der Erde wie Pest, Pocken, Spanische Grippe, HIV?

Sind wir nicht alle am Ende an diesem Gegenschlag schuld? Wir benehmen uns seit Jahrtausenden wie eine Horde Plünderer, nehmen uns alles ohne Rücksicht auf andere oder deren Schmerz. Jetzt bekommen wir die Rechnung. Wenn die Schuldfrage hier überhaupt Sinn macht, so sind sicher nicht ‹Ungeimpfte› schuld an der aktuellen Situation.

Das Virus ist der eindeutige Hinweis auf unser Ablaufdatum. Es ist so, als betrachteten wir im Kühlschrank die Packung Lachs, die wir bis nächste Woche Mittwoch aufessen müssen. Es ist der Warnschuss vor den Bug, der Eisberg vor der Titanic. Der Kapitän kann behaupten, die anderen seien schuld und der Eisberg sei völlig überraschend aufgetaucht, aber am Ende gehen alle gemeinsam unter.

Wir haben nichts aus der Innenschau im Winter 2020/21 gelernt. Die meisten Fahrgäste inklusive Kapitän dachten und denken wohl immer noch, dass das Schiff nicht sinkt, wenn wir es mit Holz verkleiden (in diesem Falle eine Impfung), aber andere haben inzwischen festgestellt: Holz hilft ein bisschen, aber nicht überall und erst recht nicht dauerhaft. Natürlich können wir immer wieder Holz herbeiholen, weiter Party feiern und Cocktails schlürfen, wenn gerade nichts durchsickert. Aber eine Frage bleibt: Wie lange geht das gut?

Müssen wir nicht gemeinsam ein neues Schiff bauen, aus anderem Material und anders konstruiert, und brauchen wir dafür nicht unterschiedliche Fähigkeiten, Sichtweisen und Talente? Tun wir uns bitte zusammen und bauen etwas Neues, anstatt uns gegenseitig die Köpfe einzuschlagen, weil es nicht genug Rettungsboote gibt (in diesem Falle Intensivbetten).

Es wird Opfer geben – wie immer in der Menschheitsgeschichte, vielleicht bin es nächste Woche ich. Aber dann möchte ich gerne mit einem guten Gewissen von dieser Welt gehen: In Liebe und Gemeinsamkeit, auch und obwohl ich nicht immer der Meinung der Kapitäne bin und war und möglicherweise sein werde. Doch schon Buddha forderte seine Schüler auf: Stellt immer das, was ich sage, in Frage und lernt daraus.

In 51 Jahren habe ich gelitten, getrauert, geliebt, gelacht, genossen. Niemand hat mir diese Aufgaben abgenommen. Es waren meine Erfahrungen. Ich wollte sie machen, als meine Seele in meinen Körper fuhr. Deswegen ist es mein Körper, und ich entscheide ganz allein darüber. Alles andere ist Sklaverei. Ich bin kein Impfgegner, kein Gegner von Tabletten oder Antidepressiva oder anderen Dingen, die wir in uns aufnehmen oder genießen. Aber die Entscheidung, was ich mir zuführe, treffe immer noch ich!

Da ich als Mutter die Verantwortung für mein Kind trage, treffe ich diese Entscheidungen auch für mein Kind. Ich informiere mich und höre auf meine angeborene Intuition (in manchen Kreisen ‹Hellfühlen› genannt). Das ist meine Fähigkeit, mein Talent, und ich wende sie auch im normalen Leben und im Coaching mit meinen Klienten an. Bis jetzt war es immer richtig.

Intuition hat jeder von uns. Viele haben nur vergessen, auf sie zu hören, sie anzuwenden, oder sie wurde ihnen aberzogen. Dafür können Kopfmenschen andere Dinge gut. Wäre es nicht wunderbar, wenn wir miteinander arbeiten würden, statt uns gegenseitig Bösartigkeiten an den Kopf zu werfen? Ich finde, wir dürfen jetzt mit einem anderen Blickwinkel hinsehen!

Abzweigungen
Zwei Jahre vor Covid sagte ich zu meinem besten Freund: »Da kommt etwas Schlimmes auf uns zu!« Er lachte: »Krieg?« Nein, das würde es in Europa in der Form nicht geben, dazu sei die Wirtschaft zu stabil.

Am 01. März 2022 haben wir zwei Jahre Pandemie hinter uns, die niedrige Energie, Angst und Instabilität auf die Märkte gebracht hat. Am 24.02.2022 hat die Russländische Föderation ohne Anlass die Ukraine angegriffen: In Europa herrscht Krieg.

Seit Oktober 2021 tue ich mich mit anderen Experten zusammen, um gemeinsam niedere Energien wie Angst, Hoffnungslosigkeit, Wut, Trauer und Neid wieder ins Gleichgewicht zu bringen. Natürlich: Jedes dieser Gefühle hat seine Berechtigung. Aber wenn zu viel davon auf der Welt herrscht, gerät alles ins Ungleichgewicht, die Wirtschaft, der Planet. Das Yin-und-Yang-Prinzip hingegen fordert Gleichgewicht – ein Gleichgewicht der Gegensätze, nicht Harmonie.

Ab September 2022 bieten wir den Held:innen, die mutig genug sind, eine Veränderung in ihrem Leben und auf dem Planeten anzustoßen, gemeinsam unsere Leistungen und Mentorenfähigkeiten an – frei nach Ghandis Motto ‹Sei du selbst die Veränderung, die du dir wünschst für diese Welt!›

Wir wollen eine neue Sichtweise schaffen und mit ihr die Energie anheben – in jedem von uns, denn Liebe und Glück beginnen in uns! Sobald wir in unserer Mitte sind und uns selbst gefunden haben, werden wir uns selbst und unsere Blickwinkel verändern und das ins Außen geben.

Es geht um Aufklärung; manche nennen diesen Prozess ‹Erwachen›: Einzelne ändern ihre Blickwinkel und alten Glaubenssätze. Verständnis, Liebe, Toleranz, das alles dürfen wir leben. Und was ist mit materiellen Dingen? Geld ist Energie, wir können sie positiv nutzen.

Die Bedeutungen oder die Wirkungsrichtungen von Affekten oder von Steuerungsmedien stehen nicht ein für alle Mal fest. Sie müssen immer erst für bestimmte Zwecke eingesetzt werden. Wenn wir anders denken, verändert sich unsere Realität – sogar wenn man versucht, ein ganzes Volk unter Hausarrest zu stellen. Nach zwei Jahren Pandemie liegt es nun an jedem Einzelnen, die gemachten Erfahrungen so einzubringen, dass sich erneut ein Gleichgewicht als Grundlage eines Zusammenlebens bildet.

- Sie spüren Wut? Nutzen Sie diese Kraft, um Positives zu erzeugen, Verfaultes niederzureißen und etwas Neues zu errichten.
- Sie sind traurig? Nutzen Sie das Gefühl, um zu spüren, wie sich das Prinzip ‹Glück› anfühlt.
- Sie fühlen sich krank? Was wäre, wenn Sie gesund sein dürften und es auch selbst entscheiden könnten? (Unsere Selbstheilungskräfte werden immer wieder unterschätzt. Stellen Sie es sich nur einmal vor.)
- Sie können etwas nicht mehr leisten? Ändern Sie den Blickwinkel und Ihre Bedingungen und geben Sie das, was Sie mit Leichtigkeit geben können.

Auch Sie sind Held:in, wenn auch vielleicht noch nicht Mentor:in. Auf der Spurensuche nach Held:innen gibt es auf *YouTube* zusätzlich zum Blog meinen Podcast zu *Mama brennt!*, seit August 2022 auch einen Kanal für die *Heldenakademie*. Ich interviewe u. a. Heldinnen und Helden, die Mütter und Väter sind. Sie könnten Ihre Mentoren werden und ihnen sowohl Impulse bieten als auch Begleiter auf ihrem Weg zur Veränderung sein. Im Sinne der besseren Sichtbarkeit verleihe ich seit 2023 verleihe einen eigenen Award an Alltagshelden, 2023 die Nachbarschaftshilfe, 2024 die Bremer Clinikclowns.

Ich habe einen Award für Alltagsheld:innen gestiftet, denn gerade ihr unsichtbares Wirken trägt zum Zusammenhalt der Gesellschaft bei und macht den Zurückgelassenen Mut. 2022 wurde die ‹Nachbarschaftshilfe› ausgezeichnet, 2023 die ‹Bremer Clinikclowns›.

NACHBEMERKUNG

Nachbemerkung des Verlags

Den derzeit gängigen Empfehlungen in Gründungsseminaren in der charismatischen Branche getreu ist dieses Buch nicht nur ein Lebensratgeber, sondern auch eine Kindheitserinnerung der Autorin, denn erst das eigene Erleben erklärt und beglaubigt die Lebensempfehlungen, beugt nicht zuletzt denkbaren Missverständnissen vor.

Der Ratgeberteil ist ursprünglich 2018–2022 im Rahmen des Blogs *Mama brennt!* erschienen. *Mama brennt!* richtete sich an alleinerziehende Mütter und eignete sich für Kinder aller Altersklassen (wie Leserinnen schrieben). Die Autorin wollte ihnen komplexe psychologische oder soziale Zusammenhänge in einfachen Worten ‹von Frau zu Frau› verständlich machen – ein paar aufmunternde Worte auf dem Weg zur Arbeit oder in der Mittagspause in Bayern mit seinem ungebrochenen Glauben an die Leistungsgesellschaft.

Für das Buch wurden die Inhalte einstiger Blogbeiträge (nicht aller) unabhängig vom Entstehungsdatum wie in einem Lehrbuch thematisch gruppiert, Verdopplungen bereinigt. Die gelegentlich erwähnte Literatur wird verlagsseitig in Fußnoten nachgewiesen und kurz vorgestellt. (Auch ein Anhang wäre denkbar gewesen.) So ergibt sich ein thematischer Umriss des Denkens und Fühlens der Autorin über ihre eigene Lebensgeschichte hinaus.

Die Abstammung der Kapitel aus der flüchtigen alltäglichen Erzählung im Blog (und der sich dort niederschlagenden Entwicklung der Anschauungen der Autorin im Verlauf von vier Jahren) bleibt erkennbar und wird bewusst nicht zu einer wissenschaftlichen Abhandlung verdichtet und verändert. Die Autorin vertritt keine in sich geschlossene, wissenschaftlich fundierte Lebensauffassung, gibt insbesondere kein Heilversprechen unter medizinischem Blickwinkel ab, auch wenn sie über seelischen Leiden spricht.

Auch die Buchfassung hält also an der Absicht des Blogs fest, mit einer gewissen Anregung, manchmal sogar einer gewissen Aufregung auf den Alltag zu blicken – vergleichbar einer Morgenandacht im Radio anstelle einer vollgültigen Predigt. Wer es genauer wissen will, greife zum Lehrbuch.

Dennoch lohnt es sich, dem gedanklichen Zusammenhang solcher spontaner, im eigenen Milieu verhafteten Äußerungen nachzuspüren. Auch wenn ein Blog sich – im Unterschied zu Morgenandacht – nicht Tag für Tag in ein festes Gedankengebäude einfügt, kreist er doch immer wieder um dieselben Überzeugungen oder Leitragen. *Was denkt sie sich eigentlich?*, fragte der Verlag in der Aufbereitung, *denke ich wirklich so?* die Autorin.

Wir erleben hier ein Gedankengebäude im Entstehen, ein Nachdenken unterwegs. Versatzstücke daraus werden auch von vielen anderen in den sozialen Medien oder bei Diskussionsabenden verbreitet. Bestimmte Denkfiguren sind nun einmal im Schwange. In einem Buch suchen Autorin und Verlag jedoch nach dem Zusammenhang der Gedanken und den darin enthaltenen Spuren der Wahrheit.

Dieses Buch ist ein Anfang. Folgebände sind in Vorbereitung. Weitere einstige Lebensabschnitte der Autorin stehen fest (werden auch immer wieder am Rande erwähnt), ihre Lehren für ein gutes Leben daraus noch nicht; sie lernt noch immer viel über unterschiedliche, auch bisher nicht verbreitete Lebensauffassungen.

Das literarische Projekt erinnert an die Lebenserinnerungen von Heinrich von Jung-Stilling als Leitfaden des undogmatischen Pietismus in Deutschland mit mehr und mehr Schlagseite zum Spiritismus mit Beginn der Industrialisierung* – der erste unabhängige deutsche Guru, wenn man so will, weder den einschlägigen Kirchen hörig noch einer der neu aufkommenden Magier in der hochgradigen Freimaurerei.

Die gemäßigte, radikalen Neuerungen abholde Lebensreform ist ein wesentlicher Bestandteil der deutschen Seele, wird jedoch selten ernstgenommen (weder in der Rückschau noch aktuell), denn sie ist wissenschaftlich nicht sauber fundiert, politisch haltlos und logisch unstimmig. Der Verlag möchte diese historische Strömung zu Wort kommen lassen und sie in ihre geistesgeschichtlichen Rechte einsetzen – nicht damals, sondern heute, denn sie spricht auch weiterhin viele Frauen aus dem Volke an, die unter der Zerstörungskraft und der Bestimmungswut der Leistungsgesellschaft leiden, aber auch deren radikaler Überwindung misstrauen.

---

* Johann Heinrich Jung (1740–1817) veröffentlichte seine Lebenserinnerungen in den Jahren 1777/78, 1789 und 1804 in fünf Bänden: *Henrich Stillings Jugend, Henrich Stillings Jünglingsjahre, Henrich Stillings Wanderschaft* (Leipzig: George Jacob Decker, 1777/78), *Henrich Stillings häusliches Leben* (1789), *Henrich Stillings Lehr-Jahre* (1804) und wurde danach nach seinem Romanhelden allgemein Jung-Stilling genannt. Einst ein Freund Goethes, wandte er sich seit Mitte der 1790er-Jahre dem Spiritismus zu und war bald der wichtigste Schriftsteller der pietistischen Erweckungsbewegung ‹wiedergeborener Christen›. Die vollständige Ausgabe seiner Lebenserinnerungen nach den Erstausgaben (*Lebensgeschichte*, München: Winkler, 1968) ist nur antiquarisch erhältlich, die Reclam-Ausgabe von 1986 umfasst nur die ersten vier Bände, also vor der spiritistischen Wende.

Inhaltsverzeichnis

KINDHEIT UND JUGEND · 7
KINDHEIT IN TEHERAN · 11
WILLKOMMEN IN DEUTSCHLAND · 43

München 45
Florenz/Neukeferloh. 55
Hölle. 68
Lügen 85
Todesfall. 94

MAMA BRENNT! · 99
GESELLSCHAFT: WIR UND DIE ANDEREN · 101

Wer wir sind 103
   Grenzen und Glaubenssätze (103) · Erwartungshaltungen (110) · Das Versagen der Kleinfamilie (118) · Selbstfürsorgepflicht (120) · Ich muss (1239 · Die Kunst des Loslassens (126)
Wer wir werden können. 129
   Dein letzter Tag auf Erden (129) · Achtsamkeit und Glück (130) · Macher, Opfer und die Heldenreise (133)
Kleines Glück. 139
   Hilfe! Ich schreibe Horrorgeschichten! (139) · ‹Barfuß-Sein› und Barfußschuhe (141) · Valentinstag – Herkunft und Bräuche (143)
Frau sein 147
   Eine Frau sieht rot – ich (147) · Was eine gute Beziehung ausmacht (150) · Ich bin eine Frau – ich kommuniziere anders (152)

MATERIE: KÖRPER UND SEELE · 155

Medizinische Exkursionen 157
   Hochsensibilität (157) · Panikattacken (165) · Schlaflosigkeit (170)
Depression 172
   Für eine Kriegerin, die im Kampf mit der Depression fiel (172) ·
   Schwere Depression (183) · Es hört nie auf – oder doch? (193) ·
   Depressive können sich nicht ‹zusammenreißen› (196) · Depression und der Healy (201)
Nachtrag 208

ENERGIE: GUT UND BÖSE · 213

Spiritualität und Lebenssinn 215
   Auf der Suche nach Gott – bedingungslose Liebe (215) · Gottes Zeichen (220) · Ein besonderer Traum (220) · Gott ist überall, auch bei Gottvergessenen (222) · Das Leben – Aufstieg zum ‹Next Level› (223) · Der ‹ESO-Stempel› (226) · Burnout und Wiedergeburt (232)
Corona 238
   Wahre Freunde und wirklich wichtige Dinge im Leben (238) ·
   Eine gerechte Strafe? (250) · Abzweigungen (255)

Verlag Angelika Gontadse

Der Verlag Angelika Gontadse hat sich bereits im ersten Jahr seines Bestehens ein klares Profil geschaffen – Literatur mitten im Leben.

Im Vordergrund steht ein selbstbestimmtes Leben, soweit es unter den gegebenen Bedingungen möglich ist, die Abkehr von der Mode, aber nicht von der Bildung. Figuren, Erzähler und Bücher lassen sich nicht von den Zwängen des Lebens vereinnahmen, sondern halten an ihrem Eigensinn fest. Sie sind keine Aussteiger, sondern üben Selbstbehauptung. Sie sind welche von uns, keine Traumbilder, in denen wir uns nicht wiedererkennen. Genau deswegen schreiben sie interessante Bücher mit einer eigenen Seele. Literatur ist ein Lebensmittel, unerlässlich zur Selbstverständigung und um den eigenen Blick auf die Welt zu schärfen. Nur in der Literatur können wir andere und ihre Leben so nah kennenlernen wie sonst nur in einer echten Begegnung, aber niemals in der Wissenschaft oder in den Medien. So welt- und seelenhaltig muss diese Literatur dann aber auch sein. Das sind die Bücher, die wir aussuchen und ins Programm heben; das ist unser Profil, nicht ein enges Thema. Bücher, von denen wir selbst nichts haben, kommen uns nicht ins Haus.

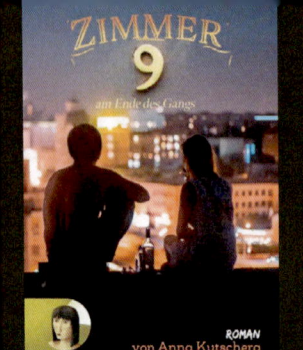

Anna Kutschera, Zimmer 9

Die dreifache Mutter Anna sieht sich im Alltagstrott gefangen. Ihr wohlsituiertes Leben in einer Schweizer Vorstadt füllt sie nicht aus. Aus dieser Unzufriedenheit entsteht ein Experiment: Sie bietet sich im Internet potenten Freiern für 1.000–2.000 Franken die Nacht an, teils mit einer Freundin zusammen. Doch dann verliebt sie sich

Eve Herzogenrath, Julia Anders – Sie sucht Sie

Julia, sozialpädagogische Kommunikationsassistentin in Köln, fühlt sich mit 54 bereit für eine neue Liebe und gibt in einer Frauenzeitschrift eine Partnerschaftsanzeige auf: Schon bald macht sie kuriose, aber auch berührende Bekanntschaften. Diesmal will sie alles richtig machen. Doch dann überstürzt sich das Geschehen.

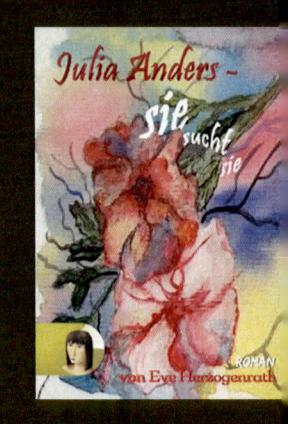

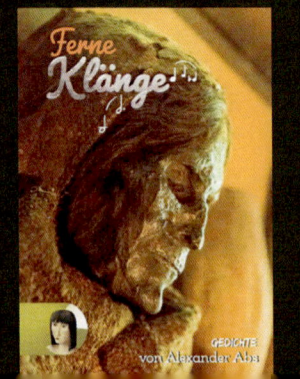

Alexander Abs, Ferne Klänge

Ein Langgedicht über das Leben einer 1.800 v. u. Z. verstorbenen sibirischen Schamanin, einige tiefsinnige religiöse und philosophische Betrachtungen, einige Biografien früher römischer Herrscher. Schließlich eine unermessliche Folge von Biogrammen in Vergessenheit geratener europäischer Komponisten.

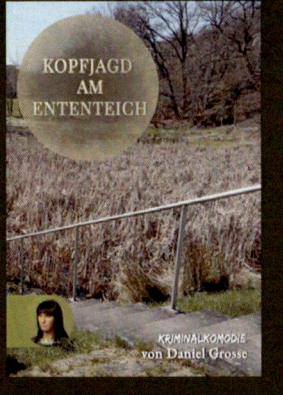

Daniel Grosse, Kopfjagd am Ententeich

Als sich Birger und Betty, ein junges Liebespaar aus der Marbach, einem Stadtteil von Marburg, abends am Ententeich versöhnen, wird plötzlich ein abgetrennter Kopf hineingeschleudert, in dem offenbar ein Schatz verborgen ist. Sie nehmen das grausige Kleinod an sich und sind fortan Gejagte in der vermeintlich beschaulichen Dorfidylle.

Carmen Slačanin, Rügener Märchen

Tierverwandlungen durch böse Flüche und deren Aufhebung durch selbstlose Liebe, das Wasservolk und sein Zusammenleben mit den Menschen – solche Geschichte hat die Autorin ihren damals 6 und 9 Jahre alten Töchtern auf langen Wanderungen auf Rügen erzählt. Leben wir nicht immer zwischen beiden Welten? Die Geschichten sind zum Vorlesen für Kinder im Grundschulalter geeignet.

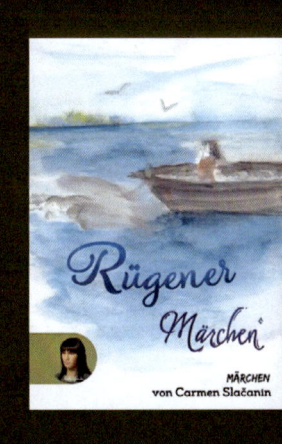

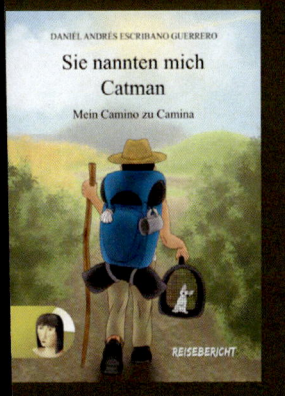

Daniél Escribano, Sie nannten mich Catman

Mit 23 bricht Daniél Escribano seine Ausbildung zum Elektrotechnischen Assistenten ab und begibt sich für seine erste Pilgerwanderung auf den Jakobsweg – 34 Tage lang, eine äußerst anspruchsvolle Strecke über insgesamt gut 800 km nach Santiago de Compostela. Er rettet ein junges Kätzchen und hat es fortan bei sich, nimmt es auch mit nach Hause nach Deutschland.

Kerstin Nacke, Nur du hast mich geheilt

Die Jugendliebe der Erzählerin ist in eine Sackgasse geraten. Beide sind noch nicht reif für das Zusammenleben. Am Maifeiertag 1988 verliebt sich die Erzählerin dann mit 21 Hals über Kopf in einen Binnenschiffer, der mit seinem Ausflugsschiff auf dem Münsterkanal unterwegs ist, ein erfahrener, aber auch verschlossener Mann von 38 Jahren.

Franz-Joseph Geidel, Achtung Ungarn!

Der Autor hat seine Kindheit und Jugend in Ungarn in einem Dorf bei Pécs auf dem Lande verbracht. Als die Eltern 1997 aus Deutschland einwanderten, war er sieben. Er schildert seine Kindheit und Jugend, Land und Leute, die ungarische Politik aus eigenem Erleben teils liebevoll, teils nüchtern, teils empört. Ungarn ist immer noch ein armes Land, aber die Ungarn nehmen es mit Humor und Improvisationstalent.

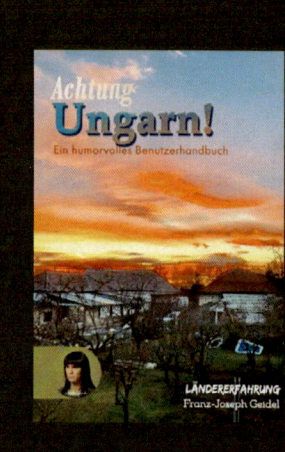

Kora Busch, Schneemänner im September

Gernot, Bankberater, 51, hat noch ein Jahr zu leben. Er möchte sich mit seiner Familie aussöhnen, sich noch einmal verlieben und ein Bild malen und verkaufen, denn dann wird er leichter sterben können – hat ihn der Tod wissen lassen. Scheitern in der Kunst, Scheitern in der Ehe, Scheitern im Beruf – eigentlich hatte Gernot einst einen ganz anderen Weg einschlagen wollen. Gelingen ihm die letzten Vorhaben nun?

Pola Polanski, Phantasmen des Erinnerns

Ein Tagebuch aus dem Jahre 2021 – oder sind es vier Tagebücher in einem? Ausgehend von ihrem Alltagserleben und dem fortschreitenden Verfall der ungeliebten Mutter wird die Autorin von Erinnerungen an früh erlittene Wunden heimgesucht und analysiert vor diesen beiden Hintergründen ihr erwachsenes Leben – bis am Ende nur noch Stichworte übrigbleiben, Merkposten.

Magdalena von Hagenburg, Wunsch:Kind

Anja und Michael, seit einem Jahr in zweiter Ehe verheiratet, lieben Kinder, jedoch auf recht unterschiedliche Art, gestehen es einander aber nicht ein. Anja wünscht sich glühend ein Baby und nimmt für ihre ersehnte Schwangerschaft dramatische medizinische Eingriffe in Kauf. Hingegen hat ihr pädophiler Mann Michael seine eigenen Pläne mit Anjas zwölfjähriger Tochter Lea.

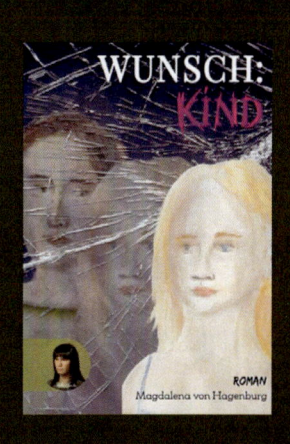

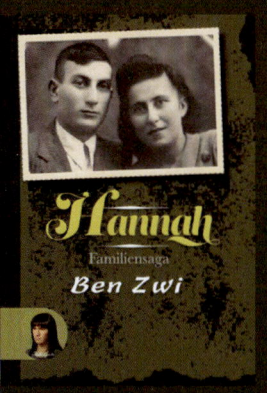

Binjamin Zwi, Hannah

Die Berliner Jüdin Hannah Epstein und ihre große Liebe Hans Mangold haben die nationalsozialistische Judenvernichtung mit viel Glück im Berliner Untergrund überlebt. Hans' totgeglaubter Vater betreibt in der Schweiz eine Vermögensverwaltung, holt Hans ins Geschäft, und dieser holt bald seine Hannah zu sich in die Schweiz.

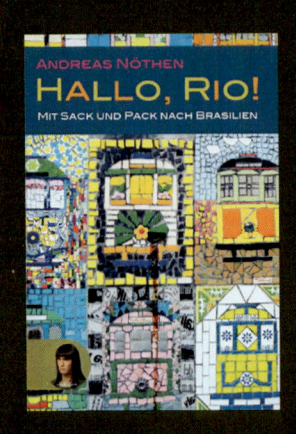

Andreas Nöthen, Hallo, Rio!

Der Frankfurter Journalist Andreas Nöthen lebte 2016–2018 mit seiner Familie in Rio de Janeiro, erlebte dort die Olympischen Spiele und den Aufstieg von Jair Bolsonaro zum Präsidenten. Seine Frau arbeitete als Lehrerin an einer deutschen Schule, er als Auslandskorrespondent. Hier beschreibt er ihr Leben in Rio – Alltag, Schule, Feste, Verwandtenbesuche, Sehenswürdigkeiten, Reisen im Lande und ganz Südamerika.

Annette Keleş, Nouri

Anfang der 1990er-Jahre fühlt sich Nouri in Deutschland nicht mehr zu Hause. Araber sind dort nicht mehr gut gelitten; zudem leidet er unter der offenherzigen Art seiner deutschen Geliebten Ana. Auf einer Reise zu den Eltern nach Marseille und zur Familie nach Marokko versucht er, sich seiner kulturellen Wurzeln zu vergewissern, begibt sich sogar in die Stille der Wüste. Er kehrt verändert zurück, ein für immer Heimatloser.

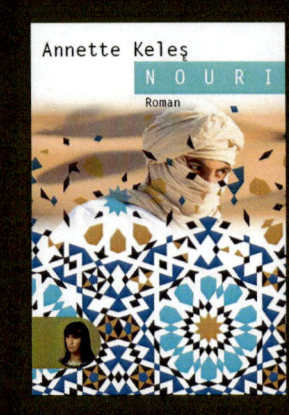

Deborah Bichlmeier, Mama brennt:

Als Kind auf sich alleine gestellt, in immer wieder neue Lebensumstände verpflanzt – von Familie zu Familie, von Land zu Land –, aber nie geliebt oder gefördert, möchte die Autorin heute alleinerziehende Mütter über Seelenzustände wie Hypersensibilität und Depression aufklären und sie ermuntern, sich nicht unterkriegen zu lassen. Sie hat selbst lange an Panikattacken und Depressionen gelitten.